普通高等教育“十二五”旅游与饭店管理专业系列规划教材

旅游企业财务基础知识

主　编　方法林
副主编　孙嘉欣

西安交通大学出版社
XI'AN JIAOTONG UNIVERSITY PRESS

内容提要

本书是为非财务会计专业学生编写的，共设定了十二个项目单元，一改过去的章、节编写体例，采用“项目—模块—任务”的结构模式，在每一项目里都配有实训课业和实践与体验的内容，以帮助学生理解和掌握相关知识，以达到学习财务基础知识的要求。项目一阐述会计是企业的语言；项目二讲述了会计是怎样记账的；项目三和项目四是在掌握前面两个项目的基础上讲述怎样阅读资产负债表和利润表；项目五和项目六分析了旅游企业固定资产管理和旅游企业无形资产的管理；项目七和项目八讲述怎样阅读现金流量表以及如何评价企业财务状况；项目九和项目十讲述如何有效管理好旅游企业营用资本和旅游企业成本费用；项目十一和项目十二讲述了一些旅游企业财务预算知识和熟悉旅游企业税收基础知识。

本教材供普通高等教育旅游及饭店管理类学生使用，也可供旅游企业从业人员使用。

图书在版编目(CIP)数据

旅游企业财务基础知识/方法林主编. —西安：西安交通大学出版社，2010.12(2015.3 重印)
ISBN 978-7-5605-3813-6

Ⅰ.①旅… Ⅱ.①方… Ⅲ.①旅游业-财务会计 Ⅳ.①F590.66

中国版本图书馆 CIP 数据核字(2011)第 004678 号

书　　名 旅游企业财务基础知识
总 主 编 刘 住
主　　编 方法林
责任编辑 魏照民 祝翠华

出版发行 西安交通大学出版社
(西安市兴庆南路 10 号 邮政编码 710049)
网　　址 http://www.xjtupress.com
电　　话 (029)82668357 82667874(发行中心)
(029)82668315 82669096(总编办)
传　　真 (029)82668280
印　　刷 陕西新世纪印刷厂

开　　本 787mm×1092mm 1/16 **印张** 16.25 **字数** 388 千字
版次印次 2011 年 1 月第 1 版 2015 年 3 月第 3 次印刷
书　　号 ISBN 978-7-5605-3813-6/F·256
定　　价 29.80 元

读者购书、书店添货、如发现印装质量问题，请与本社发行中心联系、调换。
订购热线：(029)82665248 (029)82665249
投稿热线：(029)82668133
读者信箱：xj_rwjg@126.com

前言 Preface

本书针对高职高专院校旅游与酒店管理专业等非财务专业学生的特点，兼顾财务知识体系的完整性和系统性，以职业能力为主线、项目模块结构为框架、任务为引领，通过大量的案例，以通俗易懂的语言让学生理解和掌握旅游企业财务的基础知识，使学生能够运用这些知识去分析旅游企业经营管理过程中的种种财务问题。本书具有以下主要特点：

一、内容新颖

本书吸收了国内外学科发展的最新成果，融入了我国会计法规体系建设的变化内容，教材立足非财会专业需要的财务常规知识，重点介绍企业经常应用的财务基础知识，对疑难和较深奥的知识不做介绍。

二、操作性强

本书立足于职业教育，以企业需要为出发点，将项目课程融入教材中。为便于教师授课和学生理解掌握，书中运用大量案例和课堂思考启发学生。

三、适用性广

本书不仅可作为高职高专非财会专业的学生和其他相关专业的教材，同时也可作为企业广大非财会专业的工作者学习财务基础知识的参考书。

本书设定了12个项目单元、35个模块、93项任务，并配以相应的实训活动，将旅游企业经营管理中需要的财务知识和技能串联起来，形成“项目—模块—任务”的结构模式。在“项目—模块—任务”的结构中，充实了项目阐释、能力目标、案例导入、名词点击、实训课业、实践与体验、探究园地等具体内容，强化了专业知识的传授、岗位技能的训练、学生职业素质的培养。

本书由方法林老师主编，孙嘉欣老师担任副主编。方法林老师编写了项目一、二、三、五、九、十二，孙嘉欣老师编写了项目四、六、七、八、十、十一。各章成稿后，由主编修定总纂成书。

本书在编写过程中考虑到职业教育的适用性，特邀请了行业内专家宋雪鸣先生、山东蓝海酒店管理集团总会计师魏欣女士、上海城市酒店财务总监李钊先生共同参与本书核心内容的研讨，在多次讨论修改的基础上完成此书的内容，在此一并感谢专家的支持和指导。

作为为非财务专业人员编写的一门会计教材，本书还需要在实践中不断地丰富与发展其内容。由于我们水平和时间有限，书中难免有疏漏和不妥之处，恳请各位读者不吝赐教。

作者

2010年12月

目录 Contents

项目一　会计是企业的语言

模块一　会计语言要素 …… (2)
任务一　反映企业财务状况的会计语言词汇 …… (4)
任务二　反映企业经营成果的会计语言词汇 …… (7)
模块二　会计语言规则 …… (8)
任务一　会计语言的四个层次 …… (8)
任务二　《会计法》对各相关人员提出的基本要求 …… (8)
任务三　违反《会计法》的行为及法律责任 …… (10)
模块三　财务报告的组成 …… (14)
任务一　财务报告的构成 …… (14)
任务二　我国财务报告所组成部分间的相互关系 …… (15)

项目二　会计是怎样记账的

模块一　中国古代记账方法的起源 …… (20)
任务一　旧石器时代的计量、记录方法 …… (20)
任务二　新石器时代计量、记录方法的发展 …… (20)
任务三　原始社会末期的结绳计量、记录法 …… (21)
模块二　中国古代记账方法的发展 …… (23)
任务一　书契记录方法的基本特征 …… (23)
任务二　书契记录方法的创造 …… (23)
模块三　现代会计是如何记账的 …… (25)
任务一　会计科目:经济活动效应的分类标记 …… (26)
任务二　会计分录是怎样形成的 …… (28)
任务三　记账凭证:记录单笔交易的载体 …… (29)
任务四　账户:连续记录经济业务的工具 …… (34)

项目三　怎样阅读资产负债表

模块一　资产负债表概述 …… (39)
任务一　资产负债表的概念 …… (40)
任务二　资产负债表的作用 …… (41)

任务三　资产负债表的格式 …………………………………………………………(42)
任务四　如何通过资产负债表了解企业状况 ………………………………………(43)

模块二　资产负债表列示的内容 ……………………………………………………(47)
任务一　资产项目分析 ……………………………………………………………(48)
任务二　负债项目分析 ……………………………………………………………(50)
任务三　所有者权益项目分析 ……………………………………………………(52)

模块三　资产分布结构对经营策略的影响 ………………………………………(54)
任务一　货币资金存量和存货量的多少 …………………………………………(54)
任务二　应收账款余额大小 ………………………………………………………(54)
任务三　固定资产和流动资产比例的不同 ………………………………………(55)

项目四　怎样阅读利润表

模块一　利润表概述 ………………………………………………………………(58)
任务一　利润表的概念 ……………………………………………………………(59)
任务二　利润表的基本格式 ………………………………………………………(59)
任务三　利润表的作用 ……………………………………………………………(65)

模块二　阅读利润表的基本方法和技巧 …………………………………………(67)
任务一　检查经营成果 ……………………………………………………………(67)
任务二　关注人的因素对利润的影响 ……………………………………………(68)
任务三　借助相关财务比率 ………………………………………………………(69)

模块三　了解利润分配表 …………………………………………………………(73)
任务一　利润分配表的概念及作用 ………………………………………………(73)
任务二　利润分配表的基本格式 …………………………………………………(74)
任务三　利润的分配顺序 …………………………………………………………(74)
任务四　怎样阅读利润分配表 ……………………………………………………(77)

项目五　旅游企业固定资产管理

模块一　旅游企业固定资产概述 …………………………………………………(80)
任务一　固定资产的概念 …………………………………………………………(80)
任务二　固定资产的分类 …………………………………………………………(81)
任务三　固定资产的计价 …………………………………………………………(82)

模块二　旅游企业固定资产折旧 …………………………………………………(84)
任务一　固定资产折旧的概念及其计提范围 ……………………………………(84)
任务二　影响固定资产折旧的因素 ………………………………………………(85)
任务三　计算固定资产折旧的方法 ………………………………………………(88)

模块三　旅游企业固定资产的取得、出售、报废的管理……（91）
任务一　固定资产的取得……（91）
任务二　固定资产的出售、报废、毁损及盘亏……（92）

项目六　旅游企业无形资产的管理

模块一　无形资产概述及其计价……（95）
任务一　无形资产的概念、特点及分类……（95）
任务二　无形资产的计价、摊销与转让方法……（97）
模块二　几种无形资产管理介绍……（99）
任务一　知识产权的管理……（100）
任务二　特许经营的管理内容和方法……（104）
任务三　商誉的管理内容和方法……（106）

项目七　怎样阅读现金流量表

模块一　现金流量表基础……（113）
任务一　什么是现金流量……（114）
任务二　经济活动的分类……（116）
模块二　现金流量表的格式……（118）
任务一　现金流量表的概念及基本格式……（118）
任务二　现金流量表主表项目释义……（121）
模块三　现金流量表的基本内容及作用……（125）
任务一　现金流量表指标的计算基础……（125）
任务二　现金流量表主表的勾稽关系……（127）
任务三　现金流量表的作用……（128）
模块四　阅读现金流量表的方法与技巧……（131）
任务一　透视经营活动……（131）
任务二　评估投资活动……（132）
任务三　评估筹资活动……（134）

项目八　怎样评价企业财务状况

模块一　比率分析基础知识……（136）
任务一　比率分析的概念及标准……（136）
任务二　比率分析的目的和内容……（137）
模块二　流动性比率和偿债能力比率……（140）
任务一　流动性比率……（140）

任务二　偿债能力比率……(146)

模块三　其他比率……(148)

任务一　营运性比率……(148)

任务二　盈利能力比率……(152)

任务三　营业比率……(155)

项目九　如何有效管理好旅游企业营用资本

模块一　旅游企业现金管理……(161)

任务一　现金的持有动机和成本……(161)

任务二　最佳现金持有量……(164)

任务三　现金日常管理……(165)

模块二　应收账项及其信用管理……(169)

任务一　应收账项的内容及发生原因……(169)

任务二　信用政策……(170)

任务三　坏账损失的管理……(173)

模块三　存货的管理……(175)

任务一　存货的概念、内容及日常管理……(176)

任务二　存货储存的原因及有关成本……(178)

任务三　存货控制方法……(179)

项目十　旅游企业成本费用

模块一　旅游企业成本费用的概念及分类……(184)

任务一　旅游企业成本的含义及分类……(184)

任务二　旅游企业费用的含义及分类……(185)

模块二　旅游企业成本费用失控因素分析……(187)

任务一　成本费用失控的内在因素……(187)

任务二　成本费用失控的外在因素……(190)

模块三　旅游企业成本费用控制……(194)

任务一　成本费用控制原则、方法和途径……(195)

任务二　餐饮成本费用控制实务……(197)

项目十一　旅游企业财务预算管理

模块一　全面预算管理概述……(202)

任务一　全面预算的概念及意义……(202)

任务二　全面预算管理的内容……(203)

模块二　旅游企业预算编制方法 ………………………………………… (206)
任务一　旅游企业预算编制程序………………………………………… (206)
任务二　预算执行与监督控制…………………………………………… (207)
任务三　预算差异分析与调整…………………………………………… (209)
模块三　旅游企业预算的经济指标及编制实务…………………………… (211)
任务一　旅游企业预算的经济指标……………………………………… (211)
任务二　旅游企业预算的编制实务……………………………………… (215)

项目十二　旅游企业税收基础知识

模块一　税收概述 …………………………………………………………… (232)
任务一　税收的概念和特征……………………………………………… (232)
任务二　税收分类与税制要素…………………………………………… (233)
模块二　几种税的相关法律制度 ………………………………………… (237)
任务一　营业税的相关法律制度………………………………………… (237)
任务二　所得税的相关法律制度………………………………………… (241)
任务三　财产行为税的相关法律制度…………………………………… (244)
参考文献 ……………………………………………………………………… (249)

项目一

会计是企业的语言

项目阐释

本项目通过对旅游企业经营管理过程中发生的会计相关案例进行分析，使学生掌握旅游企业经营过程中基本的企业语言及其规则，了解如何利用这些企业的语言为企业服务。

能力目标

◇ 了解反映企业经济状况的两组会计语言词汇。
◇ 理解四个层次的会计语言规则。
◇ 掌握财务会计报告的组成。
◇ 通过学习能够将本项目应用到实践中，并指导实践。

项目分解

模块一 会计语言要素
模块二 会计语言规则
模块三 财务报告的组成

模块一　会计语言要素

工作任务

任务一　反映企业财务状况的会计语言词汇
任务二　反映企业经营成果的会计语言词汇

会计，是个什么样的职业呢？它应该是除了总经理之外，对公司业务最了解的一个职位。该职位对公司的重要性是可以用数字体现出来的。而会计工作主要是把企业杂乱的会计数据归纳整理，加工编制成有用的财务信息系统。

会计就是把眼睛看不到的事物变成具体的数字，让它能看得见（比如利润、机会损失等），以及把事物联系起来或换个角度来看，使其变得简单易懂的思维方法。作者认为，所有的数字背后都相应存在着某种意义。无需数字能力有多强，只要能培养起数字感觉来，就可以不被生活中各种各样的事物所迷惑。比如说，判断和日常生活息息相关的现金进出与得失，计划未来的人生等都可以用上会计。会计就在我们身边，了解会计会使我们的生活变得更加便利。

会计是一种什么样的工作呢？会计发展的历史事实证明，会计是一种管理活动，是一项经济管理工作。会计虽然原来是"生产职能的一个附带工作"，但"生产和生产的簿记终究是两件事"。会计的产生固然和生产活动有密切关系，但它不是生产活动本身，而是人们对再生产过程进行管理的一种活动。生产越发展，生产的社会化程度越高，经济关系越复杂，讲求经济效益的要求越高，会计工作就越重要。几千年来，会计随着生产和经济的发展，随着人们对讲求经济效益的内容和方式的不断变化，随着经济管理理论和实践的不断发展，经历了从简单到复杂、从低级到高级的漫长发展过程。到现代社会，会计在经济管理中的地位和作用越来越重要了。

学习会计首先要学习会计语言，而学习会计语言则要对其要素有一个基本的理解。但对于什么是会计，社会各界，包括企业家们的理解是不一样的，甚至职业会计人也有不同的理解。例如，有人说会计是管理的工具，也有人说会计是一个信息系统，会计的工作就是收集信息、加工信息、储存信息，并对外披露信息。但从企业管理的角度来说，会计是企业的语言，这种语言是企业内部交流的工具。

当公司领导开会时，要借助会计语言来研究企业的管理，用会计语言表述企业用了多少资产，欠了多少债务，拥有多少权益，有多少收入，用去多少费用，获得多少利润，等等。会计语言是企业通用的语言，在企业内部各部门之间是通用的，在一个国家或地区也是通用的，甚至是国际通用的语言。当企业和另外一家企业打交道时，要借助于会计语言；当企业和银行打交道时，也要使用会计语言；当企业和政府打交道时，同样要使用会计语言。

下面让我们看一个企业的财务分析，请找一找里面有多少会计语言。

案例分析

旅游局下属旅游商场财务分析

20××年度，我局所属旅游企业在改革开放力度加大、全市经济持续稳步发展的形势下，坚持以提高效益为中心，以搞活经济强化管理为重点，深化企业内部改革，深入挖潜，调整经营结构，扩大经营规模，进一步完善了企业内部经营机制，努力开拓，奋力竞争。销售收入实现×××万元，比去年增长30%以上，并在取得较好经济效益的同时，取得了较好的社会效益。

(一)主要经济指标完成情况

本年度商品销售收入为×××万元，比上年增加×××万元。其中，商品流通企业销售实现×××万元，比上年增长了5.5%，商办工业产品销售×××万元，比上年减少10%，其他企业营业收入实现×××万元，比上年增长了43%。全年毛利率达到14.82%，比上年提高了0.52%。费用水平本年实际为7.7%，比上年升高了0.63%。全年实现利润×××万元，比上年增长4.68%。其中商业企业利润×××万元，比上年增长12.5%，商办工业利润×××万元，比上年下降28.87%。销售利润率本年为4.83%，比上年下降0.05%。其中，商业企业为4.81%，上升了0.3%。全部流动资金周转天数为128天，比上年的110天慢了18天。其中，商业企业周转天数为60天，比上年的53天慢了7天。

(二)主要财务情况分析

1.销售收入情况

通过强化竞争意识，调整经营结构，增设经营网点，扩大销售范围，促进了销售收入的提高。

2.费用水平情况

全局商业的流通费用总额比上年增加144.8万元，费用水平上升0.82%。其中：①运杂费增加13.1万元；②保管费增加4.5万元；③工资总额增加3.1万元；④福利费增加6.7万元；⑤房屋租赁费增加50.2万元；⑥低值易耗品摊销增加5.2万元。

从变化因素看，主要是由于政策因素影响：①调整了“三资”、“一金”比例，使费用绝对值增加了12.8万元；②调整了房屋租赁价格，使费用增加了50.2万元；③企业普调工资，使费用相对增加80.9万元。扣除这三种费用，本期费用绝对额为905.6万元，比上年相对减少10.2万元。费用水平为6.7%，比上年下降0.4%。

3.资金运用情况

年末，全部资金占用额为×××万元，比上年增加28.7%。其中：商业资金占用额×××万元，占全部流动资金的55%，比上年下降6.87%。结算资金占用额为×××万元，占31.8%，比上年上升了8.65%。其中：应收货款和其他应收款比上年增加548.1万元。从资金占用情况分析，各项资金占用比例严重不合理，应继续加强“三角债”的清理工作。

4.利润情况

企业利润比上年增加×××万元，主要因素如下：

(1)增加因素：①由于销售收入比上年增加804.3万元，利润增加了41.8万元；②由于毛利率比上年增加0.52%，使利润增加80万元；③由于其他各项收入比同期多43万元，使利润增加42.7万元；④由于支出额比上年少6.1万元，使利润增加6.1万元。

(2)减少因素：①由于费用水平比上年提高0.82%，使利润减少105.6万元；②由于税率比上年上浮0.04%，使利润少实现5万元；③由于财产损失比上年多16.8万元，使利润减少16.8万元。以上两种因素相抵，本年度利润额多实现×××万元。

（三）存在的问题和建议

(1)资金占用增长过快，结算资金占用比重较大，比例失调。特别是其他应收款和销货应收款大幅度上升，如不及时清理，对企业经济效益将产生很大影响。因此，建议各企业领导要引起重视，应收款较多的单位，要领导带头，抽出专人成立清收小组，积极回收。也可将奖金、工资同回收贷款挂钩，调动回收人员积极性。同时，要求企业经理要严格控制赊销商品，严防新的三角债产生。

(2)经营性亏损单位有增无减，亏损额不断增加。全局企业未弥补亏损额高达×××万元，比同期大幅度上升。建议各企业领导要加强对亏损企业的整顿、管理，做好扭亏转盈工作。

(3)各企业程度不同地存在潜亏行为。全局待摊费用高达×××万元，流动资金损失为×××万元。建议各企业领导要真实反映企业经营成果，该处理的处理，该核销的核销，以便真实地反映企业经营成果。

20××年×月×日

请分析：

1. 请找出上面案例中所涉及的会计语言。

2. 通过这些会计语言您能看到企业是怎样的一个经营状况？请举例说明。

如果把会计当成一种语言来看待，这种语言到底要描述什么呢？会计语言所描述的内容，就是用货币表现出来的经济活动。会计描述经济活动时需要借助一种载体，会计语言中所使用的载体就是大家所熟悉的会计凭证、会计账簿和财务会计报告，如图1-1所示。

不管会计多么复杂，会计报告写得有多厚，凭证账簿有多少，会计语言主要还是由两组词汇来构成：一组是反映企业财务状况的会计语言词汇；另一组是反映企业在一定期间经营成果的会计语言词汇。如图1-2所示。

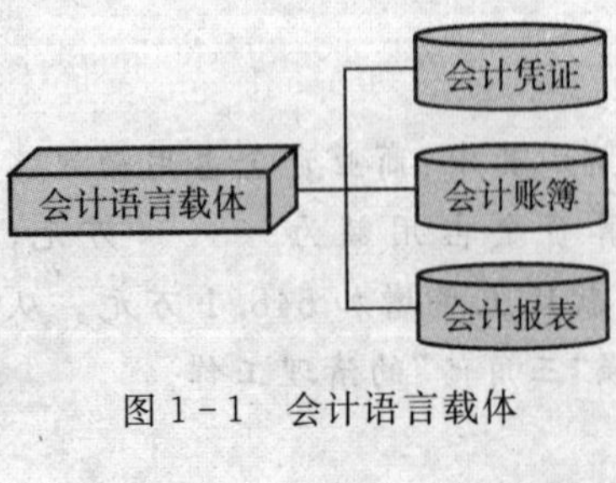

图1-1　会计语言载体

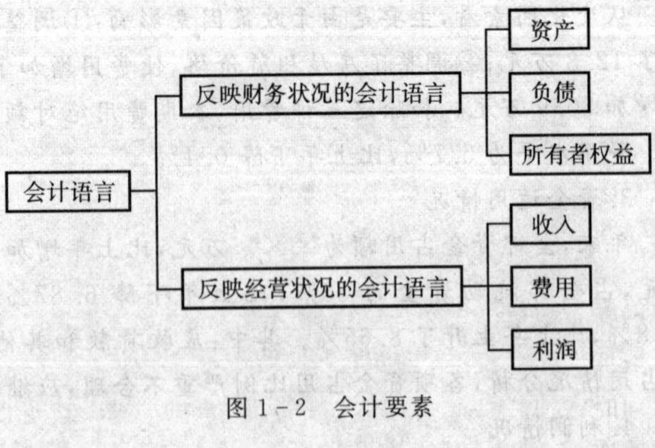

图1-2　会计要素

任务一　反映企业财务状况的会计语言词汇

在反映企业财务状况的会计语言这组词汇里，要了解三个词——资产、负债、所有者权益。这组词的特点是：它提供的是“时点数”，即在会计语言中，要借助这三个词来讲述企业在某一特定时刻的状况。而这个特定时刻，通常可以理解成某一时点，如月末、12月31日。它是一个在特定时点的信息，也有人说这组词所要做的工作，就是给企业的经济活动"拍快照"。

案例导入

甲乙丙三人是同班同学，在校读书期间他们通过学习与市场调研发现，现在的旅行社很赚钱，而且进入的门槛也很低。2008年3月20日，他们决定到工商局去注册一家旅行社有限责任公司。注册时，甲入股29万元，乙入股51万元，丙入股20万元，共同投入到公司的资金是100万元。公司运营一段时间后，他们发现资金不够，于是决定向银行贷款。8月15日，他们用公司的固定资产作抵押，向商业银行贷款100万元。

如果问3月20日公司拥有多少资产，我们会说有现金100万元。谁对它拥有权利呢？我们说股东拥有权利，因为投资人是企业的主人。这时候就是资产等于所有者权益，从数量上来讲就是100万元等于100万元，但它却包含两个方面的内容。即：一是告诉你此时此刻拥有什么；二是告诉你，此时此刻谁对100万拥有权利。这是一个问题的两个方面。

100万不够，再借100万存入银行。此时此刻拥有多少资产？我们说200万，谁对它拥有权利呢？两部分人拥有权利，创业者拥有权利100万叫所有者权益，对于创业者来说银行借款是债务，承担的债务有100万。

分析思考：

1.请您找出上面案例中涉及企业财务状况的有哪些语言？

2.通过学习企业语言您能用一个恒等式概括它们的规律吗？

3.了解股份公司的相关概念和内容并尝试创办一个公司。

一、资产

名词点击

资产是指企业拥有或者控制的、由企业过去的交易或者事项形成的、预期会给企业带来经济利益的资源。

简单地说，资产就是企业的资源。企业资源必须同特定时点连在一起，例如年初拥有多少资产，月末拥有多少资产，12月31日拥有多少资产，它必须和时点连在一起。当然，在某一时刻说企业拥有多少资产，仅有这样一个词还是不够的。

图1-3　公司拥有和控制的具体资产

为了让人们更加深入地了解企业资产的具体内容，在会计语言中给资产进行了适当的分类，例如会计上通常按流动性来分类，就是按资产变现速度的快慢来划分。这里所说的变现就是把资产变成钱，如果这个资产在1年内就能变成钱，这样的资产一般叫流动资产。如果把钱投放出去，例如搞联营、买股票，回收期超过1

年，就把这种资产叫长期投资。企业的机器设备、仪器仪表、建筑叫固定资产。另外，企业的专利权、商标权、土地使用权等，在会计上叫无形资产。不属于前面类别的统称为其他资产。资产做适当的分类后，就知道企业 1 年内资产能变现的有多少，超过 1 年收回的投资有多少，机器设备有多少，无形资产有多少，还有其他资产应该有多少。

二、负债

名词点击

> 负债是指企业由过去的交易或者事项形成的、预期会导致经济利益流出企业的现时义务。

简单地说，负债就是所欠的钱。在会计语言中，负债必须和特定时点连在一起。例如，在年初欠多少钱，月末欠多少钱，年末还欠多少钱。为了满足管理上的需要，会计语言中把负债分成两大类：一类叫流动负债，一类叫长期负债（见图 1－4）。

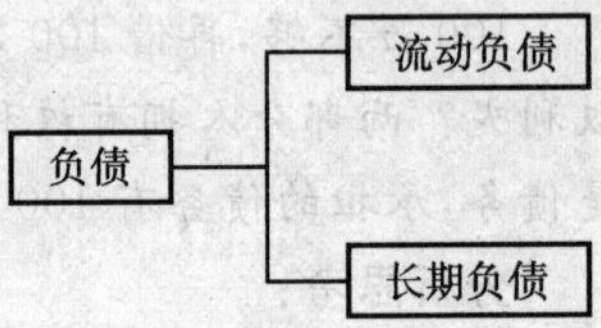

图 1－4　负债的分类

什么叫流动负债呢？就是偿债期在 1 年以内的负债。偿债期超过 1 年的负债，通常把它界定为长期负债。有了负债的分类，就可以了解，此时此刻欠多少钱，所欠的钱该在什么时候还。如果是流动负债，就要筹集资金在年内还清。如果是长期负债，就有更多的时间筹集资金，因为偿还期会超过 1 年。

三、所有者权益

名词点击

> 所有者权益又称为净资产，是指企业资产扣除负债后由所有者享有的剩余权益。

所有者权益有不同的提法，有的叫所有者权益，有的叫股东权益，也有的叫业主权益。不管如何称呼，它的含义都是指企业投资人对企业的资产应该享有多少权益。投资人对企业资产应该享有的权益，有创办企业时投入的资本，这是投资者的权益。企业经营以后赚了钱，应该归投资人所有，这也是投资者的权益。有了所有者权益这个概念，就可以告诉阅读报表的使用者，或者财务信息的使用者，在特定时点，投资人在企业的财产当中所占有的份额。

这样，会计语言中就产生了第一组词，它们具有时点数的特点，反映了企业在特定时刻的状况。这种状况在数量上存在着一定的依存关系，也就是在特定时点上资产应该等于负债加股东权益。这个公式是永远相等的，是永恒的，在会计语言上也叫会计恒等式，即：资产＝负债＋所有者权益。

实践与体验

表 1－1　某公司资产负债表

编制单位：A 公司　　　　2008 年 1 月 1 日　　　　金额单位：元

资产		负债及所有者权益	
现金	4 000	短期借款	2 000
应收账款	800	所有者权益	18 000
存货	4 200		
固定资产	11 000		
资产总额	20 000	负债及所有者权益总额	20 000

从表 1－1 中可以看出，资产、负债及所有者权益总额，符合会计恒等式：资产＝负债＋所有者权益。

任务二　反映企业经营成果的会计语言词汇

反映企业经营成果的会计语言词汇共有三个，即收入、费用、利润。收入是企业在销售商品或提供劳务等经营业务中实现的营业收入。它具有如下特点：第一，收入是从旅游企业的日常活动中产生的，而不是从偶发的交易或事项中产生的，第二，收入可能表现为旅游企业资产的增加，也可能表现为旅游企业负债的减少，或者二者兼而有之。第三，收入将引起旅游企业所有者权益的增加。第四，收入只包括本旅游企业经济利益的流入，不包括为第三方或者客户代收的款项。

费用是指旅游企业为销售商品、提供劳务等日常活动所发生的经济利益的流出，相对于收入而言，费用具有如下特点：第一，费用是从旅游企业的日常活动中产生的，而不是从偶发的交易或事项中产生的。第二，费用可能表现为旅游企业资产的减少，也可能表现为旅游企业负债的增加，或者二者兼而有之。第三，费用将引起旅游企业所有者权益的减少。

利润是指旅游企业在一定会计期间的经营成果，主要包括营业利润、利润总额和净利润。营业利润，是指主营业务收入减去主营业务成本和主营业务税金及附加，加上其他业务利润，减去营业费用、管理费用和财务费用后的净额。其他业务利润是指其他业务收入与其他业务支出之间的差额。利润总额，是指营业利润加上投资收益、补贴收入、营业外收入，减去营业外支出后的金额。

从特点上来说，它们是“期间数”，是指从某一个时点开始到另一个时点结束，这段期间取得了多少收入，发生了多少费用，实现了多少利润。这三个词可以理解为：第一是期间数，第二实际上是给企业所做的录像。三个词之间的关系是，一定时期的利润应该等于一定时期的收入减一定时期的费用，即：利润＝收入－费用。

模块二 会计语言规则

工作任务

> 任务一 会计语言的四个层次
> 任务二 《会计法》对各相关人员提出的基本要求
> 任务三 违反《会计法》的行为及法律责任

任务一 会计语言的四个层次

任何语言都有自己的规则，会计也不例外。为了向人们描述真实、完整、可用的会计信息，会计也必须尊重自己的语言规则。在我国，会计语言规则主要有以下四个层次。

一、第一个层次——《会计法》

《会计法》是会计工作的基本法，是由人大常委会批准的。

二、第二个层次——《企业财务会计报告条例》

《企业财务会计报告条例》是国务院颁布的关于会计工作的基本规则。

三、第三个层次——《企业会计准则》

《企业会计准则》是由中华人民共和国财政部颁布的。

四、第四个层次——《企业会计制度》

它也是由财政部颁布的。

图 1－5 会计语言规则的四个层次

《企业会计准则》和《企业会计制度》有以下区别：《企业会计准则》侧重于对经济活动的确认和计量，而《企业会计制度》规定的是如何记录经济活动，如何报告经济活动。

这些规则的法律效力是不一样的。法律效力最高的是《中华人民共和国会计法》(以下简称《会计法》)，最低的是《企业会计制度》。

任务二 《会计法》对各相关人员提出的基本要求

《会计法》在 1985 年 1 月 21 日第六届全国人民代表大会常务委员会第九次会议上通过，自 1985 年 5 月 1 日起施行，它是按照计划经济体制确立的。1993 年 12 月 29 日，我国对《会计法》作了第一次修订，其特点是在市场经济初步发展的基础上进行修订。1999 年 10 月 31 日，根据社会经济的进一步发展，对《会计法》进行了第二次修订，新法从 2000 年 7 月 1 日开始实施。这次修订是在我国会计工作秩序极差，假账、假表泛滥，会计信息失真日益严重的背景下进行的。修订后的新会计法集中体现了“规范会计行为，保证会计资料真实、完整”的立法宗旨，修订的全部内容也都是围绕如何实现这一宗旨而进行的。其呈现以下特点：①明确了单位负责人为本单位会计行为的责任主体；②明确和严格了法律责任；③全方位建立健全了会计监督体系；④对会计记账规则作了完善性修订。这些新规定的出台，以法律的威严震慑了企业造假行为的萌芽和发生，为规范上市公司会计核算和信息披露提供了法律保障，同时也为广大投资者、债权人获得以供正确决策的会计信息提供了重要依据。

一、《会计法》对单位负责人提出的基本要求

在会计工作秩序比较差的环境下，大家都认为企业造假的重要根源是单位负责人授意、指使或强令会计机构或会计人员违法，因此新的《会计法》加强了对单位负责人关于会计工作职责方面的监督和管理，对单位负责人提出了许多基本要求。

我国的单位负责人比较特殊，有董事长、总经理、厂长、党委书记等等。为了便于执法，《会计法》附则中对单位负责人作了专门解释。单位负责人，是指单位法定代表人或者法律、行政法规规定代表单位行使职权的主要负责人。法定代表人是对会计工作和会计资料真实性和完整性承担法律责任的单位负责人。

二、《会计法》对会计核算提出的基本要求

《会计法》修订后，在会计核算方面，即会计在记账、算账、报账方面，规定单位负责人对会计资料的真实性和完整性承担责任。《会计法》中明确规定，单位的财务会计报告编好后，要由单位负责人签名并盖章。修改前的《会计法》中，规定单位负责人要签名或盖章。修改前和修改后仅一字之差，修改前是“或”，修改后变成了“并”，即单位负责人要签名“并”盖章。在讨论《会计法》修改时，有的单位领导提出，企业单位负责人的章有时就放在财务部门，财务部门拿过来就盖，盖完了章就报送，单位负责人根本就不知道，要求单位负责人承担法律责任比较冤枉。因此，新的《会计法》规定单位负责人既要签名也要盖章。

针对单位负责人出差不能签字而报表的报送时效性又很强的情况，《会计法》规定，单位负责人可以委托别人代签。例如董事长可以委托总经理签字，总经理可以委托副总经理签字，如果这些人都不在，也可以委托单位的财务负责人签字。但是要特别注意，不管谁代签，法律责任都由单位负责人承担，因此委托人要对代理人的行为负责。

三、《会计法》对会计监督提出的基本要求

修改前的《会计法》在会计监督方面对单位负责人提出的要求是，企业自己要管好自己，强调的是自我监督，例如在会计核算上企业制度由企业自己制定。修订后的《会计法》继续强调企业要自己管好自己，要建章立制。如果企业因没有必要的规章制度而出了问题，那么主要责任都应该由单位负责人来承担；如果建立了制度还是出了问题，那么在哪里出问题就应该追究哪里的责任。除此之外，《会计法》加强了会计监督制度，把企业自我监督扩大到社会监督。新的《会计法》增加了企业监督部门，国税局、地税局、财政局、银行、保险公司、审计局甚至会计事

务所等单位都可以到企业查账。因此，新法的监督范围和监督力度比原来要大得多。

四、《会计法》对会计机构和会计人员的要求

《会计法》第三十六条规定，各单位应当根据会计业务的需要，设置会计机构，或者在有关机构中设置会计人员并指定会计主管人员；不具备设置条件的，应当委托经批准设立，从事会计代理记账业务的中介机构代理记账。国有及国有资产占控股地位或者主导地位的大、中型企业必须设置总会计师。总会计师的任职资格、任免程序、职责权限由国务院规定。如果单位没有健全的会计机构，那么责任就应该由单位负责人承担。

像开车的司机必须有驾驶执照一样，《会计法》中明确规定，企业所任用的会计人员必须要有会计证，否则为违法行为，要依法追究单位负责人的法律责任。

《会计法》第四十条规定，因有提供虚假财务会计报告，做假账，隐匿或者故意销毁会计凭证、会计账簿、财务会计报告，贪污，挪用公款，职务侵占等与会计职务有关的违法行为被依法追究刑事责任的人员，不得取得或者重新取得会计从业资格证书。除此规定以外的因违法违纪行为而被吊销会计从业资格证书的人员，自被吊销会计从业资格证书之日起 5 年内，不得重新取得会计从业资格证书。如果企业擅自使用以上人员从事会计工作，单位负责人将受到法律追究。

案例链接

2006 年王某大学毕业后，进入专门从事皮鞋生产的 A 公司担任财务会计。A 公司为了避税，多次暗示王某在会计账上做手脚，王某为了得到公司的赏识，也多次做假账并提供虚假财务会计报告，A 公司从而逃避了大量的税费。2008 年案发，王某被判有期徒刑 2 年，A 公司也被处罚金 24 万元。2009 年，王某刑满释放，由于受过刑事处罚，王某求职非常艰难，无奈之下，王某又来到了 A 公司，由于他曾经为公司立下了汗马功劳，而且王某的犯法多少与公司有关，于是公司同意王某复职。2010 年，税务部门在审核中发现了此事，公司的负责人再一次受到法律的处罚。

任务三　违反《会计法》的行为及法律责任

《会计法》规定，违反《会计法》将由财政部或县级以上人民政府的财政部门依法对企业进行处罚，但是，《会计法》所处罚的内容仅限于违法而不是犯罪。如果企业只是违反了《会计法》但不构成犯罪，只按照《会计法》来追究；如果违法且构成了犯罪，将依据《中华人民共和国刑法》加以追究。修订《会计法》国家很重视，国务院开了很多次会议，九届人大常委会召开三次会议才通过。在九届人大常委会第十三次会议上还专门修订了《中华人民共和国刑法》，对于违反《会计法》构成犯罪如何判刑和追究责任作出了相应的规定。

一、违反会计制度的行为及法律责任

在《会计法》第四十二条中，分别列出了违反会计制度的行为。

(1)不依法设置会计账目的行为。按照规定，企业应该设置一套合法的账目，如果企业没有合法设置账目，就违反了《会计法》规定。

(2)私设会计账簿的行为。企业只能设置一套会计账簿,如果设置多套会计账簿,就是违法行为。有的企业设置三本账簿:给股东、经营者、税务机关各一套,这是严重的违法行为。

(3)未按照规定填制、取得原始凭证或者填制、取得的原始凭证不符合规定的行为。未按规定填制和取得原始凭证过去仅仅是一种错误的行为,而现在把它列入了违法范畴。

案例分析

货币资金案例

星海公司业务员小王由于刚参加工作不久,对于货币资金业务管理和核算的相关规定不甚了解,所以出现了一些不应有的错误,有两件事情让他印象深刻,至今记忆犹新。第一件事是在2010年6月8日和10日两天的现金业务结束后例行的现金清查中,分别发现现金短缺50元和现金溢余20元的情况,对此他经过反复思考也弄不明白原因。为了保全自己的面子和息事宁人,同时又考虑到两次账实不符的金额又很小,他决定采取下列办法进行处理:现金短缺50元,自掏腰包补齐;现金溢余20元,暂时收起。第二件事是星海公司经常对其银行存款的实有额心中无数,甚至有时会影响到公司日常业务的结算,公司经理因此指派有关人员检查一下小王的工作,结果发现,他每次编制银行存款余额调节表时,只根据公司银行存款日记账的余额加或减对账单中企业的未入账款项来确定公司银行存款的实有数,而且每次做完此项工作以后,小王就立即将这些未入账的款项登记入账。

请分析:

1. 小王对上述两项业务的处理是否正确?为什么?

2. 你能给出正确答案吗?

(4)以未经审核的会计凭证为依据登记会计账簿或者登记会计账簿不符合规定的行为。会计在加工信息时,应该以审核的会计凭证登记账簿,如果企业使用未经审核的凭证登账,就是违法行为,或者登记的账簿不符合规定,也是违法行为。但是这种行为不是严重的违法行为,只是一种违反会计制度规定的行为。

(5)向不同的会计资料使用者提供的财务会计报告编制依据不一致的行为。例如给税务局编的报表利润少一点;给工商局编的报表所有者权益好一点;给投资者编的报表让投资人满意一点;自己留的那一套真实一点。这样的行为都是违法行为。

此外,随意变更会计处理方法的行为;未按照规定使用会计记录文字或者记账本位币的行为;未按照规定保管会计资料,致使会计资料毁损、灭失的行为;未按照规定建立并实施单位内部会计监督制度或者拒绝依法实施的监督或者不如实提供有关会计资料及有关情况的行为;任用会计人员不符合本法规定的行为,这些都是违反《会计法》的行为。

《会计法》规定,有上列违法违纪行为之一的,由县级以上人民政府财政部门责令限期改正,可以对单位并处3 000元以上5万元以下的罚款;对其直接负责的主管人员和其他直接责任人员,可以处2 000元以上2万元以下的罚款;属于国家工作人员的,还应当由其所在单位或者有关单位依法给予行政处分。

二、伪造、变造会计资料的法律责任

《会计法》第四十三条规定,伪造、变造会计凭证、会计账簿,编制虚假财务会计报告的行

为，尚不构成犯罪的，由县级以上人民政府财政部门予以通报，可以对单位并处5 000元以上10万元以下的罚款；对其直接负责的主管人员和其他直接责任人员，可以处3 000元以上5万元以下的罚款；属于国家工作人员的，还应当由其所在单位或者有关单位依法给予撤职直至开除的行政处分；对其中的会计人员，并由县级以上人民政府财政部门吊销会计从业资格证书。

《会计法》对伪造、变造会计凭证、会计账簿，编制虚假财务会计报告的行为处罚是非常严厉的。例如触犯《会计法》被吊销会计证后，对个人来说将依法至少剥夺5年从事会计工作的权利，5年以后才能重新考会计证，然后重新从事会计工作。

知识窗

伪造会计凭证、会计账簿和其他会计资料，是指以虚假的经济业务事项为前提编造不真实的会计凭证、会计账簿和其他会计资料。

变造会计凭证、会计账簿和其他会计资料，是指用涂改、挖补等手段来改变会计凭证、会计账簿等的真实内容，歪曲事实真相的行为，即篡改事实。

提供虚假的财务会计报告，是指通过编造虚假的会计凭证、会计账簿及其他会计资料或直接篡改财务会计报告上的数据，使财务会计报告不真实、不完整地反映真实财务状况和经营成果，借以误导、欺骗会计资料使用者的行为，即以假乱真。

三、隐匿或故意销毁会计资料的法律责任

《会计法》第四十四条规定，隐匿或者故意销毁依法应当保存的会计凭证、会计账簿、财务会计报告，构成犯罪的，依法追究刑事责任。有前款行为，尚不构成犯罪的，由县级以上人民政府财政部门予以通报，可以对单位并处5 000元以上10万元以下的罚款；对其直接负责的主管人员和其他直接责任人员，可以处3 000元以上5万元以下的罚款；属于国家工作人员的，还应当由其所在单位或者有关单位依法给予撤职直至开除的行政处分；对其中的会计人员，并由县级以上人民政府财政部门吊销会计从业资格证书。

但值得注意的是，有些企业会这样做：单位罚款，钱由单位出，而个人的罚款单位也帮着出了。这也是违法行为，如果被有关部门查出，单位的负责人继续承担违法责任。

四、授意、指使或强令会计人员违法的法律责任

《会计法》第四十五条规定，授意、指使、强令会计机构、会计人员及其他人员伪造、变造会计凭证、会计账簿，编制虚假财务会计报告或者隐匿、故意销毁依法应当保存的会计凭证、会计账簿、财务会计报告，构成犯罪的，依法追究刑事责任；尚不构成犯罪的，可以处5 000元以上5万元以下的罚款；属于国家工作人员的，还应当由其所在单位或者有关单位依法给予降级、撤职、开除的行政处分。

由于我国现在用人制度已经放开，企业有自主选择会计人员的权利，如果单位领导人授意、指使或者强令会计人员作假，会计人员不作假，就很可能受到单位的打击报复；而国家要求会计人员在核算的时候要执行《会计法》，要提供真实性和完整性的会计信息。在这种情况下应该怎么办？《会计法》第四十六条对单位负责人专门作出了一个基本规定，单位负责人对依法履行职责、抵制违反本法规定的行为的会计人员，予以降级、撤职、调离工作岗位、解聘或者

开除等方式实施打击报复,构成犯罪的依法追究刑事责任。尚不构成犯罪的按照下列方式处理:第一,由所在单位或有关单位给予行政处罚;第二,对受打击报复的会计人员应当恢复名誉以及原有的职务和级别。

模块三　财务报告的组成

工作任务

任务一　财务报告的构成
任务二　我国财务报告所组成部分间的相互关系

把会计当做一种语言来看待，主要是为了把会计工作看得和自己的生活更接近一些、更亲切一些，我们日常生活中离不开它。而对企业家、企业的管理者来讲，会计工作的最终产品，就是财务报告。有的通过记账、算账、报账、载体凭证账簿等，把最终产品——财务报告——交到管理者的手中。根据《会计法》的规定，完整的财务报告应该由三部分组成，即财务报表、财务报表附注和财务情况说明书（见图1-6）。

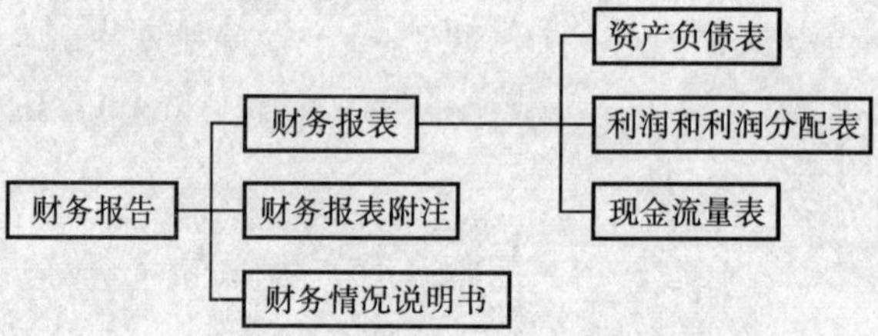

图1-6　财务报告的组成

任务一　财务报告的构成

一、财务报表

财务报表是企业财务会计报告的主要组成部分，它是根据账簿记录和有关资料，按照规定的报表格式，总括反映一个企业或企业集团的财务状况、经营成果和现金流量的报告文件。它是为了满足投资者对企业未来现金流量判断的需要和债权人对企业偿债能力评估需要而制定的，其主要包括资产负债表、利润表和现金流量表三大主表以及用来补充说明以上情况的附表，其中三大主表又称基本财务报表，是财务报告体系的核心。

二、财务报表附注

财务报表附注是指主要以文字的形式对三大主表的项目和内容以及有助于正确理解财务报表的有关事项进行必要的说明和解释，是财务报表的补充说明。增加财务报表附注的目的，是为了增加财务报表的信息量，改善披露的充分性，抑制企业粉饰报表，减少报表使用人的误解。会计规范的制定机构抑制报表粉饰的方法：一是减少会计政策的选择性和会计估计的范围；二是扩大披露的范围。在某种意义上说，增加报表附注是规范制定机构与粉饰报表行为进行博弈的结果。目前财务报表的附表和附注，无论是文本篇幅还是提供的信息量都超过了主要报表。报表附注有助于阅读者发现报表粉饰的情况，以便在分析时进行必要的数据调整，使分析数据建立在更加真实、可靠和可比的基础上。

按照我国《企业会计制度》的规定，在财务报表附注中至少应披露以下 13 项内容：①不符合会计核算前提的说明；②重要会计政策和会计估计的说明；③重要会计政策和会计估计变更的说明，以及重大会计差错更正的说明；④或有事项的说明；⑤资产负债表日后事项的说明；⑥关联方关系及其交易的说明；⑦重要资产转让及其出售的说明；⑧企业合并、分立的说明；⑨会计报表的重要项目的说明；⑩收入；⑪所得税的会计处理方法；⑫合并会计报表的说明；⑬有助于理解和分析会计报表需要说明的其他事项。

三、财务情况说明书

财务情况说明书是在财务报表及其附注所提供资料的基础上，进一步用文字对企业财务成本等情况所作的补充，是对企业一定会计期间内生产经营资金周转和利润实现及分配情况的综合性说明，它全面扼要地提供企业和其他单位生产经营财务活动情况，分析总结经营业绩和存在的不足，是企业财务报告使用者了解和考核有关单位生产经营和业务活动开展情况的重要资料。财务情况说明书是财务报告的重要组成部分，必须随同财务报表一起编制、提供和阅读。

企业财务情况说明书应当对下列情况作出说明：企业生产经营的基本情况；资金筹集和运用情况；利润实现和分配情况；资金增减和周转情况；各项财产物资变动情况；资本结构变动情况；反映企业经营情况的重要财务指标及其说明：对企业财务状况、经营成果和现金流量有重大影响的其他事项等。

财务情况说明书的主要用途在于揭示与会计系统直接或间接相关的财务或非财务信息，其既扩充了财务报告所提供信息的容量，又提高了财务报告所提供信息的质量，同时也向阅读者介绍了企业的经营环境及财务政策。

任务二　我国财务报告所组成部分间的相互关系

一、基本财务报表之间的关系

1. 动态与静态的关系

资产负债表是反映企业特定时点财务状况的报表，是一张静态报表。利润表和现金流量表分别是反映企业特定时段的经营成果和现金流量的报表，是动态报表。企业为了全面反映资金运动的状况，需要对这两种状态同时进行反映。企业的资金运动是沿着“期初相对静止—期中绝对运动—期末新的相对静止”这一运动形式循环往复进行的。具体来说，期末、期初资产负债表上净资产的差异必然等于利润表的净利润（扣除业主投资和对业主的分配）；期末、期初资产负债表的现金金额的差异必然等于现金流量表的净现金流量。

2. 相互补充、相互依赖的关系

从对未来现金流量的反映来看，基本财务报表是一种从不同侧面反映、相互补充、相互依赖的关系。资产负债表是反映企业特定时点经济资源的分布和权益结构的报表。根据企业资产、负债的当前价值和流动性情况可以一定程度上预测未来现金流量情况，因为现在是未来的基础。根据资产负债表的前后期对比情况可以了解企业的经营成果，进而了解企业未来增加现金流量的潜力，但这种经营成果的确定方法太过笼统——只能确定总的利润情况，不能说明构成企业盈亏的具体原因，也不能说明利润各个组成部分的情况，进而不能说明经营成果能在多大程度上预测未来现金流量。为此，必须用专门的利润表来详细反映企业亏损的情况。但利润表也有缺陷，因为投资者关心的是现金流量情况，而利润表是按权责发生制来确认利润的，这就可能造成企业一方面报告了巨额的利润，另一方面却出现企业现金流量不足、财务状况紧张的尴尬局面。为了全面反映企业经营状况对未来现金流量的影响，需要按收付实现制编制现金流量表。一方面可以反映企业现在的现金流量情况，从而对未来现金流量情况作出预测，另一方面可以通过比较利润和现金流量的差异，判断出盈利质量的高低。所以，在进行具体财务分析时，三种报表要结合使用。如在分析偿债能力时，主要根据资产负债表中各种资产和负债的对比关系确定，但利润表反映的盈利能力和现金流量表反映的现金流量能力显然也会影响到偿债能力。

二、基本财务报表、财务报表附注及财务情况说明书三者之间的相互关系

1. 财务报表主表与附注的关系

财务报表主表与附注都是财务报表的组成部分，二者之间联系与区别主要有以下方面。

(1)二者之间的联系：①都是提供有关企业财务状况、经营成果、现金流量等的信息，这些信息主要以定量化的形式表现，即使附注中有许多定性化的说明，也是为正确理解定量化信息服务的，对于与企业财务状况、经营成果、现金流量关系不大的信息，原则上不在报表及其附注中提供；②都要遵循公认会计原则，并经过注册会计师的审计。

(2)二者之间的区别：披露的方式不同。主表采用固定性的表格形式，附注披露形式较为灵活，主要采取文字说明的形式，也有许多表格和图示；主表提供的是货币化的定量信息，附注中既有定量信息，也有定性信息；主表中提供的是主要信息，附注中主要提供一些有助于对主表进行理解的补充和解释性信息；主表中的信息应严格满足会计确认标准的要求，附注中信息不一定遵循确认标准；主表中信息比较直观，不易被忽视，附注中信息如不做认真研究，可能易被忽视和不被理解。

2. 财务报表与财务情况说明书的关系

财务报表与财务情况说明书共同组成完整的财务报告体系，二者的联系在于都是为使用者进行经济决策服务。它们的区别如下：

(1)财务报表的项目及其金额来自日常账簿资料，并须在报表中再确认；

(2)财务报表表内项目属于财务信息，报表项目连同金额是文字说明与数字描述相结合的整体，缺一不可，而财务情况说明书没有这种要求；

(3)与财务情况说明书不同，财务报表作为信息的整体，彼此之间还有勾稽关系，财务报表中的项目有小计、合计和总计，其金额必须相符，在财务情况说明书中则不存在特定的数字勾

稽关系；

(4)财务报表的公允性与真实性应由注册会计师进行审计，而财务情况说明书一般只是请注册会计师或其他专家进行审阅。

3. 财务报表附注与财务情况说明书的关系

财务报表附注和财务情况说明书都是进行表外披露的。二者的区别在于：附注是财务报表的一部分，其主要作用是对基本报表进行补充和解释，因此附注中提供的信息和财务报表相关，而财务情况说明书则不受此条件限制。

企业的财务报告是一个完整的报告体系，主要是面对企业外部信息使用者向他们提供有助于做出各种经济决策的信息，作为报表的阅读者，应在弄清楚财务报告各组成部分相互关系的基础上，仔细研读财务报告，并尽可能通过其他渠道获取更多的信息，以弥补财务报告信息量的不足，只有这样，才可能得出较为完整准确的财务结论。

实训课业

看不懂驾驶仪表的飞行员是很可怕的，看不懂财务报告的企业管理人员也是很可怕的，因为财务报告就如同飞机上的仪表，它能够提供企业是否安全运行的基本信息。

作为企业的管理人员，你对财务工作了解多少呢？下列命题都是有关财务工作的基本常识，请运用你的财务知识作出判断。在你认为正确的命题前的□内划“√”，每题5分，共计100分。

□1. 财务报告由财务报表、财务报表附注和财务情况说明书组成。

□2. 企业的会计制度主要是指会计准则。

□3. 财务报表主表有三张，即资产负债表、利润和利润分配表、现金流量表。

□4. 资产负债表的格式主要有两种，即账户式和报告式。

□5. 阅读资产负债表的第一步是具体项目浏览，第二步是总额观察。

□6. 企业的商业信誉也可以在资产负债表中反映出来。

□7. 现金流量表把企业的所有活动分成了三类：经营活动、投资活动和筹资活动。

□8. 在会计核算中，现金流量表的计算基础是权责发生制。

□9. 商标使用权的转让所带来的收入属于企业营业外收入。

□10. 利润表主要提供企业的经营业绩，即盈利或亏损的情况。

□11. 目前，我国企业会计制度规定的利润表是采用多步骤式利润表。

□12. 毛利率低通常被认为商品的竞争力比较强。

□13. 企业可供分配的利润来源有三项：净利润、年初未分配利润、盈余公积转入。

□14. 利润分配表是利润表的附表，反映利润表中净利润的分配方向。

□15. 年度资产负债表日是指每年的12月31日。

□16. 注册会计师审计的依据是中国注册会计师独立审计准则。

□17. 审计报告的内容包括两大段，分别是范围段和意见段。

□18. 总体评价企业财务状况，主要是从企业盈利能力、运营能力、财务安全和发展能力四个方面来评价。

□19. 注册会计师发表的审计意见主要是四种，即无保留意见、保留意见、否定意见和无法表示意见。

□20.单位负责人是指单位法定代表人或者法律、行政法规规定代表单位行使职权的主要负责人。

统计总分：

正确的命题有：1、3、4、7、10、11、13、14、15、16、17、18、19、20。

得分分析：

90～100分：你具有良好的财务素养。

75～85分：你有比较好的财务基础，但还得继续努力。

60～70分：你的财务基础比较差，需要加强学习！

60分以下：很遗憾，你的财务基础知识欠缺，不过别担心，本课程正是你的最佳选择，相信通过学习本课程你一定会成为一名合格的"飞行员"！

项目二

会计是怎样记账的

项目阐释

企业在经营过程中对每笔交易事项引起的财务效应都应该做完整清晰的记录，以便提供全面完整的会计资料，真实、客观地反映企业的经营状况。本项目通过对记账的介绍,使学生掌握旅游企业经营过程中基本的会计记账及其规则，了解如何利用这些会计记账为企业服务。

能力目标

◇ 了解反映企业经济状况的两组会计语言词汇。
◇ 理解记账方法与记账规则。
◇ 掌握怎样记录单笔交易事项，怎样连续记录交易事项。
◇ 通过学习能够将本章应用到实践中，并指导实践。

项目分解

模块一 中国古代记账方法的起源
模块二 中国古代记账方法的发展
模块三 现代会计是如何记账的

模块一　中国古代记账方法的起源

工作任务

任务一　旧石器时代的计量、记录方法
任务二　新石器时代计量、记录方法的发展
任务三　原始社会末期的结绳计量、记录法

会计是一门关于计量的科学。数量观念是原始思维活动中的基本逻辑观念之一，人类原始计量、记录思想萌生于当时的客观实践，并随即在这种思想的支配下产生了人类最早的会计行为——原始计量、记录行为，也萌生了人类最早的会计记账方法。人类最为古老的记账方法并不像我们今天所运用的会计记账方法这样具有自己鲜明的专业特性，它具有史前文化的基本特点，即会计记账方法在其产生之初，兼具人类原始的语言、文字、绘画、数学及统计各方面的内容。

任务一　旧石器时代的计量、记录方法

在距今约十至二、三万年前的旧石器时代的中晚期，由于生产力水平的提高和生产剩余物品的出现，人类自身的生产发展得到了相对充足的物质保障，原始部落里的经济关系随之复杂起来。这时单凭头脑记数、记事与默算已无法组织生产活动及合理地分配、储备物品。客观现实迫使人们不得不在头脑之外的自然界去寻找帮助进行记事的载体，以及进行计量、记录的方法。

人类在旧石器时代的中晚期所采用的计量、记录方式与方法一般有两种：一是简单刻记方式或方法；二是直观绘图记数、记事方式或方法。

简单刻记是原始人最初采用的一种计量、记录方法。他们通常以坚硬的石器作为刻划的工具，在石片、骨片等载体之上刻划出一排排单线条的浅纹道，或者是在树木或木板上刻出若干重复的缺口，形成通常只有刻划者自己可以体会出来的代表一定数量的标记，或是记载某种事物的标记。而直观绘图记数、记事方式则是与简单刻记并存的一种计量、记录方法。原始人的抽象思维活动能力还较为低级，他们在绘图表现方式上反映出一种顽固忠实于自然原型的写实性。

任务二　新石器时代计量、记录方法的发展

随着生产力的发展，人类在进入新石器时代(距今大约 10 000 年左右)之后，经济关系日

渐复杂，原始的计量、记录方法也有了新的发展。

一、新石器时代刻划符号的演进

考古发现，在新石器时代早期有相当一部分刻划符号在一个较大的地域范围内具有普遍性，其中一部分作为计量、记录符号较以往进步明显。到新石器时代中晚期，母系氏族社会经济高度发展，人们开始创造并广泛采用成套的刻划符号。现今考古发现最具代表性、较为完整的成套刻划符号，是西安半坡人(距今 6 000 年左右)与临潼姜寨村人所应用的刻划符号。

二、新石器时代的刻木记事

考古发现中最早的刻木记事类型文物是青海乐都柳湾马厂类型墓葬(距今 4 500～3 500 年)遗址中的骨片，这些相对而言易于保存的骨片是新石器时代中期的产物。这些骨片上的刻记大体上有一定规格，缺口大都刻在骨片中部的两边，在 40 片骨片上所刻下的缺口数量都在 1～3 之间。类似的刻骨在西宁朱家寨考古发掘中也曾有过，都是为记数与记事所用，这些发现都证实了中国历史上的“刻木为契”传说。刻木记事在我国史书中多有记载。《隋书·突厥传》记载了北方突厥人刻木记事的情况，《旧唐书·西南夷传》也记载了当时我国南方边远地带一些少数民族采用刻木记事的事实。

三、新石器时代的绘图计量、记录法

绘图计量、记录法是在旧石器时代中晚期人们所应用的直观绘图记事法的基础上产生的。这种方法的历史性进步在于：为了计量、记录的简便易行与易懂辨认，将复杂具体事物的形象抽象为简明扼要的图画符号，并最终以图画符号表现经济事项的数量关系，显示计量、记录的结果。这种绘图计量、记录方法也经历了一个漫长的历史渐进过程，与后来图画文字切近的抽象绘图记数、记事法主要产生、应用于新石器时代。人类所创造的萌芽形态的文字，相当大一部分起始于绘画，在经历了直观绘图记事阶段之后，便陆续采用抽象的图画符号，从而形成更进一步的象形符号，而这种象形符号便为后世象形文字的产生奠定了基础。

任务三 原始社会末期的结绳计量、记录法

在原始社会末期，人类原始的会计计量、记录方法的发展有了质的飞跃。结绳计量、记录法是原始人通过结绳记数的方式对经济事项进行计量、记录的一种方法，它是人类会计起源的重要标志之一。

我国结绳记事法应用的历史十分悠久。中国史书上对结绳记事的记载可谓屡见不鲜，其研究结论也基本上一致。在东汉武梁祠浮雕上有“伏羲仓精，初造王业，画卦结绳，以理海内”的记载，也就是说伏羲氏在做部落首领时，借助八卦及结绳记数、记事等方法管理部落生产活动及日常生活，并具体描绘了结绳的情形。伏羲氏是我国父系氏族时代初期活动在淮河流域一带的一个部落里的首领。他所领导的部落生活地域濒临淮河，水域宽广，渔业相当发达。根据考古发现的陶、石网坠分析，那时凡是大一些的鱼网，通常采用石质网坠，由于负荷较重，网上绳结相应要大一些；而凡是小一些的鱼网，一般则采用陶质网坠，因负荷较轻，网上绳结相应要小一些。人们正是在积年累月的结网捕鱼生涯中领悟到结绳可以记事记数的道理。这种分

析与历史书记载上的结绳记事所产生的年代、地域具有一致性。至于如何结绳记事、记数，后世史书中也有较为具体一些的记载。《周易正义》中讲，“事大，大结其绳；事小，小结其绳。结之多少，随物众寡”，即要记录重要的事情，便在绳子上打一个较大的绳结，如果记录不重要的事情，则在绳子上打一个较小的绳结，绳结的多少依据所要记录事情的多少而定。南宋《路史》一书中也有类似记载。

一、佤族人应用结绳处理债权债务

佤族人把一根绳索高挂于墙上，用于记载与清算债权、债务账目。他们将一根用来记数或记事的绳索分为三个区间，分别代表放债数额、放债利息及放债时间等不同的内容。如在绳的上部结出三个大结，便表示已借出去三元滇币(1949 年解放以前云南地区通行的地方货币)，在中部结出一个大结和一个小结，表示每半年应收一元半滇币的利息，而在绳的下部所结出的三个大结和一个小结则表明上述债款已经借出去三年半了。

二、基诺族人以结绳记录征收物品

基诺人为举行公共祭祀活动，统一规定以全族的个体家庭为缴纳单位，每户应缴纳两只鸡、三筒米，这一活动由酋长委派负责公共收支的“纳俄罗”(即原始部落中的兼职会计人员)监督执行。征收之前，“纳俄罗”先向每户户主取一根绳，并当面将应交纳的实物如数打结反映，一个双重结表示两只鸡，三个单结表示三筒米。如某户先交一只鸡，“纳俄罗”便把原来的双重结解开变为单结，表明尚欠一只鸡。如两只鸡与三筒米全部交完，“纳俄罗”便会把绳结全部解开，把绳子烧毁，以此表示此户已交清全部物品。

与远古时代一脉相承的结绳计量、记录法，在近代、现代社会边远地带少数民族中坚持实行这种情况表明，结绳计量、记录法是人类在史前时期所创造出来的帮助人们记忆的一种特殊方法，它的简便易行使它得到广泛应用，并在世界上落后的经济区域里一直被递演继承下来。结绳已表现出后世账簿记录的原理，它大体上明确了表现某种“账目”的几个要素，如记录对象、应记数量、数量发生变化之后的表现方式，以及在这一“账目”结束之时的最终结果。正是从这一点出发，会计史学家认为结绳计量、记录法不仅是人类在史前阶段具有创造性的成果之一，而且是其后人类会计思想、会计实践演进、发展的基础。同时，由于结绳记事、记数方法又同时具备了数学、统计及文字表意等功能，所以也被认为是数学、统计及文字的起源。

模块二　中国古代记账方法的发展

工作任务

任务一　书契记录方法的基本特征
任务二　书契记录方法的创造

原始社会末期，随着父系氏族社会经济的进一步发展，人们在生产实践中逐渐感到简单刻记与“结绳记数”方法已不能适应社会经济发展的需要，便逐步摸索创造出一种新的方法来代替它们，这便是“书契”记录方法。它上承刻契记数，下接简册记事。由简单刻记和“结绳记事”发展到“书契”记录方法，是我国古代记账方法发展初期一个质的飞跃。

任务一　书契记录方法的基本特征

会计史学研究者认为，作为经济类的“书契”记录方法，是由文字、数字、实物计量单位三要素构成的一种为社会所公认的通用记录方法。它具有三个基本特征：第一，必须是用文字记载的。这些文字可以是原始数码，或是象形文字，也可以是甲骨文字等，不通过文字记录就不能称之为书。第二，必须是以刻记为主要特征。即用契刀将文字刻在龟甲、兽骨或竹木之上，非刻记方式不能称之为契。第三，作为书契在记录时必须遵守相应的记录规则。无论是记数还是记事，均应如此；收藏保管也和以往不同，不能随心所欲。

任务二　书契记录方法的创造

书契记录方法萌芽于传说中的黄帝时代，经尧、舜、禹，直到夏代初期。原始社会末期社会经济的显著变化，对经济事项的计量与记录提出了较高的要求。“结绳记事”与简单刻记一般只能反映经济事项的静态、比较简单的经济事项，而不易反映动态的、比较复杂的经济事项。社会经济向纵深发展，原有的计量、记录方法却已经远远落后于时代的需要，必然引起计量及记录方面的革命，这些原始的记数办法便自然而然地让位于新的经济核算方法。

一、文字的创造

由于结绳记事和契刻记事的不足，人们不得不采用一些其他的方法，譬如图画等，来帮助记忆、表达思想，绘画导致了文字的产生。

唐兰先生在《中国文字学》中说：“文字的产生，本是很自然的，几万年前旧石器时代的人类，已经有很好的绘画，这些画大抵是动物和人像，这是文字的前驱。”随着时间的推移，这样的图画越来越多，画得也就不那么逼真了。这样的图画逐渐向文字方向偏移，最终导致文字从图画中分离出来。这样，图画就分了家，分成原有的逼真的图画和变成为文字符号的图画文字。图画文字进一步发展为象形文字，便有了原始的文字。

二、数码的创造

中国古代有“隶首作算数”的传说。《世本》、《后汉书》、《晋书》、《唐六典》、《数术记遗》及《五经算术》中皆有相关的文字记载。传说中隶首被黄帝指派负责部落里经济计量与记录方面的事宜。当旧的计量方法在实践中感到越来越不适用的时候，隶首遵照黄帝的要求，从长期的生活实践中归纳了从一到十数码字的造形，并且总结出运用这些数码进行简单运算的方法。这些数码和方法最后被黄帝肯定下来，并加以推广运用。

事实上，人类数字的起源与人们的双手十指有着密切的关系。结绳之法只能起记数、记事的作用，一般不能起计算的作用，因此在当时要对结绳记事的结果进行计算就得靠双手十指。凭靠双手十指的帮助，经过相当长的一段时间，人们才把从一到十的概念和象形字体建立起来。此后，人们仍然是凭靠双手十指，逐步学会运用数码进行加减运算。我国祖先不仅靠双手建筑了全部数学知识的基础——古老的数的概念，而且靠着双手建筑了我国会计计算记录的基础——古老的数的概念及计算方法。20 世纪 30 年代初，郭沫若在《甲骨文字研究》一书中通过对甲骨书契中数码字的考证、研究，也得出“数生于手”的科学结论，从而进一步证实了这个问题。

三、计量单位的创始

单一的数码及其表现方法只能表现某种经济事物的数量，却不能反映该种经济事物的性质。所以，对于具有会计意义的“书契”来讲，数的概念、数据记录及计量单位都是缺一不可的要素。在一笔经济记录中，数据记录反映事物量的方面，而计量单位则是反映事物质的方面，故每一笔正确的经济记录都是对客观事物质和量的反映。根据史书记载，我国祖先在创造数码及运算方法的同时，也考虑到解决度量衡及计量单位方面的问题。我国度量衡与实物计量单位的起源出自“黄钟秬黍”的传说，古代史家大都把“黄钟”说成衡量万物的标准，长短、轻重、宽阔，以及容量皆依据“黄钟”而定。《礼记·月令》、《史记·律书》、《汉书·律历志》、《后汉书·律历志》、《通典》、《宋书·律历志》以及《清会典》均遵循黄钟之说。

数字、运算方法以及实物计量单位一出现便结合在我国萌芽状态的“书契”之中，清晰地表现了我国会计萌芽阶段的形态。经济类“书契”是文字、数码和实物计量单位的结合，它与后来夏、商时代出现的文字叙述式会计记录已较为接近，是我国会计由原始计量记录时代向文明时代记账法演进的一个过渡形态。

模块三 现代会计是如何记账的

工作任务

任务一 会计科目:经济活动效应的分类标记
任务二 会计分录是怎样形成的
任务三 记账凭证:记录单笔交易的载体
任务四 账户:连续记录经济业务的工具

太多的管理者忽视了会计系统的作用。假如没有会计的记账工作,整个企业就会失控,陷入混乱。企业是否盈利,以及其他相关的财务状况都将无从知晓,也就不可能做出正确的经营决策。企业的管理人员要想有效运用财务数据进行管理活动,就必须对会计的基本规则有所了解,这就如同足球场上的观众应该了解足球比赛的规则一样。本书的目的不在于使你学会记账,而是让你知道会计是怎样记账的,会计到底进行着什么样的工作,从而使你提高对会计数据的理解,成为了解会计规则的资深观众,以便更有效地利用财务数据。

请您思考:

这是一家写字楼公司 2010 年 8 月份的流水账目,请同学们按下面费用计算一下该公司 2010 年 8 月份是盈利还是亏损:

交房租押金 2 000,预付装修费 10 000,2 月份房租和电梯磨损费 1 500;

招商银行开户入账 5 000,申请 ADSL 预付一年费用 1 900;

购电源排插(一开六位)1 300,无线报警门禁机 1 800,收到货款 11 100;

付二台机箱的快递费 800,香江购六位办公屏风 8 000;

香江购会议大桌和前台 7 000,香江购大班桌和椅 5 000;

购家俬来回车费、电话费 1 100,付空调安装费尾款 2 100;

付员工元月份工资 32 000,清洁剂及毛巾三条 1 000,太平洋安防系统款 3 000;

收回服务器机箱货款 21 000,水晶头及模块面板等 1 900;

收回前欠应收款 17 000,给师傅们买饮料二次共计 80;

办公室装修全部人工费 1 600,办公室装修材料费尾款 1 300;

交纳税金 1 500,9 个网络及电话端口服务 1 300;

办公室装修后全面清洁费 1 290。

交易事项使企业的业绩变得更好、更坏或者至少有所不同。我们已经知道,任何交易事项发生后都会至少产生两方面的财务效应或结果。对每笔交易事项引起的财务效应都应该做出完整清晰的记录,以便提供全面完整的会计资料,真实、客观地反映企业的经营状况。这里需要指出的是:所谓记录交易事项,就是记录交易事项发生后的财务效应,也就是说,首先要搞清楚交易事项的发生使资产、负债、所有者权益等发生了什么变化,然后把变化的金额记录下来。

用数据管理企业,要以掌握每个交易事项的相关信息为起点。对于每笔交易事项,会计都要进行单独的记录,以反映每笔交易事项的来龙去脉。例如:某旅游公司于3月5日用银行存款购回5 000元原材料。对于这笔交易,可以对它产生的两方面财务效应作出如下的记录:

"3月5日,库存原材料增加5 000元,银行存款减少了5 000元。"

这种记录方法使用的是普通语言,但为了对会计信息进行统计整理和分析的需要,财务部门使用国际通用商业语言——会计语言——对交易进行记录。会计语言是绝大多数人并不明白的语言。而会计信息对管理者具有十分重要的价值,它是管理者经营决策的导航仪器。管理者离开会计信息来经营企业,就如同盲目地飞行。因此,作为一名合格的经营管理人员,必须掌握基本的会计语言。那么对于上面的例子,会计是怎样记录的呢?

任务一　会计科目:经济活动效应的分类标记

要想知道会计是怎样记录交易事项的,首先应该了解会计科目,会计科目是会计人员作记录的基础。对于不懂会计的管理人员,会计科目常会有高深莫测的感觉,因此不仅不愿看财务报表,更不敢对会计科目的拟定有何意见。其实会计科目只不过是一个企业经济活动资料的统计分类,或者说是管理信息的统计分类。管理人员可以不必考虑会计的专业知识,只依照管理上的需要增设会计科目及子科目,这样可使会计信息有更大的管理功能。如果懂得会计科目的性质及其结构系统,管理人员就不但能看懂财务报表,而且还能设置会计科目,使会计资料成为很好的管理信息。企业管理者应检查会计人员使用的会计科目是否能够满足管理的需要。

会计科目就如同图书管理人员对各种图书进行分类那样,把图书划分为经济类、文学类、政治类等。图书馆管理人员为不同类别的图书分别准备了存放的书架,这样做很方便图书的查找。企业发生的每笔交易事项至少有两方面的财务效应,因此各种交易事项引起的效应就会很多。我们可以对各种效应的内容进行分类,并给每一个分类起一个名字,这些名字就叫会计科目。例如,上面的例子中一个效应是增加了库存布料,库存布料在会计记录中用"原材料"来表示,类似布料这种生产加工中耗用的生产资料,如家具厂的木材、饭店的面粉等,都可归类用"原材料"来表达,"原材料"就是一个会计科目。无论发生这些材料的增加还是减少的交易事项,会计上都是用"原材料"科目来表达。类似地,另一个效应是银行存款的减少,银行存款不管是增加还是减少的效应,会计都将用"银行存款"科目来表达。

在企业里,会计人员使用会计科目表,将记录企业的交易活动预计可能使用的全部会计科目列在表中。"应收账款"、"库存商品"、"短期借款"、"应付账款"、"固定资产"、"实收资本"、"未分配利润"、"库存现金"、"累计折旧"、"长期借款"、"生产成本"、"主营业务收入"、"主营业务成本"、"管理费用"、"销售费用"等都是企业常用的会计科目。我们来快速浏览一下表2-1中与资产负债表有关的部分会计科目表,以便大体了解一家企业中的会计科目表的样子。

表 2-1　会计科目表

顺序号	编号	会计科目名称
		一、资产类
1	1001	库存现金
2	1002	银行存款
3	1012	其他货币资金
4	1101	交易性金融资产
5	1121	应收票据
6	1122	应收账款
7	1123	预付账款
8	1221	其他应收款
9	1231	坏账准备
10	1401	材料采购
11	1402	在途物资
12	1403	原材料
13	1405	库存商品
14	1471	存货跌价准备
15	1511	长期股权投资
16	1601	固定资产
17	1602	累计折旧

企业一旦发生交易事项，会计就根据交易事项所发生财务效应的内容，选择适用的会计科目。每项交易至少有两方面的效应，因而，记录每项交易至少会使用两个会计科目。

为了使大家真正掌握会计科目的使用方法，我们做下面的练习：

①购入甲材料 60 000 元，货款尚未支付。

这笔交易事项产生两方面财务效应：一个效应是甲种材料增加，另一个效应是欠供应商的债务增加。甲种材料增加是原因，欠供应商的债务增加是结果。记录这笔交易涉及"原材料"和"应付账款"两个科目，"甲种材料"用"原材料"科目表达，"欠供应商贷款"应使用"应付账款"科目。

②用银行存款偿还金融机构流动资金借款 50 000 元。

这笔交易事项也产生两方面效应：一个效应是银行存款减少，应该使用"银行存款"科目表达"银行存款"；另一个效应是金融机构借款减少，应该使用"短期借款"科目表达"向金融机构借款"。

会计科目分为总分类科目类（一级科目）和明细分类科目，这同图书的明细分类差不多。明细分类科目是对总分类科目的进一步细分，它所提供的是更加详细具体的信息。例如，在"管理费用"总分类科目下，按照费用的功能下设明细分类科目："办公费"、"差旅费"、"业务招待费"等。为了适应管理的需要，当总分类科目下设置的明细科目太多时，可在总分类科目与明细科目之间增设二级科目。例如:在“原材料”总分类科目下,可以按照材料的类别设置二级科目——“原料及主要材料”、“辅助材料”、“燃料”等。

总分类科目一般由财政部统一规定,以保证财务指标在一个部门乃至全国范围内汇总,分析利用。

任务二 会计分录是怎样形成的

企业发生的交易事项所产生的效应,实际上表现为资产负债表中各个项目金额的增加或减少。仅使用会计科目还不能记录各种交易事项发生后所形成的增加或减少效应,我们还必须了解会计是如何表示金额的增减的。

在实际工作中,会计使用“借”和“贷”来表示“增加”或“减少”。这里需要强调的是:“借”并不总是表示增加,而是有时表示增加,有时则表示减少。这听起来可能有些不可思议,不要担心,这其中是有规则可循的。

交易事项使资产项目金额增加的效应,使用“借”表示增加;交易事项使资产项目金额减少的效应,使用“贷”表示减少。以上面用银行存款购买布料为例,原材料增加 5 000 元的效应属于资产项目增加,因此应使应“借”来表示增加,这一效应可表示为“借:原材料 5 000”;银行存款减少 5 000 元的效应,属于资产项目金额减少,应使应“贷”来表示减少,这一效应可表示为“贷:银行存款 5 000”。

借:原材料　　　　5 000

　贷:银行存款　　　　5 000

这种记录交易事项所产生两种以上效应的方式,我们称为“会计分录”。会计分录是指预先确定每笔交易事项所涉及的会计科目、借贷方向和金额的一种记录,它是用会计语言记录单个交易事项的方式。

每个交易事项都可编制一个会计分录,每个会计分录至少是“一借一贷”的效应,有的可能会有一“借”多“贷”或一“贷”多“借”的效应。会计一般不编制多“借”多“贷”的会计分录。

在会计分录中,“借”和“贷”的内容表现为互为对应关系,即因果关系。如果借方是原因,贷方就必然是结果。任何一项交易事项的会计分录的编制必须遵循这种因果对应关系。

我们在为交易事项编制会计分录时,首先应分析交易事项发生后的各方面效应,再选择能够反映每一个效应的会计科目,然后确定每一个效应在金额上是增还是减,并用“借”或“贷”来表示。用会计语言分别列出每个效应,再把每个学员的记录合起来就形成会计分录。

在某个会计分录中,“借”和“贷”可能一个表示增加,另一个表示减少;也可能在同一会计分录中“借”和“贷”都表示增加或减少,这要根据具体的交易事项而定。例如:从金融机构借款 5 000 元的交易,用借表示银行存款的增加,在这个分录中,“借”和“贷”都是增加的意思。

借:银行存款　　　　5 000

　贷:短期借款　　　　5 000

与记录资产项目增加和减少效应不同的是:交易事项使负债或所有者权益项目金额增加的效应,使用“贷”表示增加;交易事项使负债或所有者权益项目金额减少的效应,使用“借”表示减少。这正好与记录资产项目增加和减少效应的规则相反。

由此可见,“借”和“贷”两字在会计语言中已失去它们原来的字面意义,它们仅仅作为一种记录交易事项的符号，表示交易事项的增减变动，成为会计上的专门术语。抽象地看，无论是“借”还是“贷”，都既表示增加，又表示减少。而具体地看，“借”表示会计平衡公式中资产项目的增加和负债或所有者权益项目的减少；“贷”表示会计平衡公式中资产项目的减少和负债或所有者权益项目的增加。

你可能已经发现，任何一项交易事项所产生的两方面效应一个为“借”，另一个必然为“贷”，而且“借”和“贷”的金额相等。也就是说，“有借必有贷，借贷必相等”。另外，还应再加上一句：因果关系相对应。这是会计记账时必须遵守的原则。

任务三 记账凭证：记录单笔交易的载体

编制会计分录是会计记录事项的初始阶段。在实际工作中，会计一般使用“记账凭证”来完成单笔交易事项的会计分录。会计分录是记账凭证的主要内容。请看表 2-2 列出的记账凭证的基本格式。

由此可见，学会用会计分录记录各种交易事项是正确记录交易事项的前提。掌握了会计分录的使用方法，距离填写记账凭证仅一步之遥。

表 2-2 记账凭证

金额单元：元　　2010 年×月×日　　第 3 号

摘要	科目名称	借方金额	贷方金额
购买布料	原材料	5 000	
	银行存款		5 000
附件 2 张	合计	5 000	5 000

制单：　　签字：　　审核：　　登账：

我们来看任务一中的“①购入甲种材料 60 000 元，货款尚未支付”的例子。甲种材料增加的效应属于资产项目的增加，因此应使用“借”来表示，这一效应可表示为“借：原材料 60 000”；欠供应商债务增加的效应属于负债项目的增加，因此应使用“贷”来表示，这一效应可表示为“贷：应付账款 60 000”。我们把这两种效应的记录合在一起形成如下会计分录：

借：原材料　　60 000

　贷：应付账款　　60 000

我们把分录抄写在“记账凭证”上，用表 2-3“记账凭证”记录该笔交易事项。

表 2-3 记账凭证

金额单位：元　　2010 年×月×日　　第×号

摘要	科目名称	借方金额	贷方金额
购入甲种材料	原材料	60 000	
	应付账款		60 000
附件 2 张	合计	60 000	60 000

制单：　　签字：　　审核：　　登账：

我们再来看任务一中的“②用银行存款偿还金融机构借款 50 000 元”的例子。短期借款减少的效应属于负债项目减少，应使用“借”来表示，这一效应可表示为“借：短期借款 50 000”；银行存款减少的效应属于资产项目金额减少，应使用“贷”来表示，这一效应可表示为“贷：银行存款 50 000”。把这两种效应的记录合在一起形成会计分录：

借：短期借款　　50 000

　贷：银行存款　　50 000

我们用表 2－4“记账凭证”记录该笔交易事项。

表 2－4　记账凭证

金额单位：元　　2010 年×月×日　　第×号

摘要	科目名称	借方金额	贷方金额
偿还银行贷款	短期贷款	50 000	
	银行存款		50 000
附件 2 张	合计	50 000	50 000

制单：　签字：　审核：　登账：

再看一个例子：股东向公司投入资本 100 000 元，存入银行。

这笔交易事项产生两方面效应：一个效应是银行存款增加应该使用“银行存款”科目；另一个效应是股东投入资本增加，应该使用“实收资本”科目。银行存款增加的效应属于资产项目金额增加，应使用“借”来表示，这一效应可表示为“借：银行存款 100 000”；实收资本增加效应属于所有者权益项目金额增加，应使用“贷”来表示，这一效应可表示为“贷：实收资本 100 000”。将两种效应的记录合在一起形成会计分录：

借：银行存款　　100 000

　贷：实收资本　　100 000

我们用表 2－5“记账凭证”记录该笔交易事项。

表 2－5　记账凭证

金额单位：元　　2010 年×月×日　　第×号

摘要	科目名称	借方金额	贷方金额
收到股东投资	银行存款	100 000	
	实收资本		100 000
附件 2 张	合计	100 000	100 000

制单：　签字：　审核：　登账：

下面我们把有关记账凭证的知识归纳如下：

记账凭证是根据原始凭证（在交易事项发生时取得或填制、载明交易事项具体内容和完成情况的书面证明，如支票存根、汽车票、飞机票、火车票、发货票、入库单、领料单、盘点单、工资表等）进行归纳、整理编制的会计分录凭证。它是登记账簿的直接依据。这里需要提醒大家注意的是，会计记录每一笔业务都需要有原始凭证作依据，并且原始凭证要附在记账凭证后面。

记账凭证的格式并没有统一的规定，但所有的记账凭证都应满足记账的要求，都必须具备下列基本内容:①记账凭证名称;②填制凭证的日期;③交易事项的内容摘要;④记账符号、会计科目名称和金额;⑤所附原始凭证的张数;⑥填制单位的名称及有关人员的签章。

记账凭证的填制,还应注意以下几点:①内容摘要应简明,概括出交易事项的主要内容;②会计科目运用准确,必须按国家统一规定的会计科目填写;③连续编号;④附件齐全。

记账前必须由专人对已编制的记账凭证进行认真严格的审核。审核的内容主要有以下几个方面:①记账凭证是否附有原始凭证,记账凭证的内容与所附原始凭证的内容是否相符,金额是否一致;②会计科目的使用是否正确,对应关系是否清晰,金额计算是否准确无误;③记账凭证中有关项目是否填写齐全,有关人员是否签名盖章。

使用记账凭证记录了企业发生的全部交易事项,提供了反映每笔交易事项所引起的资金运动的重要信息。从原始凭证到记账凭证是经济信息转换成会计信息的过程,是会计的初始工作。记账凭证是企业最基础的动态性会计信息资料,它对于汇总整理更有价值的会计信息提供了保障。同时,记账凭证对于以后检查经济业务的真实性、合法性,明确经济责任和追究责任等方面也具有重要的证据作用。审计人员往往通过查阅企业的记账凭证来发现问题。

知识窗

支票知识

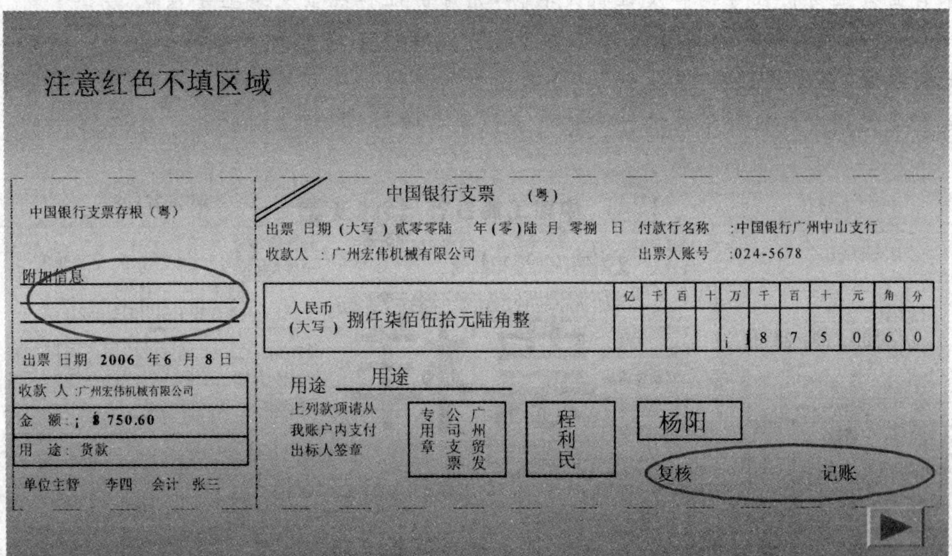

1. 支票:是出票人签发的,委托办理支票存款业务的银行,在见票时无条件支付确定的金额给收款人或持票人的票据。出票人:单位或个人,在同一票据交换区域的各种款项结算,均可使用支票。常见支票有现金支票、转账支票。

2. 支票上印有“现金”字样的为现金支票,现金支票只能用于支取现金(限同城内)。支票上印有“转账”字样的为转账支票,转账支票只能用于转账(限同城内)。

3. 工、建、中、交、农、光等银行均有自己的支票。

4. 标识,各行支票纸质特制,有防伪。

5. 出票日期要求大写。

举例：

(1)2005 年 8 月 5 日：贰零零伍年捌月零伍日。

(2)2006 年 2 月 13 日：贰零零陆年零贰月壹拾叁日。

大写数字写法：零、壹、贰、叁、肆、伍、陆、柒、捌、玖、拾、亿、万、仟、佰。

注意：

(1)“万”字不带单人旁。

(2)“壹月贰月”前“零”字必写，“叁月至玖月”前“零”字可写可不写。“拾月至拾贰月”必须写成“壹拾月”、“壹拾壹月”、“壹拾贰月”(前面多写了“零”字也认可，如“零壹拾月”)。

(3)“壹日”至“玖日”前“零”字必写，“拾日”至“拾玖日”必须写成“壹拾日”及“壹拾×日”(前面多写了“零”字也认可，如“零壹拾伍日”，下同)，“贰拾日”至“贰拾玖日”必须写成“贰拾日”及“贰拾×日”，“叁拾日”至“叁拾壹日”必须写成“叁拾日”及“叁拾壹日”。

6. 收款人：购物广场有限责任公司。

(1)现金支票收款人可写为本单位名称，此时现金支票背面“被背书人”栏内加盖本单位的财务专用章和法人章，之后收款人可凭现金支票直接到开户银行提取现金。(由于有的银行各营业点联网，所以也可到联网营业点取款，具体要看联网覆盖范围而定。)

(2)现金支票收款人可写为收款人个人姓名，此时现金支票背面不盖任何章，收款人在现金支票背面填上身份证号码和发证机关名称，凭身份证和现金支票签字领款。

(3)转账支票收款人应填写为对方单位名称。转账支票背面本单位不盖章。收款单位取得转账支票后，在支票背面“被背书”栏内加盖收款单位财务专用章和法人章，填写好银行进账单后连同该支票交给收款单位的开户银行委托银行收款。

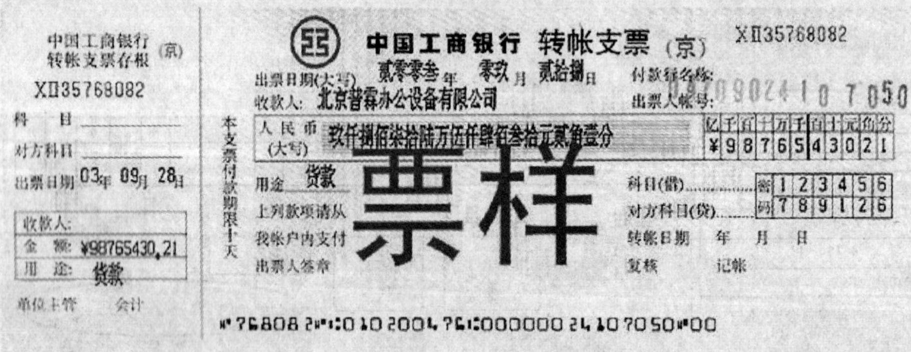

7. 付款行名称、出票人账号：本单位开户银行名称及银行账号。例如：开户银行名称：工行高新支行九莲分理处；银行账号：1202027409900088888，银行账号必须小写。一般为印泥印上去的。

8. 人民币：①应大写；②小写要以“¥”封口；③顶格。

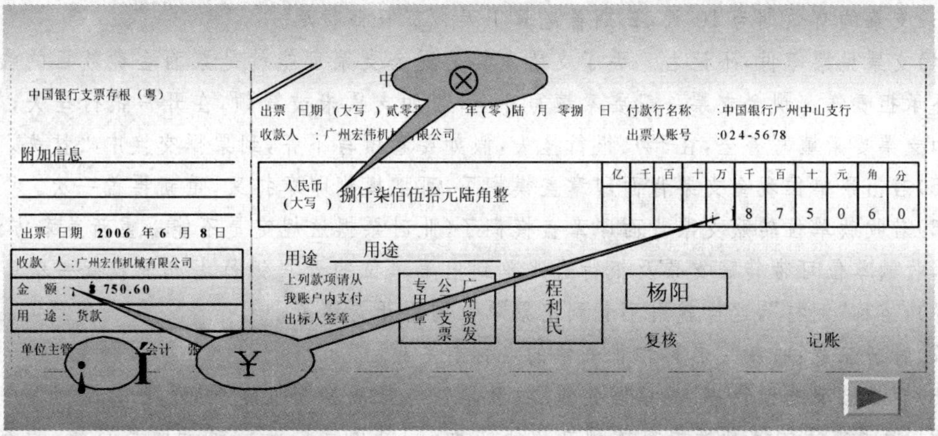

举例：

(1) 289 546.52 贰拾捌万玖仟伍佰肆拾陆元伍角贰分。

(2) 7 560.31 柒仟伍佰陆拾元零叁角壹分。此时“陆拾元零叁角壹分”中“零”字可写可不写。

(3) 532.00 伍佰叁拾贰元正。“正”写为“整”字也可以；不能写为“零角零分”。

(4) 425.03 肆佰贰拾伍元零叁分。

(5) 325.20 叁佰贰拾伍元贰角。角字后面可加“正”字，但不能写“零分”，比较特殊。

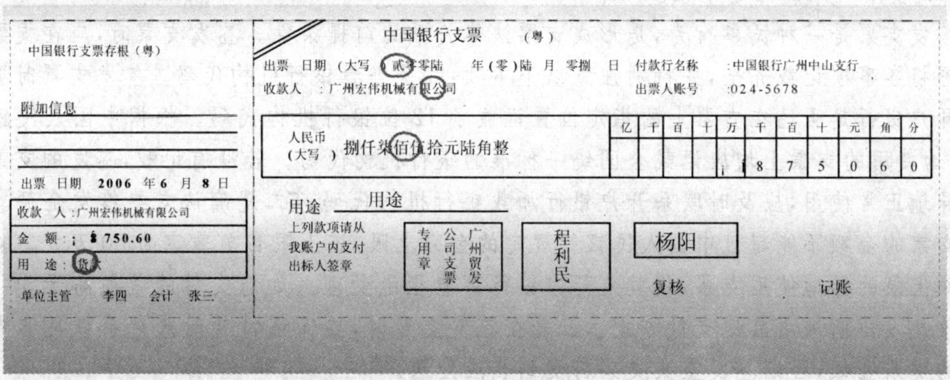

9. 人民币大小写要一致，整张支票不允许涂改，尤其是人民币处。不一致或填错、涂改都应视无效。

10. 用途要明确填清楚。

11. 出票人签章：财务专用章、法人章（加盖印章应与银行预留印鉴一致）。

12. 存根：出票人用以记账。

13. 齐缝章。

14. 支票存入银行，要填写过账单。

15. 持转账支票、现金支票，过账单不允许承诺立即付货。

16. 支票存入银行可能出现空头，与银行预留印鉴不符。

17. 常识：

(1)支票正面不能有涂改痕迹，否则本支票作废。

(2)受票人如果发现支票填写不全，可以补记，但不能涂改。

(3)支票的有效期为10天,日期首尾算1天。节假日顺延。

(4)支票见票即付,不记名。丢了支票尤其是现金支票可能就是票面金额数目的钱丢了,银行不承担责任。现金支票一般要素填写齐全,假如支票未被冒领,在开户银行挂失;转账支票假如支票要素填写齐全,在开户银行挂失,假如要素填写不齐,到票据交换中心挂失。

(5)若出票单位现金支票背面印章盖模糊了,可把模糊印章打叉,重新再盖一次。

(6)若收款单位转账支票背面印章盖模糊了(此时票据法规定是不能以重新盖章方法来补救的),收款单位可带转账支票及银行进账单到出票单位的开户银行去办理收款手续(不用付手续费),俗称"倒打",这样就用不着到出票单位重新开支票了。

(7)背书注意:收款人名称和背书章的名称要一致。

(8)容易出现的错误:日期填写错误、收款单位与背书单位印鉴不符。

18. 使用支票的便利性主要体现在以下方面:一是用途广泛。对于商品交易、劳务供应、清偿债务、日常消费、缴付公用事业费用等支付,无论金额大小,均可以使用支票。二是携带方便。支票是一种便于携带的纸质凭证,只占用很小的保管空间,非常适合随身携带。三是结算便捷。支付款项时,无论身处何地,无论收款人是谁,只需在支票上记载出票日期、金额、收款人名称等事项,并在指定位置签章,其余的工作全部由银行完成。收款人在收到支票时,可以将支票送交自己的开户银行委托收款,也可以直接到付款人开户银行提示付款,还可以根据需要将支票转让他人。

19. 使用支票的注意事项。

签发支票是一种民事行为,是形成支票法律关系的前提条件。签发支票时,应在支票的相应位置将各事项记载齐全,并特别注意以下事项:一是查看银行机构代码。签发支票时要查看一下开户银行是否已在支票上的指定位置记载了12位银行机构代码。根据中国人民银行规定,异地使用的支票上均应记载全国统一标准的银行机构代码。若没有记载,签发的支票将无法在异地正常使用,应及时联系开户银行加载银行机构代码。二是确认支票签发金额。异地使用支票的金额不能超过中国人民银行规定的金额上限,该上限目前暂定为50万元。对于超过金额上限的异地使用支票,收款人开户银行可能拒绝受理。如您支付的款项高于50万元,可与收款人协商采用其他支付方式。三是在签发支票时,要保证付款时账户余额足够支付所签发的支票金额,否则签发空头支票将受到相应处罚。

从银行的角度看,转账支票被退票最多的情况如下:

(1)字迹不清导致与预留字迹不符;

(2)日期书写不规范;

(3)存款不足或与银行预留印鉴不符(这两种情况后果很严重,将受到相应处罚)。

另外还注意背书转让如果用到粘单,不要忘了要在粘缝处也加盖与粘单联上第一个背书人一致的印鉴。

左上角划线的支票只能用作转账,是不可以提现的。

任务四　账户:连续记录经济业务的工具

一张记账凭证中既有借方科目又有贷方科目,记录了单笔经济业务的两方面财务效应。我们能否在记账凭证的基础上,再编制一份反映所有记账凭证中相同会计科目增减变化过程的资料呢？答案是肯定的。如果是这样的话，这份会计资料将是很有意义的。比如，如果我们将所有记账凭证中的涉及“原材料”科目所反映的经济信息，按记账凭证的时间顺序抄写在一起，那么，它就动态地、系统地反映了原材料增加和减少的变化过程。

在实际工作中，会计使用“账户”工具来实现上述目的。账户的基本结构是“T”形的，采取左右两边的格式，一边记增加数，另一边记减少数。至于哪一方登记增加，哪一方登记减少，则由所记录的经济内容而决定。账户的基本结构见表2－6。

表2－6 账户的基本结构

借方	贷方
账户名称（会计科目）	账户名称（会计科目）

在账户中，账户名称就是会计科目。账户是按照规定的会计科目在账簿中分别设立的。记账凭证填制、审核合格后，将每一张记账凭证中借和贷的内容分别抄录在相关账户中。每个记账凭证至少要在两个以上的账户中进行登记。

账户是用来表示企业的资产、负债与所有者权益等项目的增加和减少的一个手段。例如，企业将为他们存在银行的现金开立一个“银行存款”账户，用“银行存款”账户记录存在银行的现金的增加和减少；企业也要建立“原材料”账户，企业发生原材料的增加或减少的业务，都要在该账户中进行记录，以反映原材料库存的变化。

账簿是由若干相互联结的账页组成的。账页一旦标明会计科目，这个账页就成为专门用来记录该科目内容的账户。也就是说，账页是账户的载体，账簿是若干账页的集合。在账页中，左方总是借方，右方总是贷方。利用账簿中的各种账户可以连续记载同一会计科目数额增减变动的轨迹，从而可以按会计科目提供汇总信息。这对于企业提高管理水平、探索资金运动的规律具有重要作用。

账户记录也采用了会计分期的原则，尽管企业的经济活动在持续不断地进行，但会计人员仍要让交易活动每进行一段时期就“停止”下来，也就是说，在月末、年末等要进行结账。

结账就是把一定时期内所发生的交易事项，在全部登记入账的基础上，结算出每个账户的本期发生额和期末余额，并将期末余额转入下期或下年新账，期末余额转到下期即为下期期初余额。通过对余额的把握，企业管理者能定期总结生产经营情况，对不同会计期间的数据资料进行分析，以便发现问题，采取措施及时解决。

由于会计分期，账户的基本结构就转变为表2－7的样子。

表2－7 账户的基本结构

借方		账户名称	贷方
期初余额	×××		
	×××		×××
	×××		×××
本期借方发生额	×××	本期贷方发生额	×××
期末余额	×××	（期末余额）	

怎样使用账户工具记录交易事项呢？对于每一个账户来说，如果借方用来登记增加额，则贷方就用来登记减少额。在一个会计时期内，借方登记的合计数称为借方发生额；贷方登记的合计数称为贷方发生额。那么，究竟用哪一方来登记增加额，用哪一方来登记减少额呢？这同我们上面讨论的记录交易事项的规则是一致的，总之，有如下几条记账规则可循：

(1)资产类账户的增加额记在借方；

(2)资产类账户的减少额记在贷方；

(3)负债类账户的增加额记在贷方；

(4)负债类账户的减少额记在借方；

(5)所有者权益类账户与负债类相同。

练习：把以下的交易事项记在银行存款账户中(见表 2-8)。

① 上期期末银行的存款是 10 000 元；

② 从银行借款 7 000 元，期限 6 个月，存入银行；

③ 收到客户转账支票一张，客户还款 2 000 元；

④ 支付欠供应商货款 1 000 元；

⑤ 用转账支票购买原材料 10 000 元；

⑥ 期末结账。

表 2-8　银行存款账户

借方	银行存款		贷方
期初余额	①10 000		
	② 7 000		④ 1 000
	③ 2 000		⑤10 000
本期发生额	19 000	本期发生额	11 000
期末余额	⑥ 8 000		

任何交易事项都要产生至少两种效应，涉及至少两个会计科目。因此，任何交易事项都要至少在两个账户中登记，这样就使得账户之间形成了一种相互对应关系，这种账户之间的关系称为账户的对应关系。存在对应关系的账户叫作对应账户。请注意：我们上面所做的练习，每一个交易事项只对"银行存款"账户进行了登记，而未来得及对"银行存款"对应的账户进行登记。比如，交易事项②还应在"短期借款"账户中的贷方进行同金额登记。

在期末结账时，本期增加额与期初余额相加，再减去本期减少额，得出的就是本期期末余额。一个账户的正常余额不是在借方，就是在贷方。在正常情况下，资产类账户期末余额在借方，负债与所有者权益类账户期末余额在贷方。

根据表 2-8"银行存款"账户的记录可获得如下信息：企业期初在银行的存款为 10 000 元，本期向银行存款 2 笔，共增加银行存款 9 000 元；本期从银行提款 2 笔，共减少银行存款 11 000元；到期末，企业还有 8 000 元存款。这 8 000 元即为下期期初余额。

账户记录能够提供各种会计科目金额的增减变动及期末余额方面的会计信息。在实际工作中，资产负债表的编制就是依据结账而产生的各个账户期末余额资料而进行的。资产负债表记载的就是会计期末各账户的余额。

以上我们讨论的记账方法叫做借贷记账法，借贷记账法是以“借”和“贷”作为记账符号的一种复式记账方法。所谓复式记账方法，是指对任何一笔交易事项，都必须用相等的金额在两个或两个以上的有关账户中相互联系地进行登记。复式记账是以会计平衡等式作为记账基础的。

账户是具有一定结构的，一个完整的账户结构应包括：①账户名称即会计科目；②交易事项发生的日期；③摘要，即交易事项的简要说明；④所依据的记账凭证的凭证号数；⑤金额，即增加额、减少额和余额。每个账户一般有 4 个金额要素，即初期余额、本期增加发生额、本期减少发生额和期末余额。正常情况下，账户 4 个数额之间的关系如下：

账户期末余额＝账户期初余额＋本期增加发生额－本期减少发生额

账户本期的期末余额转入下期，即为下期的期初余额。

一个完整的账户示例见表 2－9。

表 2－9　总分类账户示例

账户名称：应付账款　　　　金额单位：元

×年		凭证号数	摘要	借方	贷方	借/贷	余额
月	日						
5	略		期初余额			贷	10 000
		①	购料欠款		35 000	贷	45 000
		②	购料欠款		19 000	贷	64 000
		③	偿还欠款	50 000		贷	14 000
5	31		本期发生额及余额			贷	133 000

实训课业

某企业发生下列交易事项：

(1)企业收到 A 单位投资 100 000 元，存入银行；

(2)企业购入新设备 1 台，价值 50 000 元，已交付使用；

(3)企业购入材料 1 批，计 1 000 元，货款暂欠；

(4)企业以银行存款 1 000 元偿还上述应付账款；

(5)企业从银行取得短期借款 20 000 元，直接偿还前欠某单位货款；

(6)经批准，企业将资本公积 40 000 元转增资本；

(7)企业购入材料 10 000 元，其中 8 000 元以银行存款支付，其余货款暂欠；

(8)企业以银行存款 20 000 元，归还银行短期借款 12 000 元，应付账款 8 000 元。

要求：

(1)编制上述交易事项的会计分录；

(2)指出每个交易事项的对应账户；

(3)用“T”形账户登记上述交易事项。

项目三

怎样阅读资产负债表

项目阐释

本项目通过对旅游企业财务状况的相关案例分析，使学生掌握资产负债表的结构和反映的内容，进而了解案例中旅游企业的财务状况，对其经济状况进行分析。

能力目标

◇ 了解资产负债表的作用、结构。
◇ 掌握资产负债表列示的内容。
◇ 怎样通过资产负债表来了解企业的经济状况。
◇ 编制资产负债表时依据的原理。
◇ 通过本项目的学习可以了解资产负债表对经营决策的影响。

项目分解

模块一 资产负债表概述
模块二 资产负债表列示的内容
模块三 资产分布结构对经营策略的影响

模块一　资产负债表概述

工作任务

任务一　资产负债表的概念
任务二　资产负债表的作用
任务三　资产负债表的格式
任务四　如何通过资产负债表了解企业状况

案例导入

某旅游企业的经理王某，正在清点自己家庭的财产，试图搞清楚当前的家底。家里自2010年7月18日止有现金500元，储蓄存款100 000元，购买股票45 000元，亲戚借走10 000元，家具14 000元，家用电器30 000元，服装及饰品8 000元，房产400 000元，汽车150 000元。根据清点结果，王某编制了如表3－1所示的家庭财产清单。

表3－1　王某当前家庭财产清单　　　　金额单位:元

项目	金额
现金	500
银行存款	100 000
股票投资	45 000
应收账款	10 000
家具	14 000
家用电器	30 000
服装及饰品	8 000
房产	400 000
汽车	150 000
财产合计	757 500

王某虽然列出了自己的家产，但想想这些并不完全都是自己的，还有借来的钱，接着王某又把自己所欠的债务列出了清单，如表3－2。

表 3-2　王某家庭所欠债务清单

项目	金额
购房贷款	250 000
购车贷款	40 000
借父母款	30 000
负债合计	320 000

由上面两个清单可见：

王某的自有财产为 437 500 元(财产合计 757 500 元，负债合计 320 000 元)，其余部分的财产是用借来的钱购买的。

最后，王某得出结论：我的家庭现有家产共计人民币 757 500 元，这些家产的资金一部分来自借债，共 320 000 元；其余的 437 500 元是自己的钱。

从上述例子我们可以看出，王某家里的资产为 757 500 元，负债为 320 000 元，所有者权益(自己的钱)为 437 500 元。如果我们把家庭看成是一个小型企业的话，则也可以根据上述情况编制资产负债表。那么到底何谓资产负债表？它具有什么样的作用呢？

任务一　资产负债表的概念

名词点击

资产负债表

资产负债表是企业对外提供的主要会计报表之一，反映企业某一特定日期资产、负债、所有者权益等财务状况的会计报表。

资产负债表是根据资产、负债和所有者权益之间的相互关系，按照一定的分类标准和一定的顺序，将企业在某一特定日期的资产、负债和所有者权益各项目予以适当排列，并根据会计账簿日常记录的大量数据浓缩整理后编制而成的。通俗地说，资产负债表可以清楚地反映企业的资产量、负债量、净资产量以及它们的组成结构。在财务报表的学习中，资产负债表是一个很好的开端，因为它体现了企业的财务结构和状况。它反映的是某一会计期间经营活动静止后企业拥有和控制的资产、需偿付的债务及所有者权益的金额，也就是那一时点企业的财务状况。所以资产负债表是一张静态报表，它只描述了当时的状况，即信息具有时效性。

资产负债表由两部分组成：一部分为资产及其构成，表明企业拥有或控制的各类经济资源，说明资金用途，是企业投资的结果；另一部分为负债、所有者权益及其构成，表明企业现时的偿债义务及自有资本的实力，说明企业的资金来源，是企业筹资的结果。通过资产负债表不仅可以了解企业拥有或控制的经济资源和需要偿还的债务，正确地识别企业的变现能力和偿债能力，而且还有助于分析了解企业的财务实力和资本结构。

资产，是指过去的交易、事项形成并由企业拥有或控制的资源，该资源预期会给企业带来经济效益。资产包括流动资产、固定资产、无形资产和其他资产等。负债，是指过去的交易、事项形成的现时或潜在义务，履行该项义务预期会导致经济利益的流出。负债包括流动负债和长期负债等。所有者权益，是指所有者在企业资产中享有的经济利益，其金额为资产减去负债后的余额。所有者权益包括实收资本（或股本）、资本公积、盈余公积和未分配利润等。

任务二　资产负债表的作用

从资产负债表的功能上说，其主要有四个方面的作用。

一、反映资产及其分布状况

资产负债表能够反映企业在特定时点拥有资产的总额及其结构，表明企业在特定时点拥有或控制的资源和分布情况。即：有多少资源是流动资产、有多少资源是长期投资、有多少资源是固定资产等。

二、表明企业所承担的债务及其偿还时间

资产负债表能够表明企业在特定时点所承担的债务、偿还时间及偿还对象。即：流动负债有多少、长期负债有多少、长期负债中有多少需要用当期流动资金进行偿还等。如果是流动负债，就必须在1年内偿还；如果是长期负债，偿还期限就可以超过1年。

三、反映净资产及其形成原因

资产负债表能够反映在特定时点投资人所拥有的净资产及其形成的原因。净资产其实是股东权益，或者是所有者权益的另外一种叫法。在某一个特定时点，资产应该等于负债加股东权益，因此，净资产就是资产减负债。应该注意的是，可以说资产等于负债加股东权益，但绝不能说资产等于股东权益加负债，它们有着根本性的区别。因为会计规则特别强调先人后己，也就是说，企业的资产首先要用来偿还债务，剩下的不管多少，都归投资人所有。如果先讲所有者权益，就是先己后人，这在会计规则中是不允许的。

案例导入

甲、乙、丙三人共同投资开公司。2009年6月21，他们决定到工商局去注册一家旅游公司。注册时，甲入股50万元，乙入股55万元，丙入股35万元，共同投入到公司的资金是140万元。公司运营一段时间后，他们发现资金不够，于是决定向银行贷款。12月20日，他们用公司的房产作抵押，向商业银行贷款60万元。

旅游公司拥有和控制的资产总额是200万元，投资人投入了140万元，向银行借款60万元。实际上就是负债60万元加股东权益140万元。净资产是资产200万元减负债60万元。净资产是怎么形成的呢？投资者入股的时候，注入企业资金，它会形成所有者权益。企业赚了钱也应该归股东所有，它也叫所有者权益。

四、反映企业财务发展状况

资产负债表能够反映企业财务发展状况。当然，孤立地看一个时点数，也许反映的问题不够明显，但是如果把几个时点数排列在一起，企业财务发展状况就很明显了。例如企业的应收账款，第 1 年是 10 万元，第 2 年是 20 万元，第 3 年是 30 万元，第 4 年是 40 万元。如果把这 4 年的时点数字排在一起，就很容易发现，这个企业的应收账款呈逐年上升的趋势。应收账款逐年上升的趋势表明，亦或销售环节没有管好应收款，亦或是企业做好了，市场扩大了，相应的应收账款也增加了。例如拍电影时，摄影师只能一个一个镜头地拍摄，每个镜头仅仅是一幅静态的画面。但是，如果把每一个镜头有机地连起来，就会构成一部生动形象的动态电影。从这个角度来说，如果一个企业的管理者能够关注每一个时点的状况，就会对企业的财务状况有一个比较全面的了解；反之，不注重捕捉时点数，将会给企业的管理造成比较大的失误。

任务三　资产负债表的格式

一、编制的基本原理

《企业会计准则——财务报表列报应用指南》中给出了资产负债表格式。除格式中不存在的项目外，企业应当按照该指南规定的格式进行列报。不管资产负债表的项目有多少，其大项目只有三个——资产、负债、所有者权益，而这三个数字之间内在的数量关系就是资产等于负债加所有者权益。资产是企业资源变化的一个结果，引起这种结果变化的根本原因主要有两方面：一是负债的变化；二是所有者权益的变化。既然资产等于负债加所有者权益，那么资产的增减变化量应该等于负债的增减变化量加所有者权益的增减变化量，即：

资产＝负债＋所有者权益

资产负债表是按照“资产＝负债＋所有者权益”会计平衡公式编制的。

二、资产负债表编制的格式

目前世界各国主要有两种资产负债表格式：一是账户式表格，二是报告式表格。下面主要为大家介绍账户式表格。

资产负债表要披露三大数字：一是此时此刻有多少资产；二是此时此刻有多少负债；三是此时此刻拥有多少所有者权益。如果把这三个数字及其内容分左右排列，左边列示企业拥有的资产，右边列示企业的负债及所有者权益，很像账户，所以人们称其为账户式的资产负债表。我国会计制度规定的参考格式是账户式，一般商店里出售的也是账户式表格。债权人对资产有第一索偿权，因此，所有者权益显示在各项负债之下，以强调负债比资产有更高的或优先的索偿权。由此可见，债权人和股东对企业的资产都拥有权利，债权人债权之外的资产归股东所有。假设企业的资产总计为 100 万元，如果债权人拥有 40 万元，剩下的 60 万元就应该归股东所有。于是，企业的资产实质上包括两部分：一部分可以归债权人所有，另一部分归股东所有。这也和“资产＝负债＋所有者权益”平衡公式相吻合。当然，在企业存续期间，不可能把资产划分为哪些属于债权人，哪些属于股东。

资产负债表采用左右两边的格式，有利于使用者通过左右两边的对比，了解企业的财务状况。

三、资产负债表中各项目的排列

资产负债表中各项目的排列大体上遵循各项目的紧急性和流动性(或稳定性)顺序。紧急性是从处置的时间紧急程度考虑的,紧急程度高的排在上面,以引起人们的注意。资产负债表中右边的项目基本上是按照偿还的紧急程度排列的。流动性(或稳定性)则是从项目自身的流动性(或稳定程度)考虑的,流动性强的或者说稳定程度小的排在上面。资产负债表中左边的项目基本上是按照流动性(或稳定性)排列的。

四、资产负债表编制的时间和记录的期初期末余额

资产负债表是在某一期间(年度、月度等)的最后一天经营结束时编制的。例如,2009 年 12 月 31 日的资产负债表就在 2009 年 12 月 31 日的晚上 12 点编制。资产负债表记录的金额就是那一瞬间的企业资产、负债与所有者权益及其各具体项目的余额。

你必须记住资产负债表并不记录一定时期内资产、负债与所有者权益的总的流入和流出量,它只记录一定时期的期初、期末余额。例如,80 000 元,你能说出本年总的货币资金流入流出量吗？不能,从资产负债表中是无从得知的。但是,从资产负债表中我们可以观察到各个项目在前后会计期间的变化金额。财务数据之所以对企业管理具有重要价值,往往就是从数据的变化中发现的。

任务四 如何通过资产负债表了解企业状况

从导入案例可发现王某对家底状况做了清晰透彻的了解,对他日后的理财是非常有益的,对于一个企业来说这也同样很重要。当你想了解企业的家底状况时,也可以采用像个人家庭同样的方法,分别列出企业全部的财产,所欠债务和企业主(股东)投入的资金的清单。从而对企业做更进一步的了解,方便于日后的经营管理与投资。

从上面王某列出的家底状况我们可以看出,其财产并不是按实物的数量表示的,而是使用货币进行计量的。对企业来讲,所有的财产我们也都是采用货币进行计量的。例如,某酒店有 200 元的现金,100 箱桃子和 20 箱的苹果,假如桃子每箱的采购成本是 30 元,苹果的采购成本是每箱 20 元,桃子和苹果的库存成本就是 3 400 元,加上 200 元现金,该水果店的财产应该是 3 600元。因此货币计量是一项重要的会计假设,会计是采用货币作为计量单位记录、反映企业的经营情况的。

按照王某的方法,我们来了解一下他所在旅游企业的家底状况。

2009 年 12 月 31 日,该旅游企业共有如下财产:保险柜存有现金 55 000 元,开户银行存款余额 100 000 元,产品赊销客户尚未付款 940 000 元,根据以往收款情况,估计有 64 000 元可能收不回来,库存的各种原材料 311 000 元,生产过程中半成品占压资金 65 000 元,库存产品 215 000 元,购买原材料预付给供应商 40 000 元,预付单身职工宿舍房租 5 000 元,土地和建筑物账面价值 1 250 000 元,各种机器设备账面价值 10 000 元,计算机和办公设备价值 8 000 元,向另一家企业投资 301 000 元。根据上述列出旅游企业的财产清单,如表 3-3 所示。

表 3-3　某旅游企业财产清单

2009 年 12 月 31 日　　　　　　　　　　　　　　　　　　　　金额单位:元

项目	金额
现金	55 000
银行存款	100 000
客户欠款	940 000
估计坏账	(64 000)
客户欠款净值	876 000
原材料	311 000
半成品	65 000
产成品	215 000
预付货款	40 000
预付房租	5 000
土地和建筑物	1 250 000
机器设备	10 000
计算机和办公设备	8 000
对外投资	301 000
财产总计	3 236 000

企业资金的来源有两个方面:一方面是来自股东的投资,即所有者权益;另一方面来源于借款,即负债。该旅游企业的资产也同样来源于这两个方面,下面则分别列出该旅游企业的欠款和所有者权益的清单。

旅游企业有如下欠款:欠银行流动资金借款 52 000 元,购买原材料供应商货款 475 000 元,欠职工工资 57 000 元,欠交税款 54 000 元,应付商业汇票 150 000 元,其他欠款 31 000 元,因建造生产装置 5 年到期的银行贷款 500 000 元。债务清单表如表 3-4 所示。

表 3-4　某旅游企业债务清单

2009 年 12 月 31 日　　　　　　　　　　　　　　　　　　　　金额单位:元

项目	金额
流动资金借款	52 000
欠供应商货款	475 000
欠职工工资	57 000
欠交税款	54 000
应付商业汇票	150 000
其他欠款	31 000
长期借款	500 000
负债合计	1 319 000

所有者权益一般来自两个方面:一是股东拿来资金(现金或其他形式的财产)投入到企业;

二是企业历年经营活动赚的钱。经营活动赚的钱应该属于股东所有，股东可以用这笔钱分红利，也可以把它留在企业用于经营周转。留在企业周转的部分叫作留存收益。下面我们了解一下该旅游企业的所有者权益情况：

股东投入资金 1 800 000 元；

历年累计留存收益 117 000 元。

因此，我们可以列出旅游企业的所有者权益清单，见表 3－5。

表 3－5　某旅游企业所有者权益清单

2009 年 12 月 31 日　　　　金额单位:元

项目	金额
股东投入资金	1 800 000
累计留存收益	117 000
所有者权益合计	1 917 000

我们暂且把旅游企业全部财产称为资产，那么，该企业 2009 年 12 月 31 日，共有资产 3 236 000元，这说明旅游企业的资产占用了 3 236 000 元的钱(资金)。旅游企业的资产占用的 3 236 000 元资金中，来自股东投入 1 800 000 元，来自企业历年的盈利 117 000 元，来自债权人 1 319 000 元。

在制作会计报表的时候，列出三张表格不仅费时费力，更不方便阅读和及时地了解财务情况，所以下面将它们三者合一，列示一张汇总表，如表 3－6 所示。

表 3－6　某旅游企业资产、负债与所有者权益汇总表

2009 年 12 月 31 日　　　　金额单位:元

资产		负债	
现金	55 000	流动资金借款	52 000
银行存款	100 000	欠供应商货款	475 000
客户欠款	940 000	欠职工工资	57 000
其中:估计坏账	(64 000)	欠交税款	54 000
客户欠款净值	876 000	应付商业汇票	150 000
原材料	311 000	其他欠款	31 000
半成品	65 000	长期借款	500 000
产成品	215 000	负债合计	1 319 000
预付货款	40 000	所有者权益	
预付房租	5 000	股东投入资金	1 800 000
土地和建筑物	1 250 000	累计留存收益	117 000
机器设备	10 000	所有者权益合计	1 917 000
计算机和办公设备	8 000	负债及所有者权益	3 236 000
对外投资	301 000		
资产总计	3 236 000		

这张列示资产、负债、所有者权益的汇总表，整体地反映了该旅游企业2009年12月31日的财务状况，说明了该企业资产占用了多少资金，这些资金又来自哪里。这张汇总表构成了资产负债表的雏形。我们在此基础上按照会计准则进行排列就形成了正式的资产负债表。资产负债表就是一家企业经过整理后的家底情况或财务状况。从表3-6中我们可以看出资产等于负债与所有者权益之和，资产负债表就是按照资产等于负债与所有者权益之和的形式来列示的。

模块二　资产负债表列示的内容

工作任务

任务一　资产项目分析
任务二　负债项目分析
任务三　所有者权益项目分析

我们把在上一节中列出的旅游企业汇总表按正式的资产负债表格式列出，如表 3 - 7 所示。

表 3 - 7　某旅游企业资产负债表

2009 年 12 月 31 日　　　　　　　　　　　　　　　　　　金额单位:元

资产		负债	
流动资产		流动负债	
货币资金	155 000	短期借款	52 000
应收账款	876 000	应付账款	475 000
存货	591 000	应付工资	57 000
		应交税费	54 000
		应付票据	150 000
		其他应付款	31 000
预付账款	40 000	流动负债合计	819 000
		非流动负债合计	
流动资产合计	1 662 000	长期借款	500 000
固定资产原价	2 240 000	负债合计	1 319 000
减:累计折旧	972 000	所有者权益	
固定资产净值	1 268 000	实收资本	1 800 000
长期投资	301 000	留存收益	117 000
长期待摊费用	5 000	所有者权益合计	1 917 000
资产总计	3 236 000	负债与权益总计	3 236 000

注:留存收益包括盈余公积和未分配利润两个方面。

为了更好地让同学们了解资产负债表的情况，下面来详细分析资产负债表中各项要素及其主要内容。

任务一　资产项目分析

资产是指过去的交易、事项形成并由企业拥有或者控制的资源，该资源预期会给企业带来经济利益。资产由流动资产和非流动资产组成。

一、流动资产

简而言之，流动资产就是现金可以在短期内（通常为1年或不超过1年的一个营业周期内）变为现金的资产。流动资产在资产负债表上是按变现能力（或者流动性）的大小列示的。变现能力即为变换为现金的能力。下面列出比较典型的流动资产项目。

1. 货币资金

货币资金是所有资产中最具流动性的资产，并且总是资产负债表中最先列出的项目。它一般包括企业存放的以备日常使用的现金和企业存入银行或其他金融机构的各种款项和银行汇票等。货币资金虽然流动性最强，但其盈利性却最弱。因此，一般说来，货币资金的存量不宜过大。

2. 短期投资

短期投资是指能够随时变现并且持有时间不超过1年的投资，包括短期股票投资、短期债券投资和其他短期投资。因为短期投资具有易变现、持有时间短、盈利与亏损难以把握等特点，因此，短期投资在报表中的表现具有金额经常波动、投资收益与亏损易变等特点。如果报表中短期投资金额跨年度长期不变，投资收益较固定，则有可能企业故意将长期投资的一部分人为地划分为短期投资，以改善流动资产状况。

3. 应收账款

企业总有一些在未来可以收回的债权，这些债权在资产负债表上分为应收账款、应收票据和其他应收款等项目。在正常情况下，企业的各种应收款项经过一段时间会转化为现金。

应收账款是由于赊销商品或劳务引起的，是尚未收回的销售收入。应收账款包括由于销售产品或提供劳务应向客户收取的全部款项，其他与销货或提供劳务无关的应收款项不包括在应收账款项目中。应收账款既不计利息，也不对客户的特定财产具有要求权。企业一般要求客户在较短（几个月内）的时间内偿还货款。在经济不景气的时候，经常可以看到那些现金出现问题的客户很难及时还款，这可能会导致收款期长达1年以上。有的客户甚至会恶意欠款，使得应收账款无法收回，形成坏账。当然，乍看资产负债表时不太容易看得出这一点。有些情况下，客户会签发商业汇票承诺在一定时期内付款，而不是取得无担保赊欠的特权。商业汇票是一种载有一定付款日期、付款地点、付款金额和付款人的无条件支付流通证券，也是一种可以由持票人自由转让给他人的债权凭证。我国的商业汇票是由收款人或付款人（或承兑人）签发，由承兑人承兑，并于到期日向收款人或被背书人支付款项的票据。它是交易双方以商品购销业务为基础而使用的一种信用凭证。企业收到的商业汇票不是在应收账款项目中反映，而是单独设立（应收票据）项目。通常应收票据要比应收账款的还款期要长。在有些情况下，客户在应收账款到期无力支付时，就要签发一张票据，代替应收账款。

4. 坏账准备

赊销虽然促进了销售，却把坏账的风险都转嫁到了企业身上，长此以往会导致企业越来越难以经营。企业的各项应收款项,可能会因债务人拒付、破产和死亡等原因而无法收回。这类无法收回的应收款项就是坏账,因坏账而遭受的损失叫作坏账损失。

如果在应收款项中包括了实际上不能收回的金额,就会使企业真正拥有的资产的价值与实际不符。因此,企业应采用一定的方法按期估计坏账损失,计入当期费用。在实际工作中,会计不是从应收款项中直接减去估计不能收回的部分,而是建立"坏账准备"账户,把估计不能收回的部分进行登记,待坏账实际发生时,冲销已提的坏账准备和相应的应收款项。

5. 存货

存货指的是企业购入的原材料、商品、包装物、低值易耗品或者企业自己生产的产成品以及尚处于生产过程中的在产品和半成品等。

一项资产如果被归类为存货,就必须是在正常经营情况下最终要被销售出去,或在产品生产过程中被使用或被消耗掉,并最终转换为现金。在不同的企业中,存货的范围有所不同。在商品流通企业中,购买存货主要是为了销售给客户,其存货主要是各种商品;在工业企业中,为了销售通常需要自己生产产品,因此其存货主要包括各种原材料、包装物、在产品、自制半成品和产成品等。备品备件和维修设备通常也被确认为存货。

(1)原材料。原材料是外购的直接用于产品生产并构成产品的一部分的生产资料。原材料的成本一般包括购买价款、相关税费、运输费、装卸费、保险费以及其他可归属于原材料采购成本的支出。

(2)在产品(主要指工业)。在产品是正在生产尚未完工的产品的生产成本,它已经不是原材料,但是也不是产成品。在产品的成本包括原材料成本、直接生产人员的人工成本以及一部分费用(车间间接费用),如租金、折旧、间接人工费用和维修费、检测费等。

(3)产成品(主要指工业)。产成品是彻底加工完成待售给客户的库存商品。产成品成本也包括原材料成本、直接人工成本和一部分间接费用。

6. 预付款项

预付款项是在使用劳务或获得商品之前付出的现金,它是准备在一个会计年度内或一个营业周期内消耗的流动资产。由于预付款已经支付,并且在未来不会获得现金,但保持了现金的用途(换回货物或服务),因此它不同于其他流动资产。这种预付款使以后阶段受益,包括预付的货款和预付的费用。实际支付了多少钱,不一定就确认为支付当期的费用,应该将它分摊到以后几期去,在以后每个受益期间逐渐转化为费用。

7. 其他流动资产

其他流动资产包括预付账款、应收补贴款、其他应收款、应收股利、应收利息等。其中,其他应收款号称企业会计报表的"垃圾桶",包括企业除应收票据、应收账款、预付账款以外的各种应收、预付款项,如应收的各种赔款、各种罚款、存放的保证金、应收出租包装物的租金、预付给企业内个人或单位的备用金、应向职工个人收取的各种垫付款项等。

二、非流动资产

非流动资产指的是超过1年时间才能转换为现金或长期占用现金的资产。主要包括固定资产、长期投资、无形资产和其他资产等。

1. 固定资产

固定资产是指使用期限较长、单位价值较高、在使用过程中保持其实物形态基本不变的资产项目。它是企业长期偿债能力的直接物资保证。除一小部分流动资产外，长期负债物资保证的绝大部分为固定资产。固定资产的数量、结构、完整和保值都制约着企业的长期偿债能力。固定资产质量好坏的关键在于看它是否能给企业带来未来的经济利益，是否具有增值潜力。

2. 长期投资

长期投资是指不可能或不准备在1年内变现的投资，包括长期股权投资、长期债权投资和其他长期投资。其方式分为两种：一种是直接投资，即企业作为投资者与其他投资者协议投资，创办一个新企业，通过签订协议规定各方权利义务，共享利润，共担风险。可以采用现金和实物资产、无形资产作价投入。另一种是间接投资方式，即长期证券投资，包括长期股权投资、长期债权投资。资产负债表中长期投资项目的金额，在很大程度上代表企业长期不能直接控制的资产流出，其投资方案是否合理，关键看能否获得较高收益、是否可分散风险、企业的安全性如何。

3. 无形资产

无形资产是指企业长期使用而没有实物形态的资产。它包括可辨认无形资产和不可辨认无形资产。可辨认无形资产包括专利权、商标权、著作权、土地使用权、特许经营权和转让技术等；不可辨认无形资产为商誉。无形资产的质量，主要体现在特定企业内部的利用价值和对外投资或转让的价值上。

4. 长期待摊费用和其他长期资产

长期待摊费用是指不能全部计入当期损益，应当在以后年度内分期摊销的各项费用，包括开办费、租入固定资产改良支出、固定资产大修理支出、筹建期汇兑净损失等。其他长期资产是指企业正常使用的固定资产、流动资产等以外的，由于某种特殊原因，企业不得随意支配的资产。这种资产一经确定，未经许可，企业无权支配和使用，但仍应加强管理，单独核算，主要包括特种储备物资、银行冻结存款和冻结物资以及涉及诉讼中的财产。

任务二　负债项目分析

案例导入

默克多是世界著名的报业巨子，他的报业王国共有146家债主，债务共有24亿美元。在1990年，默克多报业王国仅仅因为1 000万美元的债务而差点翻船。起因是美国匹兹堡有家小银行，贷给默克多1 000万美元。默克多原以为这笔短期贷款到期可以付息转期，延长贷款期限，因而在到期前未加防银行催款。但这家银行由于听信谣言，认为默克多的支付能力不佳，通知默克多这笔贷款到期必须收回。

默克多向美国的银行家借钱，始料不及的是美国的银行家像是联手跟他过不去，都婉言推辞。商业信用将决定一个企业的生死存亡，如果这1 000万美元无法到期偿还，将引发连锁反应，到时145家银行会像群狼一样，成群结队地来索还借款。具有最佳债务偿还能力的大企业也经受不了债权人联手要钱，这样一来，默克多的报业王国就得清盘。

后来，默克多找到了花旗银行，花旗银行是默克多报业集团的最大债主，投入资金达14亿美元之多，如果默克多失败，花旗银行的损失最高。花旗银行的一位副经理在对其报业集团作了充分的分析后，建议由花旗银行牵头，所有贷款银行都待在原地不动，谁也不许退出贷款团，以免一家银行退出，采取收回贷款的行动，引起连锁反应。至于匹兹堡的那家小银行，由花旗银行出面，对它施加影响和压力，要它到期续贷，不得收回贷款。在最后一刻，默克多终于渡过了这一关，但他在支付能力上的弱点已暴露在资金市场上。此后的半年里，他仍然处在生死攸关的财务困境之中。

我们可从默克多的债务危机案例中得到启示，企业一定要重视负债的风险管理，企业不但要保持足够的偿债资金，而且还要保证有一定流动资金以应对突如其来的事件，避免由于一块小石头摔一跤从此就爬不起来了。同时，企业要保持良好的信誉和企业形象，同银行保持良好的信誉关系是明智之举。在企业不需要钱的时候，应当让银行了解自己的财务状况和现金流预测，为自己今后的借款建立基础。一旦真正需要借款，便有可能按正常的条件借到所需数量的款项。所以，企业应该对负债风险的可控程度进行提前管理，这是控制风险的关键要素。

负债是指过去的交易、事项形成的现实义务，履行该义务预期会导致经济利益流出企业。为了便于分析企业的财务状况和偿债能力，防范企业的财务风险，企业的负债应当按其距离偿还日期的长短，划分为流动负债和非流动负债两大类。

一、流动负债分析

流动负债指的是企业预计将在1年或者不超过1年的一个营业周期内偿还的所有债务。偿还流动负债主要靠流动资产转换为现金来实现。流动负债主要包括短期借款、应付票据、应付账款、应付职工薪酬、其他应付款和预收款项等内容。

1. 短期借款

短期借款属于流动负债。为了维持企业正常的生产经营，扩大企业的资金来源并投入更多的经营资金以使企业赚取更多的利润，或者为了应付季节性经营对资金的需要，企业往往向银行或其他金融机构借入期限在1年以下的各种款项。短期借款应当按照借款本金和确定的利率按期计提利息，计入当期费用。短期借款往往是为了解决流动资金的问题，其最大的风险是到期无法偿还，或者企业没有准备长期的流动资金，而要用短期的流动资金借款去支撑整个企业的经营。企业对于短期借款的管理水平，体现了企业的理财水平。如果短期借款暂时不用，就要提前归还，以便少付利息。

2. 应付票据

应付票据是企业为了抵付货款等开出、承兑的尚未到期付款的一种票据，包括银行承兑汇票和商业承兑汇票。应付票据可以带息，也可以不带息。应付票据的利率一般比银行借款的利率低，所以应付票据的融资成本低于银行借款的成本。但是应付票据到期必须归还，如若延期便要交付罚金，因而风险较大。

3. 应付账款

应付账款包括所有尚未清偿的、欠供应商和劳务提供商的债务。应付账款实际上是企业从供应商那里借入一笔资金，从而增加了可以用于自己企业经营活动的资金。同时，这种商业信用借款不用支付利息，是可以免费使用的资金。因此，应付账款在一定程度上反映了企业的竞争力强弱。应付账款项目反映的是本企业运用其他企业资金的多少，它会影响企业今后的现金流量，因此要特别关注。管理者需要关注的是，一个是看金额大小，二是看欠了谁的钱，三是看欠了多长时间。

4. 预收款项

在提供产品或劳务之前向客户收取的款项称为预收款项，包括预收的货款、工程款和租金等。对于企业来讲，预收款项相当于向客户借用资金后用货物、劳务等抵押。

二、长期负债分析

长期负债是指偿还期在 1 年或超过 1 年的一个营业周期以上的债务，包括长期借款、应付债券、长期应付款等。由于长期负债的偿还期较长，受货币时间价值影响较大，长期负债的价值一般应根据合同或契约规定的在未来必须支付的本金和所付利息之和按适当贴现率折现后的折现值来确定。

1. 长期借款

长期借款是企业向银行或其他金融机构借入的期限在 1 年以上的各项借款，主要用于购建固定资产和满足长期流动资金占用的需要。具有长期融资需求的企业可能会选择期限尽可能长的贷款，从而能够有时间赚取足够的资金以方便还款。

2. 应付债券

应付债券是企业为筹集长期资金而发行的债券的本金和利息，反映企业发行的尚未偿还的各种长期债券的本息。债券是企业为筹集资金而发行的，用以记载和反映债权债务关系的有价证券。由企业发行的债券称为企业债券或公司债券。这里所说的债券，指的是期限超过 1 年的公司债券，其发行目的通常是为建设大型项目而筹集大笔资金。

3. 长期应付款

反映企业除长期借款和应付债券以外的其他各种长期应付款，如应付引进设备款、融资租入固定资产应付款等。

任务三　所有者权益项目分析

所有者权益是指企业的投资者对企业净资产的要求权，亦称净权益。根据所有者权益的永久性程度一般将其分为投入资本和留存收益两大类。其中投入资本是指企业所有者实际投入企业的资本，包括实收资本和资本公积。而留存收益是指通过企业的生产经营活动形成的资本，即经营所得净收益的积累，包括盈余公积和未分配利润两部分。

一、投入资本分析

1. 实收资本

实收资本是指股份有限公司以外的企业投资者实缴的并经注册的出资额，也称资本金。对股份有限公司而言，实收资本即股本，表现为已投入企业的资本中相当于股票面值或设定价值的部分。我国的资本金制度从法律上明确了建立企业必须有合法投资者最低限额的资金。

2. 资本公积

资本公积包括股本溢价、接受捐赠的资产价值、法定财产重估增值等项目，是指由投资者投入但不能构成实收资本，或从其他特定来源取得，由股东共同享有的资金。简单地说，这些钱已确定是股东或投资人的，但没有明确说明哪个股东或投资人应该分多少，可以把它看成是还没有最后分配到股东或投资人个人账上的公共的钱、共有的钱。

案例链接

甲、乙、丙共同投资，2010 年 4 月 20 日，到工商局注册了一家旅游企业有限公司。注册时，甲入股 35 万元，乙入股 60 万元，丙入股 25 万元，共同投入到公司的资金是 120 万元。但他们到工商局只注册 100 万元，如果问旅游企业有限公司此时此刻一共有多少资产？回答是 120 万元。但如果把 120 万元一分为二，在工商局注册的那笔钱，叫实收资本 100 万元，超过注册资本那部分，叫资本公积金 20 万元。其实 120 万元都是投资者注入进来的，但是把它一分为二，就便于和我国注册资本政策保持一致。

二、留存收益分析

1. 盈余公积

盈余公积是一种已拨定的留存收益，指从累计的税后利润中已指定用途、不可随便分配给所有者的部分。盈余公积按其提取的法定性和用途的不同，又可分为法定盈余公积和任意盈余公积。企业的盈余公积主要用途为：①弥补亏损。企业弥补亏损的渠道大体上有三条：一是用税前利润弥补；二是用税后利润弥补；三是用盈余公积弥补。②增加资本或股本。经股东会议决议，企业可将盈余公积转增为资本，但此时应注意以下三点：一是要先办理增资手续；二是要按股东原有股份比例结转，股份有限公司，可采用发放新股或增加每股面值的方法增加股本；三是法定盈余公积金转增股本时，在转增后留存的此项公积应不少于注册资本的 25%。

2. 未分配利润

未分配利润是企业实现的净利润，是提取盈余公积和分配利润后的余额。它是一种未拨定的留存收益，既未指定用途，也未分配给所有者。同时，它也是所有者权益的重要组成部分，是资产负债表与利润表（或利润分配表）联系的桥梁。

模块三 资产分布结构对经营策略的影响

工作任务

任务一 货币资金存量和存货量的多少
任务二 应收账款余额大小
任务三 固定资产和流动资产比例的不同

企业拥有和控制的经济资源,包括流动资产、固定资产及其他资产。而这些经济资源(资产)的分布结构对企业的经营策略产生着重大影响。

任务一 货币资金存量和存货量的多少

一般说来,货币资金的存量不宜过大。货币资金存量的大小因企业经营的方式不同而不同。比方说,贸易公司可能存量资金比较大,制造型企业可能会小一些。这同时又跟企业的淡季和旺季有关。

存货量的多少,反映资金有多少被压在仓库或生产部门中。我们常说的减少资金占用,加速资金周转,主要就是指减少存货的金额。这个项目金额越少,说明企业在这个环节积压的资金就越少,资金周转就可能越快。但这个金额的大小,也要看是什么样的企业,企业的生产方式不一样,这个项目有可能会有不同的特点,例如,按库存生产的企业存货就可能比按订单生产的企业要多。存货对企业经营活动(销售收入)的变化具有特殊的敏感性,存货通常是一个多发问题领域,管理者必须使存货数量与企业经营规模保持平衡。如果旅游企业能在生产经营时随时购入所需的原材料,或者旅游企业能在销售时随时购入该项商品,就不需要存货。但实际上,企业总有储存存货的需要,并因此占用或多或少的资金。

任务二 应收账款余额大小

企业发生应收账款的原因主要是由于商业竞争,竞争机制的作用迫使企业以各种手段扩大销售。除了依靠产品质量、价格、售后服务、广告等外,赊销也是扩大销售的手段之一。在同样的产品价格、类似的质量水平、一样的售后服务的情况下,实行赊销的产品或商品的销售额将大于现金销售的产品或商品的销售额。这是因为客户将从赊销中得到好处,也就是说取得了不用付息而免费使用的资金。出于扩大销售的竞争需要,企业不得不以赊销或其他优惠方式招揽客户,于是就产生了应收账款。如果企业应收账款余额与同行相比特别高,往往意味着企业产品具有较低的市场竞争能力。

应收账款(应收票据)是企业的一项资金投放,是为了扩大销售而进行的投资。有经验的经理人员都清楚,在赊账销售这一问题上,过分慷慨地使用赊账这种手段来刺激销售可能是非常危险的一件事件。这种做法的直接后果就是占压经营活动的大量资金,造成企业资金周转困难。

案例链接

一位富有想象力的高级经理出任一家业绩平平的旅游涉外饭店的总经理。为了扭转饭店的局面,他推出了一个非常大胆的市场营销计划,在收账款平均占用额以非常优厚的销售条件、十分宽松的付款期限来吸引饭店的消费者。果然如这位经理所料,饭店的销售势头迅猛上升,一时间顾客盈门,但是,饭店的应收账款却升高到一个难以想象的比例,饭店的流动资金越来越少,生产越来越困难。最终由于资金无法周转,饭店最后只好宣布破产。

任务三　固定资产和流动资产比例的不同

企业的固定资产和流动资产的比例不同,会使得企业的生产成本结构不一样。固定资产比例较大的企业,由于折旧费用较高,因此其产品生产成本中包含较多的折旧费。折旧费总额是不随生产的产量而变动的。

固定资产投资较大的行业,很容易引发价格战,因为降价可能促使销售增加,由此带来产量的增加,产量的增加则会使单位产品生产成本下降的幅度大过降价的损失,就能够使企业受益,但许多行业中的企业都采取这样的行动,就不仅不能达到降价增量增效的目的,反而导致整个行业价格下跌、效益下降,甚至导致整个行业的崩溃。我国曾经发生的彩电企业价格大战,使所有彩电企业都陷入困境之中,他们在盘点当年的战绩时发现,亏损额少则3亿元,多的达8亿元、10亿元。同时,巨大的库存和越来越多的应收账款也使这些企业背上了沉重的负担。

对于流动资产(主要存货)占资产总额比例较大的企业,如劳动密集型和高材耗的生产企业,其产品生产成本中往往直接材料的比例较大。单位产品成本中直接材料成本是不随产量的变化而变化的,因此产量的高低对其单位产品成本的影响较小,这些企业盈利的关键是单耗控制,加强现场管理,降低物料和工时的损耗,加快流动资产的周转速度。这要求企业具有较高的经营管理水平。

由此可见,两种不同的资产分布结构会影响到企业的利润增长,会导致企业经营的业态不一样,经营的策略不一样,竞争的时候产生的后果也不一样,所以企业管理者应该下工夫加以认真研究。

在关注资产分布结构时也应该考虑资产的质量,如表3-8所示。

表 3-8　关注资产质量

主要项目	关注内容
(1)应收账款	收回的比率有多大?
(2)存货	市价是多少？状况如何？数字可靠吗?
(3)固定资产	可收回金额?
(4)长期投资	可收回金额?
(5)待处理财产损失	报表中有该项目吗?
(6)短期投资	市值是多少?
(7)在建工程	是否减值?
(8)无形资产	可收回金额?
(9)其他资产	有多大?

探究园地

1. 什么是负债与所有者权益?
2. 什么是流动资产？流动资产常见的项目有哪些?
3. 什么是资产？资产项目中的存货包括哪些内容？负债包括哪些内容?
4. 资产负债表包括哪些部分?
5. 存货量的多少对企业有什么影响?
6. 所有者权益包括哪两大类?
7. 实收资本和资本公积有什么区别?
8. 编制资产负债表的基本原理是什么?
9. 资产负债表有哪两种格式?

项目四

怎样阅读利润表

项目阐释

本项目通过旅游企业经营管理过程中发生的利润相关案例分析，使学生掌握旅游企业经营过程中产生的利润，了解如何阅读和应用利润表。

能力目标

◇ 了解利润表和利润分配表的概念、作用。
◇ 掌握利润表和利润分配表的基本格式。
◇ 掌握如何分析利润表和利润分配表。

项目分解

模块一 利润表概述
模块二 阅读利润表的基本方法和技巧
模块三 了解利润分配表

模块一　利润表概述

工作任务

任务一　利润表的概念
任务二　利润表的基本格式
任务三　利润表的作用

案例导入

某旅游企业王某为早日归还贷款，9 月份将 100 000 元存款提出获得银行利息 2 000 元，当月结清利息后王某又将 100 000 元存款投资建一个小型快餐店，快餐店房屋租金每月 5 000 元，购置家具及经营器具 30 000 元。经营 1 个月后，9 月底计算获得收入 600 000 元，支付水电煤气等费用 15 000 元，原材料成本 400 000 元，人员工资 50 000 元，交税金 30 000 元，各种消耗品 20 000 元，支付环保费用 1 300 元，门前三包 300 元，根据经营成果王某编制了如表 4－1 所示的费用支出清单：

表 4－1　王某费用支出清单　　　　金额单位：元

项目	金额
房屋租金	5 000
家具及经营器具	30 000
水、电、气费用	15 000
原材料成本	400 000
人员工资	50 000
交税	30 000
各种消耗品	20 000
环保费用	1 300
门前三包	300
费用合计	551 600

同时王某又计算了 9 月份的所有收入为：银行利息 2 000 元，加 9 月的经营收入 600 000 元，总计收入 602 000 元。所以王某得出结论：9 月份共取得收入 602 000 元，费用支出合计为 551 600 元，因此王某开店一个月净赚了 50 400 元。

从上述例子我们可以看出，王某经过一个月的经营获得净利润为 50 400 元，如果我们把家庭看成是一个小型的企业，也可以根据上述情况编制利润表。那么到底何谓利润表？它具有怎样的作用？

任务一 利润表的概念

上一项目学习的资产负债表虽然涵盖了企业发生的全部交易事项，但是并没有反映企业发生全部交易事项引起的所有财务效应，而是只记录了一部分效应。因此，仅有资产负债表是不够的，它不能反映企业的全部经济信息，没能体现管理者获取收入和控制费用的过程，我们还需要用利润表来揭示企业的财务成果状况。

名词点击

利润表

利润表又称收益表或损益表，是总括反映企业在一定期间内（月度、年度）利润或亏损实际形成情况的会计报表。

利润表将一定时期的营业收入与同一会计期间相关的营业成本和费用进行配比，将“收入－费用＝利润”的公式用一目了然的表格形式表现出来。利润表实际上是对企业的经营情况所做的一段录像，这段录像有起点和终点，而利润表所要描述的就是从起点到终点的这个过程，因此利润表是一张动态报表。在这个过程当中要记录的并不是所有的内容，而是这一期间发生了多少收入和多少费用，这段时间企业是盈利还是亏损。这是利润表所要体现的基本内容。

利润表包括两个方面：一是反映公司的收入及费用，说明公司在一定时期内的利润或亏损数额，据以分析公司的经济效益及盈利能力，评价公司的管理业绩；另一部分反映公司财务成果的来源，说明公司的各种利润来源在利润总额中占的比例，以及这些来源之间的相互关系。利润表中的收入、费用等情况反映了企业生产经营的收益和成本耗费情况，表明企业生产经营成果，利润表提供的不同时期的比较数字（本月数、本年累计数、上年数），可用于分析企业今后利润的发展趋势及获利能力，了解投资者投入资本的完整性。由于利润是企业经营业绩的综合体现，又是进行利润分配的主要依据。因此，利润表是财务报表中的主要报表。

任务二 利润表的基本格式

利润表分为表头和表体两个基本部分。表头部分包括表名、编制单位、编制时间和货币计量单位四个要素。编制时间应为时期数：某月份、某季度、某年度。表体部分可有两种形式：一种是单步式利润表，一种是多步式利润表。

一、单步式利润表

单步式利润表是将当期的所有收入加在一起，然后将所有的费用、支出加在一起与所有收入相抵减，一次计算损益。根据收支配比的一般原则，企业的利润应该是其各种收入（包括直接收入和间接收入）与各种支出（包括直接支出和间接支出）相抵后的余额，收大于支为实现利润，反之则为亏损。单步式利润表就是根据这一原则编制的。如果按此方法编制利润表，虽然也能计算出损益，并比较直观、简单、编制方便，但不能提供较为详细的分类利润信息，不利于各期相应项目的比较和利润各组成部分的结构分析，因而满足不了报表使用者的需要，不便报表使用者进行分析判断，也不利于同行业企业间报表的比较评价。

二、多步式利润表

案例导入

企业的利润构成

刚刚毕业于某财经大学会计专业的王明应聘到一家开办了2年的私营酒店，他发现这家企业的经营状况很不稳定，每月的盈利变化很大，他决定对该公司的盈利状况进行分析。通过分析本月的财务报表，他发现：

本月公司共取得利润1 254 656.23元，其中来源于餐饮的利润为264 860.59元，来源于住宿的收入约156 960.61元，其他收入大多来自公司购买股票取得的收益，而公司上个月购买的股票竟然是亏损的。

再对餐饮和住宿进行了解，竟发现这两个部门每月的资金投入都是供不应求，导致经常缺货，有时竟然无法接待客人。

王明找到了酒店老板王经理，建议他把手上的股票全部卖掉，王经理很不理解："我这个月仅仅股票投资就赚了80多万，为什么要卖掉？"王明用会计知识对他进行了分析，王经理越听越开心，终于决定卖掉手中的大部分股票，用于饭店餐饮和住宿部的投资。

请您思考：

1. 你认为王明对王经理说了些什么？
2. 酒店的盈利由哪些内容构成的？
3. 王经理应如何改善经营，提高酒店的利润？

多步式利润表实际上是运用会计原则中的配比原则，即把收入和为了取得收入所支出的费用，按照管理的要求进行搭配，并且按照利润的性质，分层次计算利润的一种利润表。这种报表通常采用上下加减的报告式结构。在这种结构下，净利润的计算分解为多个步骤，通过多个步骤完成利润的计算过程，以提供有关形成最终净利润的中间性信息。由于行业间生产经营特点的区别，各行业中这种步骤的划分并非完全一致，按照《企业会计准则》的规定，我国企业的利润表采用多步式，一般分为五个层次，各层次的关系及计算如下：

第一层次，营业收入。它是由主营业务收入和其他业务收入组成。

第二层次，营业利润。它以营业收入为基础，计算公式为：

营业利润＝营业收入－营业成本（主营业务成本＋其他业务成本）－营业税金及附加－销售费用－管理费用－财务费用－资产减值损失＋公允价值变动收益＋投资收益

第三层次，利润总额。它以营业利润为基础，计算公式为：

利润总额＝营业利润＋营业外收入－营业外支出

第四层次，净利润。它以利润总额为基础，计算公式为：

净利润＝利润总额－所得税费用

第五层次，每股收益。它包括基本每股收益和稀释每股收益。

多步式利润表可以提供比较详细的中间利润指标，便于对企业生产经营情况进行分析，有利于不同企业之间进行比较，以正确评价企业的经营业绩和获利能力，有利于预测企业今后的经营趋势和获利能力。由于多步式利润表比单步式利润表能够提供更为有用的信息，其结构更为科学，因此得到各个国家或地区的普遍使用。我国企业的多步式利润表的一般格式如表4-2所示。

表4-2　利润表

会企02表

编制单位：××企业　　　　年度　月　　　　单位：元

项目	行次	本期金额	上期金额
一、营业收入			
减：营业成本			
营业税金及附加			
销售费用			
管理费用			
财务费用			
资产减值损失			
加：公允价值变动收益（损失以“－”）填列			
投资收益（损失以“－”号填列）			
其中：对联营企业和合营企业的投资收益			
二、营业利润（亏损以“－”号填列）			
加：营业外收入			
减：营业外支出			
其中：非流动资产处置损失			
三、利润总额（亏损总额以“－”号填列）			
减：所得税费用			
四、净利润（净亏损以“－”号填列）			
五、每股收益：			
（一）基本每股收益			
（二）稀释每股收益			

（一）计算列示营业收入

表4-2中，第一步是计算企业的营业收入，反映企业经营主要业务和其他业务所取得的收入总额。本项目应根据“主营业务收入”和“其他业务收入”科目的发生额分析填列。营业收

入的计算方法为：

营业收入＝主营业务收入＋其他业务收入

1. 主营业务收入

主营业务收入是指反映企业在销售商品、提供劳务及让渡资产使用权等日常活动中所产生的收入。每一个企业都有自己的主营业务收入：工业企业是指“产品销售收入”；交通运输企业指“主营业务收入”；建筑企业指“合同成本收入”；批发零售贸易企业指“商品销售收入”；房地产企业指“房地产经营收入”；其他企业指“经营（营业）收入”。这些收入统称为主营业务收入。

知识窗

如果一家制药企业与客户签订一项销售10件、实际结算单位为每件5 000元的药品销售合同时，企业需要向客户收取50 000元的账款。当这些账款拿到公司之后，公司财务部门是如何处理的呢？

首先，财务部门根据增值税税法的规定，将其中的17％的增值税扣除准备交给国家，然后将剩下的部分作为公司的销售收入，计入主营业务收入账户。计入公司主营业务收入的准确数字为：50 000÷（1＋17％）＝42 735.04（元）。因此我们所见到的公司利润表上的主营业务收入都是扣除17％的增值税后的数字，而不是公司实际与客户结算的总金额。理解这一点，对于大家在阅读报表时，领会主营业务收入项目的数字十分有用。

上面我们提到的销售收入是扣除17％增值税后的42 735.04元，其中你可能会有一个疑问：为什么不是50 000元的总货款减去50 000元的17％即41 500元（50 000－50 000×17％）呢？41 500元相比42 735.04元少计销售收入1 235.04元，相当于2.89％。如果一年销售一个亿，那么将少计销售收入约289万元。正确的理解是，我国的增值税是“价外税”，是在价的基础上征收17％的增值税。所谓的“价”，就是我们计算销售额的数字，假设销售额为42 735.04元，在此基础上征收17％的税为7 264.96元（42 735.04×17％），价税合计为50 000元（42 735.04＋7 264.96），这就是前面企业向客户收取的货款总额。

2. 其他业务收入

其他业务收入是指用来核算企业确认的除主营业务活动以外的其他经营活动实现的收入，包括销售材料物资、出租无形资产、出租固定资产、出租包装物和商品等实现的收入。

（二）计算列示营业利润

营业利润以营业收入为基础，它的计算方法为：

营业利润＝营业收入－营业成本（主营业务成本＋其他业务成本）－营业税金及附加－销售费用－管理费用－财务费用－资产减值损失＋公允价值变动收益＋投资收益

1. 主营业务成本

主营业务成本是指企业因销售商品、提供劳务或让渡资产使用权等日常活动而发生的实际成本，主要包括原材料、人工成本（工资）和固定资产折旧等。对于工业企业而言，主营业务成本就是产品的生产成本，而流通企业的主营业务成本则是企业的商品销售成本。比如花10

元买一件商品，然后12元卖掉，那么12元就是该商品的主营业务收入，而其中的10元则是它的主营业务成本。

2. 其他业务成本

其他业务成本是用来核算企业确认的除主营业务活动以外的其他经营活动所发生的支出，包括销售材料的成本、出租固定资产的折旧额、出租无形资产的摊销额、出租包装物的成本或摊销额等。

工业企业在卖产品的同时，又需要买材料，如果材料买多了，就需要把多余的材料卖掉，即工业企业既可以卖产品，也可以卖材料。但是工业企业卖材料肯定不是主营业务。如果一个工业企业或者工厂，把卖材料当做主营业务，那么工业企业、工厂就变成了商场。所以对工业企业来说，卖产品是主营业务，而卖材料则属于其他业务。在其他业务活动当中，卖材料的收入叫其他业务收入，而买材料的成本，为其他业务成本。

3. 营业税金及附加

营业税金及附加是用来核算旅游企业经营活动发生的营业税、消费税、城市维护建设税、资源税及教育费附加等相关税费。这些税金及附加，一般根据当月销售额或税额，按照规定的税率计算，于下月初缴纳。

旅游企业的营业税是根据营业额和规定的税率计算的。其计算公式为：

应纳税额＝营业额×税率

对于不同的经营业务，营业税的计税依据是不相同的。饭店、美容、照相、娱乐等服务业应按营业收入的一定比例计算缴纳营业税；旅行社应按营业收入净额，即营业收入扣除代收代付的房费、餐费、交通费等费用后计算应纳的营业税。

营业收入类别不同，其适用税率也不相同，餐饮业、旅店业和其他服务企业的营业收入应缴纳的营业税适用税率为5%；歌舞厅、台球、高尔夫球及游艺活动等娱乐业的营业收入应缴纳的营业税适用税率为5%～20%不等。

城市维护建设税根据企业所在地的不同，按市、县、镇规定的不同税率计算，并与营业税、增值税等同时缴纳。其计算公式如下：

城市维护建设税＝(应交营业税＋应交增值税)×适用税率

按照国家规定企业需要交纳流转税，如工商企业交纳的增值税、服务行业交纳的营业税等。以工商企业为例，企业交了增值税，还必须按照交纳增值税的一定比例，计算这一时期应该交纳多少城市维护建设税、多少教育费附加等。我国有一个基本的规定，按所交纳流转税的7%计算应交城市维护建设税，按所交纳流转税的3%计算应交教育费附加。

4. 销售费用

销售费用是指企业在销售商品和材料、提供劳务的过程中发生的各种费用，包括保险费、包装费、广告费、展览费、运输费、装卸费等，以及为销售本企业商品而专设的销售机构(含销售网点、售后服务网点等)的职工薪酬、折旧费、业务费等经营费用。

5. 管理费用

管理费用是指企业行政管理部门为了组织和管理生产经营活动所发生的费用。具体项目包括：行政企业在筹建期间内发生的开办费、董事会和行政管理部门在企业的经营管理中发生的或者由企业统一负担的公司经费(包括行政管理部门职工工资及福利费、物料消耗、低值易耗品摊销、办公费和差旅费等)、工会经费、董事会费(包括董事会成员津贴、会议费和差旅费等)、聘请中介机构费、咨询费(含顾问费)、诉讼费、业务招待费、房产税、车船使用税、土地使用税、印花税、技术转让费、矿产资源补偿费、研究费用、排污费等。在一个规模比较大的企业,销售费用和管理费用划分起来比较容易。但如果企业的规模比较小,则人员划分比较困难,经常会出现销售费用、管理费用相互交叉的问题。

6. 财务费用

财务费用指企业在生产经营过程中为筹集资金而发生的各项费用,包括企业生产经营期间发生的利息支出(减利息收入)、汇兑净损失(有的企业如商品流通企业、保险企业进行单独核算,不包括在财务费用之内)、金融机构手续费,以及筹资发生的其他财务费用如债券印刷费、国外借款担保费等。但在企业筹建期间发生的利息支出,应计入开办费;与购建固定资产或者无形资产有关的,在资产尚未交付使用或者虽已交付使用但尚未办理竣工决算之前的利息支出,计入购建资产的价值;清算期间发生的利息支出,计入清算损益。企业发生的财务费用,虽为取得营业收入而发生,但与营业收入的实现没有明显的因果关系,不宜将它计入生产经营成本,只能作为期间费用,按实际发生额确认,计入当期损益。

7. 资产减值损失

资产减值损失反映企业各项资产发生的减值损失。本科目应根据“资产减值损失”科目的发生额分析填列。

8. 公允价值变动收益

公允价值变动收益反映企业按照相关会计准则规定的当期损益的资产或负债公允价值变动净收益。如为净损失,以“－”号填列。本项目应根据“公允价值变动收益”科目的发生额分析填列。

9. 投资收益

投资收益是指企业进行投资所获得的经济利益,是企业在一定会计期间对外投资所取得的回报。投资收益包括对外投资所分得的股利和收到的债券利息,以及投资到期收回或到期前转让债权的款项高于账面价值的差额等。投资活动也可能遭受损失,如投资到期收回的或到期前转让的款项低于账面价值的差额,即为投资损失。如为投资损失,则金额以“－”号填列。

(三)计算列示利润总额

利润总额是在营业利润计算的基础上进行的。利润总额的计算公式为:

利润总额＝营业利润＋营业外收入－营业外支出

1. 营业外收入

营业外收入来自于企业偶然的交易和事项,并不是来自于企业日常经营活动所获取的收入。营业外收入是企业发生的与生产经营无直接关系的各项收入。它主要包括非流动资产处置利得、政府补助、盘盈利得、捐赠利得等。同样是无形资产带来的收入,如果是偶然性的交易带来的,它属于营业外收入,如果是经常性的,它就属于其他业务收入。这样划分的目的就是要考察该企业是否具有永久性盈利能力。

2. 营业外支出

营业外支出来自于企业偶然的交易和事项,并不是来自于企业日常经营活动所产生的支出。营业外支出是企业发生的与生产经营无直接关系的各项支出。它主要包括非流动资产处置损失、公益性捐赠支出、非常损失、盘亏损失等。

(四)计算列示净利润

净利润以利润总额为基础,计算公式为:

净利润=利润总额-所得税费用

所得税费用以所得额为征收对象,所得多的多征,所得少的少征,无所得的不征。旅游企业的经营所得和其他所得,依照有关所得税暂行条例及其细则的规定需要缴纳所得税。其计算公式如下:

所得税=应纳税所得额×所得税税率

企业所得税采用25%的比例税率。税法规定,国家需要重点扶持的高新技术企业,按15%的税率征税;对年度应纳税所得额不超过30万元、从业人数不超过100人、资产总额不超过3 000万元的工业企业,以及年度应纳税所得额不超过30万元、从业人数不超过80人、资产总额不超过1 000万元的其他企业,减按20%的税率征收企业所得税;对其他上述未包含的企业或机构,按25%的税率征收企业所得税。

(五)列示每股收益

每股收益包括基本每股收益和稀释每股收益,应根据每股收益准则的规定计算填列。

任务三 利润表的作用

利润表所提供的会计信息,对于财务报表的使用者来说,具有以下几个方面的重要作用。

一、反映企业在一定期间内的经营成果,有助于管理者进行经济决策

利润表可以反映企业在一定期间内的经营成果,或者可以反映企业这段时间是赚钱还是赔钱。企业管理者通过分析利润表各项目的关系,可以了解企业各项收入、费用与利润之间的消长关系及变动趋势,发现企业在生产经营活动的各个环节中存在的问题,并针对问题分析原因,找出差距,采取改善措施,以做出正确的经营决策。

二、可据以分析和评价企业的经营成果和获利能力

企业的经营成果是指企业在其所拥有或控制的经济资源上取得的报酬,它直接体现为企业一定会计期间的利润总额。通过当期利润表数据可以反映企业当期的经营成果。一个企业是否具有持久的盈利能力,主要看主营业务利润或营业利润。如果一个企业主营业务利润多或营业利润多,则表明其具有盈利能力;如果企业的营业外收入很多,则可以认为企业能够创造利润,但不能判断企业具有盈利能力。

获利能力则是指企业运用一定经济资源获取经营成果的能力,它一般通过相对指标来反映,如资产利润率、净资产利润率、成本利润率等。将利润表数据与资产负债表数据相结合,股东和管理部门可评价和预测企业的获利能力,对是否投资或追加投资、投向何处、投资多少等作出决策。通过比较和分析同一企业不同时期利润表中的数据,分析和比较同时期不同企业的利润表数据,可以评价企业某一时期经营成果的好坏和获利能力的高低,并可预测未来的发

展趋势。

三、评价和预测企业的偿债能力，为筹资决策提供依据

偿债能力指企业以资产清偿债务的能力。企业的偿债能力不仅取决于资产的流动性和资产结构，也取决于获利能力。获利能力不强甚至亏损的企业，其偿债能力通常不会很强。债权人通过分析和比较利润表的有关信息，可以评价和预测企业的偿债能力，尤其是长期偿债能力，对是否继续向企业提供信贷作出决策。财务部门通过分析和比较利润表的有关信息和偿债能力可以对筹资的方案和资本结构以及财务杠杆的运用作出决策。

四、可据以评价和考核企业的经营业绩

按照企业所有权与经营权分离的要求，所有者将有关经济资源交付给管理者进行管理，管理者则应履行受托经济责任，运用受托管理的经济资源获取更多的经济利益。利润表中的各项数据，体现了企业在生产经营、融资投资等活动中的管理效率及经济利益，是对企业经营业绩的综合反映。通过比较前后各期利润表上各种收入、费用和利润的增减变动情况，并分析发生差异的原因，可以据以评价和考核企业各职能部门和管理人员的业绩，为考核和奖励管理人员作出合理的决策。

五、可据以分析和预测企业未来的现金流量

财务报表的使用者为了进行有关的经济决策，都十分关注企业未来现金流量的来源、金额、时间及不确定性，而企业过去和现在的获利能力及利润水平，与未来的现金流量存在一定的关系。财务报表使用者根据企业提供的利润表，通过比较分析同一企业不同时期、不同企业同一时期的利润数据和获利能力，了解企业利润增长或减少的规模和趋势，预测企业未来现金流量及其不确定性程度，进而作出合理的经济决策。

六、可为企业经营成果的分配提供重要依据

现代企业是不同利益的集合体，不同的利益集团之所以向企业提供经济资源或参与企业的经营活动，目的就在于分享企业的经营成果。利润表直接反映了企业经营成果的形成及经营成果各部分的具体数，在一定的经济政策、法律法规和企业分配制度下，利润额的多少决定了各利益集团的分享额，如国家的税收收入、股东的股利、经营者的年薪、员工和管理人员的奖金等，企业在进行利润分配时，无论是提取盈余公积还是制定股利分配政策，都必须以利润表所提供的数据作为重要依据。

模块二 阅读利润表的基本方法和技巧

工作任务

任务一 检查经营成果
任务二 关注人的因素对利润的影响
任务三 借助相关财务比率

任务一 检查经营成果

检查经营成果有三个步骤，具体如下：

1.把握结果——赚了多少钱？

2.分层观察——在哪里赚的钱？是来自日常活动还是偶然所得？

3.项目对比——满意吗？

(1)与上期比——满意吗？

(2)与预算比——满意吗？

一、把握结果

看利润表时，首先看的是最后一行净利润，然后是利润总额。这就是检查经营成果的第一步：把握结果。其目的是要看企业是赚钱还是赔钱：如果净利润是正数，说明企业在赚钱；如果净利润是负数，说明企业在赔钱。

二、分层观察

检查经营成果的第二步：分层观察。其目的就是要让企业明白到底在哪儿赚钱。通过计算利润总额中各组成部分的比重，能够说明企业利润是否正常合理。通常情况下，企业的主营业务利润应是其利润总额的最主要的组成部分，其比重应是最高的，其他业务利润、投资收益和营业外收入相对来讲比重不应很高。如果出现不合常规的情况，那就需要多加分析研究。比如，其他业务利润比重超过主营业务利润比重，是否表明企业目前的主营业务有被其他业务替代的可能，而企业的其他业务是否有其发展前景；再比如，当企业的投资收益比重很高时，就需了解企业的投资结构如何，各种投资项目的风险程度如何，是否存在某些看似投资效益良好但却存在较大风险从而可能危及企业长远利益的项目，等等。通过这些分析，并根据企业历年来的结构变动情况对比，就能对企业的总体经营成果作出自己的评价。

三、项目对比

检查经营成果的第三步是项目对比。项目对比通常是与两个目标进行比较:第一个是将企业的全年利润与以前利润比较,能够评价企业利润变动情况的好坏;第二个是与年初所定的目标(预算目标)相比。通过与这两个目标的比较,在某种程度上确定对本年度业绩是否满意。

任务二　关注人的因素对利润的影响

一、成本的结转方法

企业成本的结转方法会对利润产生影响。所以,阅读利润表的公司管理者,一定要关注人的因素对利润表的影响。例如买同一件商品,第一次买的时候是10元一个,第二次买的时候是12元一个,当想让利润多的时候,就按10元转为成本,所选用的成本结转方法是先进先出法,这样成本小了,利润就多了;当想让利润少的时候,就把12元转为成本,所选用的方法是后进先出法。方法的变更使费用可大可小,导致的结果就是利润可以增加也可以减少。

二、折旧的计算方法

在采用平均年限法中,比如企业可以是5年到10年折旧,企业可以选择5年,也可以选择10年。当企业想让利润增多的时候,可以将折旧期限加长,把原来的5年改成10年;当企业想让利润减少的时候,可以将折旧年限缩短,把10年缩短到5年。

采用加速折旧法后,在固定资产使用的早期多提折旧,后期少提折旧,其递减的速度逐年加快。这样在前期由于提折旧所产生的费用就会明显比较多,而在后期费用就会明显减少。这样通过折旧方法的变更,费用就可以人为操纵,从而对利润产生影响。

三、八项减值准备的计提

财政部于2000年12月29日颁布的《企业会计制度》规定:企业应当定期或者至少于每年终了,对各项资产进行全面检查,并根据谨慎性原则的要求,预计各项资产可能发生的损失,对可能发生的各项资产损失计提资产减值准备。与《股份有限公司会计制度》比较,扩大了计提资产减值准备的范围,由原来的"四项"准备金扩大到"八项"准备金,即:坏账准备、存货跌价准备、短期投资跌价准备、长期投资减值准备、委托贷款减值准备、固定资产减值准备、无形资产减值准备、在建工程减值准备。

提取八项减值准备的时候,费用就会增加,利润就会下降,而当冲减减值准备的时候费用就会减少,利润就会增加。然而现在有些上市公司,第1年企业亏它不怕,第2年亏它也不怕,有时要让第2年的亏要亏足,要铆足力气把第2年的减值准备提足,到了第3年它不再提准备,而通过冲销各种准备增加企业的盈利。通过这种手段来应对中国证监会的做法在一些上市公司还是经常出现。按照新的会计准则,除坏账准备和存货跌价准备以外,其他的减值准备一经计提不得转回,只有在资产处置时才能转销。

四、借款利息

以固定资产借款利息为例，假定某企业固定资产借款利息是1年3 000万元，而这3 000万元，按照会计规则有的可以作费用，有的不能作费用。有些企业可能采取这样一种方法：当企业想要利润多的时候，就把该借款利息加入固定资产成本中，不计入费用；当企业想让利润少的时候，让借款费用全部计入财务费用，这样利润就下降了。

总之，当企业遇到某种情况，确实需要变更会计方法的时候是可以变更的。我们在阅读利润表的时候，却不太容易判断哪些应该变，哪些不应该变。会计方法与自然科学是不一样的，在自然科学当中很多东西对就是对，错就是错，而会计方法则一直在追求合理和真实，但永远也没有达到过合理，也就是说我们很难用对和错对这个问题加以判断。但是我们应该关注，当会计方法发生变更的时候，这种方法变更对利润的影响有多大。我们可以假定方法的变更都是合理的，但是必须清楚当方法变更以后利润增加或者减少了多少。当了解了这一因素以后，就会重新认识企业到底赚了多少钱。

任务三　借助相关财务比率

在利润表中，可通过有关财务比率指标的计算，来说明企业的盈利能力和投资报酬，透视经营成果，如资产净利率、净值报酬率、毛利率、每股收益、市盈率等。

一、毛利率

“毛利率”的概念是建立在“毛利”概念的基础之上的。毛利是“净利”的对称，又称“商品进销差价”，是商品销售收入减去商品进价后的余额。通过对企业毛利率的计算，能够从一个方面说明企业主营业务的盈利能力大小。其计算公式如下：

毛利率＝[（主营业务收入－主营业务成本）/主营业务收入]×100％

毛利率＝[（不含税售价－不含税进价）/不含税售价]×100％

实践与体验

已知某商品不含税进价13.5元，不含税售价15元，请问该商品的毛利率是多少？

毛利率＝[（不含税售价－不含税进价）/不含税售价]×100％

＝(15－13.5)÷15×100％＝10％

一个企业的毛利率较高或者适中，通常认为这个商品的竞争能力比较强。也就是说毛利率高，哪怕是暴利，只要市场能够接受，这个商品的获利能力和竞争能力应该是比较强的，或者说明企业生产经营管理具有一定的成效，同时，在企业存货周转率未减慢的情况下，企业的主营业务利润应该有所增加。如果一个企业的商品毛利率很低，甚至到了微利的程度，那么这个商品的获利能力就比较差，企业赚钱就比较困难，则应对企业的业务拓展能力和生产管理效率多加考虑。

知识窗

毛利率

毛利率反映的是企业生产效率的高低。毛利率水平主要取决于行业及其企业的竞争策略，个别取决于企业内部的运作效率。不同的行业、不同的竞争策略就会带来不同的毛利率。比如，传统制造企业和高科技企业的毛利率就不同。传统制造型企业的毛利率很难达到50%～60%，行业的平均水平基本是20%～30%，而有些国家的企业，比如日本的制造企业的毛利率就更低。保健品行业的毛利率非常高，达到85%以上。但该行业的净利润并不很高，原因在于这个行业需要投入大量的营销费用，特别是广告费用很高。沃尔玛具有较低的毛利率，这正是它以"低毛利率"作为竞争利器的策略。因此，毛利率与企业经营策略相关。

采用不同竞争策略的企业，毛利率会有很大的差别。例如，采用成本领先策略的沃尔玛，毛利率只有20%左右，而采用差别化策略的全球知名的消费者精品品牌路易威登，毛利率高达64%以上，显示出消费者对其产品的认同程度相比其他品牌具有高度差异性，意愿支付较高的价格。但在消费精品的经营上，营销管理费用往往十分昂贵，占其营业收入的44%以上，因此，路易威登的净利润率只有12%左右。毛利率的高或低，是衡量企业采用差异化策略是否成功的良好指标。

毛利率也可用于趋势分析，见表4-3示例。

表4-3　毛利率趋势分析示例　　　　金额单位:元

	2007年	2008年	2009年
销售收入	4 000 000	4 500 000	5 000 000
销售成本	2 200 000	2 925 000	3 500 000
毛　利	1 800 000	1 575 000	1 500 000
毛利率	45%	35%	30%

从表4-3中可见，三年来毛利率已大幅度下降。这可能是由很多因素造成的：

①存货购入成本上升速度比售价上升速度快；

②因竞争降低了售价；

③商品组合变动后包含了更多的利润较低的产品；

④发生了偷窃事件。

二、每股收益

这一指标反映企业普通股每股在一年中所赚得的利润。其计算公式为：

每股收益＝(税后利润－优先股股利)÷发行在外的普通股平均股额

上列公式中，根据我国目前上市公司发行股票主要为普通股以及每股面值为1元的情况，可直接以税后利润除以平均股本总额来计算，此时，这一指标即为"股本净利率"。

每股获利额常被用来衡量企业的盈利能力和评估股票投资的风险。如果企业的每股获利额较高，则说明企业盈利能力较强，从而投资于该企业股票风险相对也就小一些。应该指出，这一指标往往只用于在同一企业不同时期的纵向比较，以反映企业盈利能力的变动，而很少用于不同企业之间的比较，因为不同企业由于所采用的会计政策的不同会使这一指标产生较大的差异。

三、价格—盈利比率(市盈率)

价格—盈利比率即所谓的市盈率，这是一个被用来评价投资报酬与风险的指标，作为对每股获利额指标不足的一种弥补。其公式如下：

市盈率＝普通股每股市价÷每股获利额

假定某企业普通股每股市价为10元，每股获利额为0.40元，则其市盈率＝10÷0.40＝25。

它表示该种股票的市价是每元税后利润的25倍，其倒数则表示投资于该种股票的投资报酬率。将市盈率和每股获利结合运用，可对股票未来的市价作出一定的估计。比如，估计企业每年利润增长30%，如果这个估计是比较正确的话，则次年的每股获利额可达0.52元(即0.04×130%)，此时，即使市盈率不上升，未来的股价将为13元(即0.52×25倍)，从而投资者就可据此对这种股票的买卖作出决策。

市盈率是不是高就绝对好，低就绝对不好呢？对于市盈率也要具体情况具体分析。不同的国家和地区，股票的现行价格与其所赚的钱之间有一定的内在联系：如果市盈率在正常范围内，股票的市盈率高，说明投资者对它充满信心；如果股票的市盈率低，说明投资者对企业将来获利能力信心不足。但是要特别注意，过高的市盈率对投资者来说风险是很大的，因为股票的价格既受经济因素的影响，还受其他因素的影响，比如受政治因素的影响。

四、股利发放率

股利发放率这一指标反映企业的股利政策，其计算公式如下：

股利发放率＝每股股利÷每股获利额

这一指标的评价，很大程度上取决于投资者是作为短期投资还是中长期投资而定。一般地，若作为短期投资，则应选择股利发放率比较高的股票；若作为中长期投资，则应选择股利发放率不是很高的股票，因为这预示着该企业正在把资金再行投入企业，从而将使其未来的利润增长具有较大的动力，并将使未来的股票价格上涨。

五、股利实得率

这是一个反映股票投资者的现金收益率指标，其计算公式为：

股利实得率＝每股股利÷每股市价

这一指标往往为那些对股利比较感兴趣的投资者所注意，对这些人而言，股利实得率较高的股票自然具有较强的吸引力。

六、销售净利率

销售净利率是企业实现净利润与销售收入的对比关系，该指标反映每1元销售收入带来的净利润的多少，表示销售收入的收益水平。这就要求企业在提高销售收入的同时，必须更多地增加净利润，才能提高销售净利率。其计算公式如下：

销售净利率＝净利润÷主营业务收入×100％

七、资产净利率

资产净利率是公司净利润与平均资产总额的百分比。其计算公式如下：

资产净利率＝净利润÷资产总额×100％

把公司一定期间的净利与公司的资产相比较，可表明公司资产利用的综合效果。这个指标越高，表明资产的利用效率越高，说明公司在增加收入和节约资金使用等方面取得了良好的效果，否则相反。

八、净值报酬率

净值报酬率是指普通股投资者获得的投资报酬率，其基本内容是投资人每存放企业100元资产，可以给他带来多少回报，即回报率。净值报酬率高，投资者的投资回报率就高；这个比率低，投资者的投资回报率就低。其计算公式为：

净值报酬率＝净利润÷平均股东权益×100％

模块三　了解利润分配表

工作任务

任务一　利润分配表的概念及作用
任务二　利润分配表的基本格式
任务三　利润的分配顺序
任务四　怎样阅读利润分配表

任务一　利润分配表的概念及作用

名词点击

利润分配表

利润分配表是利润表的附表，是用来反映企业实现利润的分配情况和年末未分配利润结余情况的会计报表。利润分配表是对企业的盈利分配内容作出描述的一张报表。通过利润分配表，可以了解企业可供分配利润的来源、企业利润分配的具体情况、期末未分配利润的情况。

在一个企业中，企业的利润分配一般来说是1年进行一次，利润分配表是一个年度报表，它反映的是公司如何对盈利进行分配。为了便于读表人对本年的利润分配情况和上年的利润分配情况作比较，通常设置两个栏目，第一个栏目是本年数，即告诉读表人本年的利润是如何分配的；第二个栏目是上年数，即告诉读表人上一年度的利润是如何分配的。有本年数，也有上年数的报表，业内人士把它们称为比较报表。

利润分配表的作用表现为以下三个方面：

(1)通过利润分配表可以了解企业所实现利润的分配情况。由于我国利润的流向较多，单独编制利润分配表有利于检查企业利润分配的合法、合理性。

(2)利润分配表有利于监督企业按照国家法规制度的有关规定正确分配利润。

(3)通过利润分配表还可以清楚地了解到企业未分配利润的结余情况，从而掌握企业的发展后劲，也为企业的投资者和债权人提供投资或贷出款项的信息资料。

任务二 利润分配表的基本格式

根据《企业会计制度》的规定，我国企业利润的分配是分三步进行的：

第一步：计算可供分配利润。

可供分配利润＝净利润＋年初未分配利润

第二步：计算可供投资者分配的利润。

可供投资者分配的利润＝可供分配的利润－提取盈余公积－提取公益金

第三步：计算未分配利润。

未分配利润＝可供投资者分配的利润－应分配给股东的现金股利－分配给投资者的利润

我国利润分配表的一般格式如表 4－4 所示。通过表 4－4 的利润分配表可以看出，可供企业分配的利润来源有两项，分别是净利润和年初未分配利润。如果企业赚取了净利润，先弥补企业以前年度亏损，再提取盈余公积和公益金，最后剩下的可以由投资者决定应该如何进行分配。那么投资者有权利决定这笔钱不分配，留在企业里壮大企业的实力，投资者也有权利把它作为利润的分配内容来安排。

表 4－4 利润分配表 会企 02 表

编制单位：××企业 年度 单位：元

项目	行次	本年数	上年数
一、净利润			
加：年初未分配利润			
二、可供分配利润			
减：提取盈余公积和公益金			
三、可供投资者分配的利润			
减：应付股利和利润			
四、未分配利润			

任务三 利润的分配顺序

一、弥补公司以前年度亏损

对于上年度的未弥补亏损在本年度应按照任意盈余公积、法定盈余公积的顺序补亏，但弥补亏损后的法定盈余公积不得低于注册资本的 25％。若任意盈余公积、法定盈余公积仍不足以弥补亏损，再用资本公积中的接受现金捐赠、拨款转入、外币货币资金折算差额等非准备项目弥补亏损。但资本公积中的股本（或资本）溢价、接受捐赠非现金资产准备、股权投资准备等项目不得用于弥补亏损。若上述项目仍不足以弥补亏损，则用计提法定盈余公积和法定公益金前的本年度利润弥补亏损。

二、提取法定盈余公积

法定盈余公积是企业按照一定比例从税后利润中提取的用于生产经营的资金。它既是保全企业资本、防止因滥分利润而损害债权人的需要，也是企业为了扩大再生产而通过内部积累资金的需要。具体而言，法定盈余公积金的用途为弥补亏损和转增资本金。法定盈余公积按照税后利润的10％提取，当其累计金额已达注册资本的50％以上时，可不再提取；转增资本金以后，其余额不得低于注册资本的25％。

三、提取公益金

公益金是企业按照规定从税后利润的5％至10％提取的用于职工福利设施支出的资金。该比例有一个弹性的区间，即提取的比例只要在5％到10％的范围内都是属于合法的，企业可以自行决定提取比例。这笔钱不能分，因为企业提取5％到10％的公益金的权利仍然是投资人的，并不是职工的。这是鉴于企业的利润创造与企业全体员工的努力和奉献密切相关，并且企业经营效益的进一步提高也有赖于人力资源的再生产考虑的。根据我国目前的实际情况，有必要从税后利润中提取一部分资金，用于改善企业职工的集体福利条件。但是，随着我国政治经济体制改革的深化，以及社会保障制度的建立和完善，这项分配支出不应再由企业负担。

四、支付优先股股利

在可分配的利润中扣除按规定提取的法定公积金和法定公益金后即是可供投资者分配的利润。如果企业有优先股股东的话，股东们要优先考虑依法支付给优先股股东优先股的红利，即股利。优先股股利是指企业按优先股发放章程的有关规定，按约定的股息率或金额发放给优先股股东的报酬。从优先股股票的性质来讲，它既有债权的性质，又有股票的性质，一般来讲他们有优先权。由于优先股股东拥有股息分配的优先权，因此，普通股股东分派股利时，要以付清当年或积欠的优先股股利为条件。

五、提取任意盈余公积

任意盈余公积是指企业出于未来发展的需要，或基于比较谨慎的财务策略，从税后利润中提取的资金。相对于法定盈余公积而言，任意盈余公积没有规定的提取比例，不受外力强制，体现了自愿性。也就是说，计提与否及计提多少可以根据企业的具体情况而定。然而，这并不意味着财务人员可以随心所欲地计提任意盈余公积。任意盈余公积的提取必须按照公司章程的有关规定，或根据公司董事会及股东大会决议进行。任意盈余公积的提取比例较灵活，但其性质属于已拨定用途的资金，这样就减少了对普通股股利分配的数额，起到控制向普通股股东分配股利及调整各年股利分配波动的作用。而对普通股股利分配的这种限制来自企业管理部门，目的是为了使企业在未来能更好地发展，其意义是重大的。

六、支付普通股股利

普通股股利是指企业按照董事会提交股东大会审议批准的股利率或每股股利金额，向普通股股东发放的投资报酬。普通股股利的实质是企业财富中属于普通股股东的那一部分盈余收益。因此，股利的来源是企业的盈利，即会计账面上必须要有税后盈余，这是股利分配的前提。根据我国股份制企业的规定，若企业当年无利润，一般不得向股东分配股利。但是，企业盈余弥补亏损后，经股东大会决议，可以按股票面值的较低比率用盈余公积金支付股利，以维护企业信誉，避免股价发生大幅度波动。

案例分析

×××控股股份有限公司2009年度分红派息情况

股票代码：××××　股票简称：××××　编号：×××××

×××控股股份有限公司2009年度利润分配方案经公司2009年度股东大会审议通过，其2009年度分红派息事宜如下：

一、分红派息方案

根据×××会计师事务有限公司审计，公司2009年度实现主营业务收入2 307 503 817.90元，实现净利润61 729 410.25元，分别按10%的比例提取法定盈余公积金6 172 941.03元，5%的比例提取法定公益金3 086 470.51元，加年初未分配利润237 496 522.75元，可供股东分配的利润289 966 521.46元。

公司2009年度利润分配方案为：以2009年末总股本267 000 000股为基数，向全体股东按每10股派发现金红利1.2元（含税），共计分配股利32 040 000元，分配后的剩余利润257 926 521.46元，转入下一年未分配利润。

二、分红派息对象

截至2010年6月8日下午××证券交易所收市后，在中国证券登记结算有限责任公司××分公司登记在册的本公司全体股东。

三、股权登记日、除息日及红利发放日

股权登记日：2010年6月8日

除息日：2010年6月9日

红利发放日：2010年6月15日

四、分红派息办法

(1)无限售条件的流通股个人股东现金红利由公司代扣个人所得税，扣税后实际发放现金红利为每10股1.08元；无限售条件的流通股机构投资者、有限售条件的流通股所得税自行缴纳，每10股实际派发现金红利1.2元。

(2)无限售条件的流通股的现金红利委托中国证券登记结算有限责任公司××分公司通过其资金清算系统向股权登记日登记在册并在××证券交易所各会员单位办理了指定交易的股东派发。已办理全面指定的股东可于红利发放日在其指定的证券营业部领取现金红利；未办理指定交易的股东，其红利暂由中国证券登记结算有限责任公司××分公司托管，待其办理完全面指定交易后即可在指定的证券营业部领取现金红利。

(3)有限售条件的流通股的现金红利由本公司直接发放。

五、2009年公司主要控股和参股的经营情况及业绩分析

(1)主要控股公司的经营情况和业绩。

表 4-5　××旅游集团公司主要控股公司的经营情况和业绩　单位:元

公司名称	业务性质	主要产品或服务	注册资本	资产规模	净利润
A旅行社公司	旅行社	入境、出境和国内旅游业务	12 000 000	51 983 600.42	1 274 184.98
B旅行社公司	旅行社	入境、出境和国内旅游业务	2 000 000	20 232 851.97	1 151 533.26
C旅游公司	旅行社	入境、出境和国内旅游业务	3 000 000	42 602 119.44	771 097.80
D旅行社公司	旅行社	入境、国内旅游业务	5 000 000	24 970 837.14	979 834.16
E旅行社公司	旅行社	入境、出境和国内旅游业务	3 000 000	26 556 272.00	715 539.92
F酒店有限公司	酒店	客房、正餐、酒吧、健身房、游泳池、卡拉OK、美容美发、桑拿按摩;零售日用百货、国产酒、进口酒、定型包装食品、烟、工艺美术品	40 000 000	231 082 321.00	1 737 602.18
H旅游有限公司	旅游电子商务	高科技产品的开发,旅游相关电子服务平台、酒店电子预定系统、旅游分销系统平台开发,销售自产产品;入境旅游业务、国内旅游业务	145 540 000	178 900 645.36	31 724 435.37
I投资管理有限公司	房地产投资	在××省及全国范围内从事与旅游业相关的休闲度假房地产项目的投资及资本运作业务,并提供旅游、旅游度假区及房地产项目的投资咨询	200 000 000	1 159 016 277.36	3 475 874.19
J酒店投资管理有限公司	酒店	酒店投资管理	100 000 000	133 248 546.64	2 152 618.18
K科技有限公司	科技服务	科技资讯、服务	35 000 000	63 135 444.64	16 457 827.44
L湿地公园有限公司	景点	在××市××区休闲观光旅游产业带从事湿地生态旅游开发	100 000 000	101 516 012.19	802 737.62

(2)单个控股公司的净利润或单个参股公司的投资收益对公司净利润影响达10%以上:

公司名称	持股比例	2005年净利润	公司投资收益
K科技有限公司	82%	16 457 827.44元	12 286 336.33元

任务四　怎样阅读利润分配表

利润及利润分配表集中反映了企业的盈亏情况和分配情况,对分析公司状况具有重要意义。企业的盈利多少直接影响到股利和股票的增值,尤其是股利的大小不仅影响到股东的当期收益，还影响着股票的价格变动趋势。这正是投资者之所以十分关心的重要因素，也是投资者对股票投资的全部报酬所在。作为企业管理者，具体在阅读利润分配表的时候，应该关注以下三个方面的问题。

一、把握可供分配的利润来源

在利润分配表中，可供分配的利润来源有两项：净利润和年初未分配利润。阅读利润分配表时要对这两部分来源的可靠性加以审阅。关键要看：一是利润分配表中的净利润与利润表中的净利润应该相等；二是今年的年初未分配利润应是上一年年末的未分配利润。

二、关注利润分配的去向

对于公司各级管理人员来说，应该特别关注利润分配的合法性。

(1)要符合国法的规定，就是《中华人民共和国公司法》。

(2)要符合公司的相关规定，尤其是利润的分配权利。

(3)在阅读利润分配表的时候，首先要查阅股东代表大会所批准的利润分配方案和利润表中所反映的利润分配内容是否一致。比如在利润分配方案当中，应该按什么样的比例和金额给优先股股东分配利润；应该按何种比例和金额提取任意盈余公积；按照什么样的比例提取普通股股东利润；提取多少来给企业增加注册资本。利润分配表中每一个数字的比例、金额应与股东代表大会审议通过的利润分配方案一致。

三、关注与其他财务报表的勾稽关系

要注意将利润及利润分配表中的有关数据与资产负债表、财务状况变动表中的有关数据相对照，看看它们是否符合应有的勾稽关系。如利润及利润分配表中最后的未分配利润额是否与资产负债表中的未分配利润额相一致；年度内各项利润分配数是否与财务状况变动表中的各项利润分配数相一致；本年提取的公积金数额是否与资产负债表中的公积金增加数额相一致；如此等等。若发现这些数据之间无法核对，就说明报表中的许多资料都有错误甚至是失实了，这时就需要慎重决策。

探究园地

1.有哪些人为因素可以对利润产生影响？

2.利润表中的各种利润是如何计算得来的？

3.利润的分配顺序是怎样的？

4.利润分配表与其他财务报表之间有着怎样的勾稽关系？

5.企业赚了钱可以分配，是否某一年度如果企业没有赚钱就不能分配呢？为什么？

项 目 五

旅游企业固定资产管理

项目阐释

本项目旨在通过案例让学生深入理解和体会旅游企业固定资产管理过程中的财务问题，并使学生结合案例分析的内容和案例延伸的知识将旅游企业固定资产的基本理论知识融会贯通。

能力目标

◇ 通过本项目的学习，要求了解旅游企业固定资产的概念、基本特征和分类。

◇ 使学生理解固定资产在企业中的作用及影响。

◇ 让学生掌握旅游企业固定资产的基本内容和知识点。

◇ 使学生在工作中能应用所学的知识解决实际遇到的问题。

项目分解

模块一 旅游企业固定资产概述

模块二 旅游企业固定资产折旧

模块三 旅游企业固定资产的取得、出售、报废的管理

模块一 旅游企业固定资产概述

工作任务

任务一 固定资产的概念
任务二 固定资产的分类
任务三 固定资产的计价

案例导入

某酒店客房部在一年一度的编制预算中，客房经理遇到了一个难题：财务要求编制经营预算和资本性支出预算，客房经理不理解财务关于资本性支出涵盖的内容，咨询财务人员，财务人员告诉他，就是指该客房部平时购置的固定资产。客房经理回来后按照自己的理解在3月份的预算中编制购置单价在800元左右的消毒柜5台。2009年3月份根据预算的要求，客房经理编制采购计划要求购置消毒柜5台，采购计划经过财务审批、采购部落实后采购回来，客房经理编制领用单将消毒柜5台领回，可是在4月初客房部经理意外发现自己部门的损益表中多出一项消毒柜5台的费用，客房部经理就开始纳闷了？究竟什么是固定资产？什么是费用？如何区分？客房经理又去财务咨询关于固定资产的问题……

课堂思考题：

1. 客房经理预算案例给你什么启示？
2. 从该案例介绍的情况看，你能否推断固定资产有哪些特征？
3. 你认为财务将费用划给客房部合理吗？你能接受这种做法吗？
4. 如果你是客房部经理，你会采取何种措施？

任务一 固定资产的概念

我们日常生活中天天说什么费用、什么资产，但究竟怎么区分？对一个非财务专业的人员也许是一个难题。旅游企业从注册经营开设就必须与固定资产打交道，首先需要营业房、营业设备、交通工具等，这些都是我们常说的固定资产。旅游企业把它投入到经营过程中必然发生支出，因为这种支出不是在短期内就消失的，根据我国《旅游、饮食服务企业会计制度》的规定，凡是支出的效益与几个会计年度相关的，应作为资本性支出。固定资产的效益要长于一个会计年度，因此购置固定资产所发生的支出属于资本性支出，应予以资本化计入资产科目，然后再根据各项的受益程度将其逐步摊销转作费用。

作为固定资产一般具有哪些基本特征？固定资产一般具有以下一些特征：

(1)固定资产使用期限超过一年或长于一年的一个经营周期,且在使用过程中保持原有的物质形态不变。如汽车、房屋在使用过程中不可能变化形态,而且使用的时间一般超过一年甚至十几年。

(2)固定资产使用的寿命是有限的。虽然固定资产使用年限超过一年,但不是无限的,汽车使用到一定程度也会报废的。

(3)固定资产是用于生产经营而不是为了出售的。如购进的固定资产不是自己使用,而是为出售,就不能作为固定资产处理,而只能是商品。

从上面阐述的内容可以得出旅游企业固定资产的概念,根据我国《旅游、饮食服务企业会计制度》规定,旅游企业固定资产的概念是:固定资产是使用年限在一年以上,单位价值在规定标准以上,并且使用过程中保持原有的实物形态的资产,包括房屋、建筑物、机器设备、运输设备、家具设备、工具器械等。不属于生产经营主要设备的物品,单位价值在2 000元以上的,并且使用年限在两年以上的,也应当作为固定资产。未作为固定资产的工具、器具等应当作为低值易耗品管理和核算。

从现在实际情况来看,虽然旅游企业会计制度对固定资产的标准作了具体的规定,但由于旅游企业的经营内容、经营规模等各不相同,固定资产的标准也不可能绝对一致,各旅游企业应根据制度中规定的固定资产标准结合各自的具体情况,制定适合本旅游企业实际情况的固定资产目录、分类方法、每类或每项固定资产的折旧年限、折旧方法,作为固定资产核算的标准。

任务二 固定资产的分类

旅游企业的固定资产种类繁多,规格不一,为加强管理,便于组织会计核算,旅游企业有必要对固定资产进行合理的分类。根据不同的管理需要和核算要求以及不同的分类标准,可以对固定资产进行不同的分类,常见的固定资产分类方法如下。

一、按固定资产的经济用途分类

按经济用途,固定资产可分为生产经营用固定资产和非生产经营用固定资产。

(1)生产经营用固定资产,是指直接服务于旅游企业生产经营过程的各种固定资产,如生产经营用的房屋、建筑物、机器、设备、器具、工具等。

(2)非生产经营用固定资产,是指不直接服务于生产、经营过程的各种固定资产,如职工宿舍、食堂、浴室、理发室等使用的房屋、设备和其他固定资产等。

按照固定资产的经济用途分类,有利于反映和监督旅游企业经营用固定资产和非经营用固定资产之间,以及经营用各类固定资产之间的组成和变化情况,借以考核和分析旅游企业固定资产的利用情况,促使旅游企业合理地配备固定资产,充分发挥其效用。

二、按固定资产使用情况分类

按使用情况,固定资产可分为使用中固定资产、未使用固定资产和不需用固定资产。

(1)使用中固定资产,是指正在使用中的生产经营用和非生产经营用固定资产。由于季节性经营或大修理等原因,暂时停止使用的固定资产仍属于旅游企业使用中的固定资产;旅游企业出租(指经营性租赁)给其他单位使用的固定资产和内部替换使用的固定资产也属于使用中的固定资产。

(2)未使用固定资产,是指已完工或已购建的尚未交付使用的新增固定资产以及因进行改建、扩建等原因暂停使用的固定资产。如旅游企业购建的尚待安装的固定资产、经营任务变更停止使用的固定资产等。

(3)不需用固定资产,是指本旅游企业多余或不适用,需要调配处理的固定资产。

按照固定资产使用情况分类,有利于反映旅游企业固定资产的使用情况及其比例关系,便于分析固定资产的利用效率,挖掘固定资产的使用潜力,促使旅游企业合理地使用固定资产,也便于合理计提固定资产折旧。

三、综合分类

按固定资产的经济用途和使用情况等综合分类,可把旅游企业的固定资产分为七大类:

(1)生产经营用固定资产;

(2)非生产经营用固定资产;

(3)租出固定资产(指在经营租赁方式下出租给外单位使用的固定资产);

(4)不需用固定资产;

(5)未使用固定资产;

(6)土地(指过去已经估价单独入账的土地,因征地而支付的补偿费,应计入与土地有关的房屋、建筑物的价值内,不单独作为土地价值入账。旅游企业取得的土地使用权,不作为固定资产管理);

(7)融资租入固定资产(指旅游企业以融资租赁方式租入的固定资产,在租赁期内,应视同自有固定资产进行管理)。

由于旅游企业的经营性质不同,经营规模各异,对固定资产的分类不可能完全一致,也没有必要强求统一,旅游企业可以根据各自的具体情况和经营管理、会计核算的需要进行必要的分类,编制本旅游企业的固定资产目录,作为固定资产核算的依据。

任务三　固定资产的计价

一、固定资产的计价基础

固定资产的计价主要有两种方法:

(1)按历史成本计价。历史成本亦称原始购置成本或原始价值,是指旅游企业购建某项固定资产达到预定可使用状态前所发生的一切合理、必要的支出。旅游企业新购建固定资产的计价、确定计提折旧的依据等均采用这种计价方法。其主要优点是具有客观性和可验证性,也就是说,按这种计价方法确定的价值,均是实际发生并有支付凭据的支出。正是由于这种计价方法具有客观性和可验证性的特点,它成为固定资产的基本计价标准。

(2)按净值计价。固定资产净值也称为折余价值,是指固定资产原始价值减去已提折旧后的净额。它可以反映旅游企业实际占用在固定资产上的资金数额和固定资产的新旧程度。

二、固定资产的价值构成

固定资产的价值构成是指固定资产价值所包括的范围。它包括旅游企业为购建某项固定资产达到预定可使用状态前所发生的一切合理、必要的支出。这些支出既有直接发生的，如固定资产的价款、运杂费、包装费和安装成本等；也有间接发生的，如应承担的借款利息、外币借款折合差额以及应分摊的其他间接费用等。

由于固定资产的来源渠道不同，其价值构成的具体内容也有所差异。

(1)购置的不需要经过建造过程即可使用的固定资产，按实际支付的买价、包装费、运输费、安装成本、交纳的有关税金等，作为入账价值。外商投资旅游企业因采购国产设备而收到税务机关退还的增值税款，冲减固定资产的入账价值。

(2)自行建造的固定资产，按建造该项资产达到预定可使用状态前所发生的全部支出，作为入账价值，有关自行建造固定资产价值的确认方法因核算内容较复杂，这里不作详细的介绍。

(3)投资者投入的固定资产，按投资各方确认的价值，作为入账价值。

(4)旅游企业通过融资租赁租入的固定资产，其入账价值的确定因核算内容较复杂，这里不作详细说明。

(5)在原有固定资产的基础上进行改建、扩建的，按原固定资产的账面价值，加上由于改建、扩建而使该项资产达到预定可使用状态前发生的支出，减去改建、扩建过程中发生的变价收入，作为入账价值。

(6)通过债务重组和非货币性交易方式取得的固定资产，入账价值的确定因核算内容较复杂，这里也不作详细说明。

(7)接受捐赠的固定资产，应按以下方法确定其入账价值。

①捐赠方提供了有关凭据的，按凭据上标明的金额加上应支付的相关税费，作为入账价值。

②捐赠方没有提供有关凭据的，按如下顺序确定其入账价值。

A. 捐赠资产时有同类或类似固定资产存在市场价格的，按同类或类似固定资产的市场价格估计的金额，加上应支付的相关税费，作为入账价值。

B. 捐赠资产时有同类或类似固定资产不存在市场价格的，按该接受捐赠的固定资产的预计未来现金流量现值，作为入账价值。

③如受赠的为旧的固定资产，按照上述方法确定的价值，减去按该项资产的新旧程度估计的价值损耗后的余额，作为入账价值。

(8)盘盈的固定资产，按同类或类似固定资产的市场价格，减去按该项资产的新旧程度估计的价值损耗后的余额，作为入账价值。

(9)经上级主管部门批准无偿调入的固定资产，按调出单位的账面价值加上发生的运输费、安装费等相关费用，作为入账价值。

模块二 旅游企业固定资产折旧

工作任务

任务一 固定资产折旧的概念及其计提范围
任务二 影响固定资产折旧的因素
任务三 计算固定资产折旧的方法

案例导入

令人费解的折旧

在客房经理基本了解固定资产的定义、固定资产的计价和分类后，能够掌握自己部门的固定资产，但接下来的几个月中又发现自己部门报表中在出现这样一个新的名词——固定资产折旧，客房经理又开始纳闷了，到底什么是固定资产折旧？固定资产折旧又怎么计算？固定资产折旧计算受哪些因素影响？哪些需要提固定资产折旧？哪些不需要提固定资产折旧？财务经理在当月的财务分析后，回答了客房经理的这些问题。

请问：如果你是客房部经理，你会采取何种措施？

任务一 固定资产折旧的概念及其计提范围

一、固定资产折旧的概念

我们从前面固定资产定义可以看出，固定资产的效益发挥的时间在一年或长于一年的一个会计年度，固定资产的服务潜力随着其使用时间而衰竭或消失。由于固定资产在使用过程中会逐渐丧失服务潜力，所以旅游企业必须在固定资产的有效期限内将固定资产的价值进行分期转移，作为折旧费用，计入各期成本费用。这不仅是为了收回投资，使其将来有能力重置固定资产，而且是为了把固定资产的成本分配于各个受益期，实现其收入与费用的正确配比。所谓折旧，就是固定资产在使用过程中，逐渐损耗（包括有形损耗和无形损耗）而转移到成本费用中的那部分价值。所谓折旧核算是一个成本费用分摊的过程，其目的在于将固定资产的购置成本按合理的方式，在它的估计有效期间内进行摊配。固定资产折旧计入成本费用的过程，实质上是固定资产价值逐步转移的过程。在这一过程中，旅游企业占用在固定资产形态上的资金由于固定资产价值的转移而减少，随着营业收入的实现，计入成本费用的折旧费，就从营业收入中得到了相应的补偿，并转化为货币资金，因此，固定资产折旧，即是对固定资产由于磨损和损耗而转移到产品成本或构成旅游企业费用的那一部分价值的补偿。

二、计提固定资产折旧的范围

旅游企业固定资产类别很多，确定固定资产折旧的范围，有两种方法：一是要从空间范围上确定哪些固定资产应当提取折旧，哪些固定资产不应当提折旧；二是要从时间范围上确定应提折旧的固定资产什么时间开始提取折旧，什么时间停止提取折旧。

旅游企业在用的固定资产（包括经营用固定资产、非经营用固定资产、租出固定资产等）一般均应计提折旧，具体范围包括：①房屋和建筑物；②在用的机器设备、仪器仪表、运输工具、工具器具；③季节性停用、大修理停用的固定资产；④融资租入和以经营租赁方式租出的固定资产。

已达到预定可使用状态的固定资产，在年度内办理竣工决算手续的，按照实际成本调整原来的暂估价值，并调整已计提的折旧额，作为调整当期的成本、费用处理。如果在年度内尚未办理竣工决算的，应当按照估计价值暂估入账，并计提折旧；待办理了竣工决算手续后，再按照实际成本调整原来的暂估价值，调整原已计提的折旧额，同时调整年初留存收益各项目。

旅游企业因更新改造等原因而调整固定资产价值的，应当根据调整后的价值，预计尚可使用年限和净残值，按旅游企业所选用的折旧方法计提折旧。

对于接受捐赠的旧的固定资产，旅游企业应当按照确定的固定资产入账价值、预计尚可使用年限、预计净残值以及旅游企业所选用的折旧方法计提折旧。

融资租入的固定资产，应当采用与自有应计折旧资产相一致的折旧政策。能够合理确定租赁期届满时将会取得租赁资产所有权的，应当在租赁资产尚可使用年限内计提折旧；无法合理确定租赁期届满时能够取得租赁资产所有权的，应当在租赁期与租赁资产尚可使用年限两者中较短的期间内计提折旧。

不计提折旧的固定资产包括：

(1)房屋、建筑物以外的未使用、不需用的固定资产；

(2)以经营租赁方式租入的固定资产；

(3)已提足折旧继续使用的固定资产；

(4)按规定单独估价作为固定资产入账的土地。

旅游企业在具体计提折旧时，一般应按月提取折旧，当月增加的固定资产，当月不计提折旧，从下月起计提折旧；当且减少的固定资产，当月照提折旧，从下月起不提折旧。固定资产提完折旧后，不论能否继续使用，均不再提取折旧；提前报废的固定资产，也不再补提折旧。所谓提足折旧，是指已经提足该项固定资产应提的折旧总额。应提的折旧总额为固定资产原价减去预计残值加上预计清理费用。

任务二　影响固定资产折旧的因素

般来说，影响固定资产折旧的因素主要有以下三个方面：一是折旧基数；二是固定资产净残值；三是固定资产的使用年限。

一、折旧基数

计算固定资产折旧的基数一般为取得固定资产的原始成本，即固定资产的账面原价。对于已入账的固定资产，除发生下列情况外，不得任意变动：

(1)根据国家规定对固定资产进行重新估价；

(2)增加补充设备或改良设备；

(3)将固定资产的一部分拆除；

(4)根据实际价值调整原来的暂估价值；

(5)发现原记固定资产价值有错误。

二、固定资产的净残值

固定资产的净残值是指预计的固定资产报废时可以收回的残余价值扣除预计清理费用后的数额。根据国家财务会计制度规定，固定资产净残值率应当按照不低于3%，不高于5%计算，但如果企业固定资产预计的净残值率高于或低于规定的比例，也可以由企业根据实际情况确定，但必须报批备案。

三、折旧年限

固定资产折旧年限的长短直接影响到各期应提取的折旧额，《旅游、饮食服务旅游企业财务制度》对固定资产折旧年限作了具体规定，如下所示：

旅游企业固定资产分类折旧年限

房屋及建筑物分类

1.房屋

(1)营业用房　20年

(2)非营业用房　35年

(3)简易房　5年

注：非营业用房指不与营业用房连成一体的办公室、职工宿舍、招待所、职工食堂、浴室、理发室、托儿所、幼儿园等

2.建筑物　10年

包括：水塔、蓄水池、水井、油罐、停车场、园林设施、围墙、室外游泳池、网球场、高尔夫球场等

机器设备分类

1.供电系统设备　15年

包括：变压器、高低压开关柜、发电机、充电机等

2.供热系统设备　11年

包括：热水锅炉、热气锅炉、烤炉、管道等

3.中央空调系统设备　10年

包括：制冷机(组)、冷却塔等

4.通讯设备　8年

包括：程序控制电话、电传机、内部呼叫器及传呼机、手提电话等

5.洗涤设备　5年

包括：洗衣机、干(湿)洗机、平烫机等

6.维修设备　10年

包括:车床、电焊机、牛头刨床、万能测试台等

7.厨房机具设备 5年

包括:冰箱、冷柜、洗碗机、饺子机、和面机等

8.电子计算机系统设备 6年

包括:计算机、终端收款机(带电脑)等

9.电梯 10年

10.相片冲印设备 8年

11.复印、打字设备 3年

12.其他机器设备 10年

交通运输工具分类

1.客车

(1)大型客车(33座以上) 8年 30万公里

(2)中型客车(32座以下) 8年 30万公里

(3)小轿车 5年 20万公里

2.行李车 7年 30万公里

3.货车 12年 50万公里

4.摩托车 5年 5万公里

家具设备分类

1.营业用家具 5年

包括:床、沙发、写字台、会议桌、餐桌、橱柜、柜台、货架、美容设备、卫生设备等

2.办公用设备 10年

地毯分类

1.纯毛地毯 5年

2.混织地毯 3年

3.化纤地毯 3年

电器及影视设备分类

1.闭路电视播放设备 10年

2.音响设备 5年

3.电视机 5年

4.电冰箱 5年

5.空调

柜式 5年

窗式 3年

6.电影放映机 10年

7.照相机 10年

8.其他电器设备 5年

文体娱乐设备分类

1.高级乐器 10年

包括:钢琴、手风琴、风琴、电子琴、高级管弦乐器等

2. 游乐场设备 5 年

3. 健身房设备 5 年

其他设备分类

1. 工艺摆设 10 年

包括：高级屏风、高级工艺品等

2. 消防设备 10 年

根据有关规定："旅游企业应当根据固定资产的性质和消耗方式，合理地确定固定资产的预计使用年限和预计净残值，并根据经济发展、环境及其他因素，选择符合本企业的固定资产折旧方法，按照管理权限，经股东大会或董事会，或经理（厂长）会议或类似机构批准，作为计提折旧的依据。"旅游企业对固定资产折旧的处理参照以上执行，同时按照法律、行政法规的规定报送有关各方备案，并备置于旅游企业所在地，以供投资者等有关各方查阅。旅游企业已经确定并对外报送，或备置于旅游企业所在地的有关固定资产预计使用年限和预计净残值，折旧方法等，一经确定不得随意变更；如需变更，仍然应按上述程序，经批准后报送有关各方备案，并在财务报表附注中予以说明。

任务三　计算固定资产折旧的方法

旅游企业可以选择年限平均法、工作量法、年数总和法、双倍余额递减法等方法计提固定资产折旧。折旧方法一经确定，不得随意变更；如需变更，应按照上述程序，经批准后报送有关各方备案，并在财务报表附注中予以说明。下面介绍几种具体的计提方法。

一、年限平均法

使用年限法又称直线法，是将固定资产的折旧额均衡地分摊到固定资产预计使用寿命内的一种方法。采用这种方法计算的每期折旧额均是等额的。其计算公式如下：

年折旧率＝[(1－预计净残值率)/预计使用年限]×100％

月折旧率＝年折旧率÷12

月折旧额＝固定资产原价×月折旧率

上述折旧率是按个别固定资产单独计算的，称为个别折旧率，即某项固定资产在一定期间的折旧额与该项固定资产原价的比率。此外，还有分类折旧率和综合折旧率。

分类折旧率是指固定资产分类折旧额与该类固定资产原价的比率。采用这种方法，应先把性质、结构和使用年限接近的固定资产归为一类，再按类计算平均折旧率，用该类折旧率对该类固定资产计提折旧。如将房屋建筑物划分为一类，将机械设备划分为一类等。分类折旧率的计算公式如下：

某类固定资产分类折旧率＝(某类固定资产分类折旧额之和/该类固定资产原价之和)×100％

采用分类折旧率计算固定资产折旧，其优点是计算方法简单，但准确性不如个别折旧率。

综合折旧率是指某一期间旅游企业全部固定资产折旧额与全部固定资产原价的比率。计算公式如下：

固定资产综合折旧率＝(各项固定资产折旧额之和/各项固定资产原价之和)×100％

与采用个别折旧率和分类折旧率计算固定资产折旧相比，采用综合折旧率计算固定资产折旧，其计算结果的准确性较差。

实践与体验

某旅游企业一套洗涤设备原值50 000元，规定净残值率为3%，可使用年限为8年。请用使用年限法计算年折旧额。

年折旧额＝50 000×(1－3%)÷8＝6 062.5(元)

二、工作量法

工作量法是根据实际工作量计提折旧额的一种方法，其计算公式为：

每一工作量折旧额＝固定资产原价×(1－残值率)/预计总工作量

某项固定资产月折旧额＝该项固定资产当月工作量×每一工作量折旧额

三、双倍余额递减法

双倍余额递减法和年数总和法，是常用的加速折旧方法。其特点是固定资产使用前期提取折旧多，使用后期提取折旧逐年减少，以使固定资产成本在有效使用年限中加快得到补偿。

双倍余额递减法是在不考虑固定资产残值的情况下，根据每期期初固定资产账面净值和双倍的直线法折旧率计算固定资产折旧的一种方法。计算公式为：

年折旧率＝[2/预计的折旧年限]×100%

月折旧率＝年折旧率÷12

月折旧额＝固定资产账面净值×月折旧率

旅游企业在选用双倍余额递减法计提折旧时，固定资产的残值不能从其价值中抵减。因此，每年计提的固定资产折旧额是用两倍与直线法的折旧率去乘固定资产的账面净值。由于只要该项固定资产仍使用，则其账面净值就不可能被冲销完毕，因此，在固定资产使用的后期，如果发现使用双倍余额递减法计算的折旧额小于采用直线法计算的折旧额，就应该改用直线法计提折旧。为了操作方便，实行双倍余额递减法计提折旧的固定资产，应当在固定资产折旧年限到期以前两年内，将固定资产账面净值扣除预计净残值后的余额平均摊销。

实践与体验

某旅游企业机器设备一台原值40 000元，预计使用年限为5年，净残值率为3%。请用双倍余额递减法计算其年折旧率及各年折旧额。

年折旧率＝2÷5×100%＝40%

第一年折旧额＝40 000×40%＝16 000(元)

期末账面净值－40 000－16 000＝24 000(元)

第二年折旧额＝24 000×40%＝9 600(元)

期末账面净值＝24 000－9 600＝14 400(元)

第三年折旧额＝14 400×40%＝5 760(元)

期末账面净值＝14 400－5 760＝8 640(元)

第四年折旧额＝(8 640－40 000×3%)÷2＝3 720(元)

第五年折旧额＝3 720 元

四、年数总和法

年数总和法又称为合计年限法，这种方法将固定资产原值减去预计净残值后的净额乘以一个逐年递减的分数计算每年的折旧额，这个分数的分子代表固定资产尚可使用的年数，分母代表使用年数的逐年数字总和。其计算公式如下：

$$年折旧率=\frac{(预计使用年限-已使用年限)\times 2}{预计使用年限\times(预计使用年限+1)}\times 100\%$$

年折旧额＝(固定资产原值－预计净残值)×年折旧率

月折旧率＝年折旧率÷12

月折旧额＝(固定资产原价－预计净残值)×月折旧率

实践与体验

某企业营业用机器一台，原价格 40 000 元，预计净残值 1 000 元，预计使用年限为 5 年。请用使用年限法计算各年计提折旧额。

年限总和＝1＋2＋3＋4＋5＝15

各年计提折旧总额＝40 000－1 000＝39 000(元)

第一年计提折旧额＝39 000×5/15＝13 000(元)

第二年计提折旧额＝39 000×4/15＝10 400(元)

第三年计提折旧额＝39 000×3/15＝7 800(元)

第四年计提折旧额＝39 000×2/15＝5 200(元)

第五年计提折旧额＝39 000×1/15＝2 600(元)

模块三　旅游企业固定资产的取得、出售、报废的管理

工作任务

任务一　固定资产的取得
任务二　固定资产的出售、报废、毁损及盘亏

案例导入

资产的报废

客房经理在年底预算编制中，饭店要求编制资本性支出预算，在整理自己部门的设施设备中发现自己部门的客房卫生洁具有10个房间已不能继续使用，需要购置新的，财务要求先将固定资产报废，然后在下一年预算中编制购置，客房经理了解了情况后又要请教财务经理能否给部门讲讲固定资产取得、出售、报废等相关管理制度。

任务一　固定资产的取得

旅游企业固定资产的取得有多种多样，诸如投资者投入、购入、融资租入、自建改扩建、接受捐赠和盘盈等。为了反映和监督各项固定资产的增减变动，认真管好、用好固定资产，必须建立和健全固定资产的明细核算。

设置和科学管理固定资产，是健全固定资产明细核算的重要一环。旅游企业必须为每一项固定资产设置卡片，详细载明有关固定资产资料，加强管理和监督。

固定资产卡片通常是一式三份。一份由固定资产管理部门统一保管，在卡片箱内按固定资产的使用部门、单位和类别有次序地存放，以全面掌握各使用部门、单位和各类固定资产的增减结存数量；一份交固定资产使用部门或单位按类别有序存放，以便经常核对账物；一份交财会部门按固定资产的类别和使用部门或单位有序存放，作为财务部门的固定资产明细账。旅游企业新增一项固定资产，应根据有关交接凭单开设一张卡片，并在有关栏内作详细记录；旅游企业经批准调出或报废固定资产，应根据有关凭证将卡片注销，另行归档保管。一定要做到有物必有卡，有卡必有物，保证固定资产"档案"的真实和完整。

旅游企业的财会部门为了汇总反映各项固定资产的增减变动和结存情况，并对固定资产卡片起控制作用，还可按大类设置"固定资产登记簿"，按固定资产的明细类别开设账页；并按保管与使用的部门单位分设专栏，根据固定资产增减变动的有关凭证序时登记其金额。

财会部门应与固定资产的管理者及使用部门、单位密切配合，协同搞好固定资产明细核算，并定期进行账、物核对，保证账账相符、财物相符。

任务二　固定资产的出售、报废、毁损及盘亏

旅游企业购置的固定资产是为本旅游企业经营使用的，但对那些不适用或不需用的固定资产，旅游企业可以出售转让；旅游企业固定资产由于使用而不断磨损直到最终报废；旅游企业由于遭受自然灾害等非常损失会发生毁损；旅游企业在对固定资产进行盘点时可能出现盘亏。这些都将导致使固定资产减少。

《旅游、饮食服务企业财务制度》规定，旅游企业出售或清理报废固定资产变价收入、残料价值减清理费用后的净额与固定资产净值的差额，计入营业外收入或者营业外支出。盘亏及毁损的固定资产按照原价扣除累计折旧、过失人及保险公司赔款后的差额计入营业外支出。

依照《旅游、饮食服务企业会计制度》规定，旅游企业会计核算应设置"固定资产清理"科目，核算旅游企业因出售、报废、毁损等原因减少的固定资产。"固定资产清理"科目是一个对比账户，它核算旅游企业因出售、报废和毁损等原因转入清理的固定资产净值以及在清理过程中所发生的清理费用和清理收入，其借方反映转入清理的固定资产的原价和发生的清理费用，贷方反映清理固定资产的变价收入和应由保险公司或过失人承担的损失等。

实训课业

某企业A设备的账面原价400万元，使用年限为8年，已使用4年，计提折旧200万元，账面净值200万元。该企业年底税前利润为1 000万元，该企业适用企业所得税率为33%。假定税前利润中该提减值准备均已提取过，但该项固定资产折旧费用尚未提取。假定除固定资产减值准备外，该企业不存在其他任何所得税调整事项。从影响企业所得税角度分析全额固定资产减值准备计算的可能性。

参考答案：

1.该项固定资产全额计提减值准备即200万元，根据《企业会计制度》规定：已全额提取减值准备的固定资产不得计提折旧。所以：

(1)该企业年度应纳税所得额＝1 000＋200＝1 200(万元)

(2)该企业年度应纳所得税额＝1 200×33%＝396(万元)

2.假如该项固定资产部分计提减值准备，假定该项固定资产可回收金额为100万元，即应提取固定资产减值准备为100万元(200－100＝100)。由于是部分计提固定资产减值准备，则该项固定资产本年度应提取的折旧费用可以在税前扣除。

(1)该项固定资产本年度折旧费用＝400/8＝50(万元)

(2)本年度应纳税所得额＝1 000＋100－50＝1 050(万元)

(3)本年度应纳所得税额＝1 050×33%＝346.50(万元)

3.假如该项固定资产不提取固定资产减值准备。则该项固定资产本年度应提的折旧费用可以在税前扣除。

(1)该项固定资产本年度折旧费用＝400/8＝50(万元)

(2)本年度应纳税所得额＝1 000－50＝950(万元)

(3)本年度应纳所得税额＝950×33%＝313.50(万元)

分析：从上述计算分析比较中我们可以看出，企业如果全额计提固定资产减值准备金，则

应交企业所得税最多;部分计提固定资产减值准备应交企业所得税次之;不提固定资产减值准备,应交企业所得税最少。因此企业从考虑资金周转等问题上,恐怕就不会选择提取全额固定资产减值准备,而选择部分提取固定资产减值准备或不提取固定资产减值准备,甚至主动申请批准报废的固定资产(根据税法规定,经税务机关批准报废的固定资产净支出允许在税前扣除,从某种程度上又减少了企业应交所得税额),从而达到少缴企业所得税的目的。

项目六

旅游企业无形资产的管理

项目阐释

本项目旨在通过案例让学生理解和体会旅游企业在进行无形资产管理过程中所要掌握的基本内容，并能够用财务管理的知识分析各旅游企业在无形资产管理中的成功与失败。

能力目标

◇ 了解无形资产的相关基本概念和类型。

◇ 理解旅游企业常见的各种无形资产的管理内容和方法。

◇ 掌握无形资产的计价、摊销和转让的方法。

◇ 能够结合旅游企业的具体情况，进行无形资产的价值分析和管理、应用及保护。

项目分解

模块一 无形资产概述及其计价

模块二 几种无形资产管理介绍

模块一 无形资产概述及其计价

工作任务

任务一 无形资产的概念、特点及分类
任务二 无形资产的计价、摊销与转让方法

案例导入

麦当劳是世界上最大的餐饮集团，开设有麦当劳的国家和地区超过了联合国的席位。在中国，麦当劳已经开设了400多家餐厅。近些年，麦当劳的品牌价值不断上升，1996年达到1 892亿美元，1997年达到19 939亿美元，1998年达到26 231亿美元，近年来也有大幅提高。随着麦当劳的大黄金拱门的深入人心，从牙牙学语的幼儿到白发老人都对麦当劳耳熟能详，越来越多的人也开始思考麦当劳能够走近这么多人的原因。麦当劳的配方、管理模式，尤其是它如何以其最引以为自豪的特许经营方式成功地实现了异域市场拓展、国际化经营，受到了人们的广泛关注。麦当劳是一个成功的企业管理的案例，尤其是其品牌价值的管理，值得我们学习。

1. 根据我们对麦当劳的了解，麦当劳的品牌价值为什么会这么高？它主要包括哪些内容？
2. 麦当劳企业的无形资产包括哪些？
3. 企业里的无形资产价值是怎么计算出来的？

任务一 无形资产的概念、特点及分类

一、无形资产的概念及特点

无形资产是指没有实物形态，但却可以使拥有者获得长期收益的资产。或者说无形资产是指企业长期使用而没有实物形态的资产。

无形资产除了具有单位价值高，使用期限长，周转速度慢，其价值在较长的使用期限内逐步转移、分次收回等与固定资产相同的特点外，还有其自身的特点，主要表现在以下六个方面。

（一）无形资产不具有实物形态

无形资产所表现的是一种权力或获取超额利润的能力，它没有实物形态，却具有价值，或者能够使企业获得高于同行业平均的盈利能力。它虽然可以买卖，但它看不见摸不着，它以某种特有技术知识和权利形式存在，如专利权、商标权。

(二)无形资产能在较长的时期内使企业获得经济效益

无形资产能供企业长期使用,从而使企业长期受益,因此属于一项长期资产,企业为取得无形资产所发生的支出,属于资本性支出。

(三)持有无形资产的目的是使用

企业持有无形资产的目的是用于生产商品或提供劳务、出租给他人,或为了行政管理,而不是为了对外销售。无形资产一旦脱离了生产经营活动,就失去了其经济价值。

(四)无形资产所提供的经济利益具有不确定性

无形资产的经济价值很大程度上受到市场需求、竞争、地理条件的变化和其他经济因素的影响,其预期获利能力难以准确地予以确定。例如,某种专利权,企业在自创时估计有10年寿命,但在第6年,因为技术市场上有更先进的专利替代,于是该项专利权的经济价值就此终结,由该项专利权可望带来的经济效益也随之告终。

(五)无形资产的经济价值与其成本之间无直接因果关系

企业获取无形资产的成本不能代表其经济价值。在实际工作中,往往有些无形资产取得成本较低,却能给企业带来较高的经济效益;而有些无形资产取得成本较高,却仅给企业带来很低的经济效益。

(六)无形资产是有偿取得的

只有企业发生成本而取得的无形资产才能计价入账,否则,即使具有无形资产的性质,但也不能作为无形资产计价入账。

二、无形资产的分类

按照不同标准,可以对无形资产进行不同的分类。

(一)按期限划分为有限期无形资产和无限期无形资产

有限期无形资产是指有效期为法律所规定的无形资产,如专利权、商标权等。我国的专利法和商标法分别规定,发明专利权有效期15年,注册商标使用权为10年。

无限期无形资产是指有效期限在法律上并无规定的无形资产,如商誉。

(二)按存在形态分为技术型和非技术型无形资产

技术型无形资产是指含有技术内容的无形资产,主要指专利、工业版权和专有技术。技术型资产带来的新增收益受资产本身的技术先进性、垄断性、成熟程度、受法律保护程度及保密性的影响。

非技术型无形资产是指相对于技术型无形资产而言,它包括商标、商誉、著作权、租赁权和特许权等,它们是法律认可的、权利型的、非实物型的资产。

(三)按可否辨认划分为可辨认无形资产和不可辨认无形资产

不可辨认无形资产主要是商誉,它是由企业素质、管理水平以至经营历史等因素综合决定的,并通过超额利润来反映,因而只能通过整体评价来估价。

可辨认无形资产包括知识产权类(专利、商标、版权、计算机软件、服务商标、厂商名称等)、专有技术类(技术诀窍、商业秘密等)。

任务二　无形资产的计价、摊销与转让方法

一、无形资产的计价标准

旅游企业取得的无形资产应按照实际成本计价入账，具体来说：

(1)投资者作为资本或者合作条件投入的无形资产，按评估确认或合同、协议约定的金额计价；

(2)购入无形资产，按实际支出的价款计价；

(3)自行开发的按照法律认可的无形资产，按开发过程中实际支出计价；

(4)接受捐赠的无形资产，应按所附单据或参照同类无形资产市场价值计价。

上述无形资产在计价时必须具备相关的详细资料，包括所有权证书复印件、计价的依据和标准等，其中非专利技术和商誉的计价应由法定评估机构评估确认。除企业合并外，商誉不得作价入账。

二、无形资产计价方法

(一)实际成本法

这种方法是以取得时实际成本计价，适用于外购、自创等无形资产。

(二)现值法

这种方法是以无形资产在适用期内可获得的收入或支出该项无形资产所用费用总额的现值。

实践与体验

某旅游企业占用土地 10 000 平方米，当地土地使用费标准为 80 元/平方米，该贴现率 10%，土地使用期为 30 年，则该土地使用权为：

土地使用权价值＝10 000×80×(P/A，10%，30)

＝10 000×80×9.4269

＝7 541 520(元)

(三)残值法

残值法即先把一切无形资产和负债项目，以及可辨认的无形资产项目都用现值计价，然后将总购价减去各项资产的现行价值总额。其差额即为残值，主要适用于商誉计价。

实践与体验

某旅游企业以 1 000 万元的价值购入某企业的全部股份，其资产和负债均按现行价值确认，该企业的净资产总额为 800 万元，则该企业的商誉为：

商誉＝1 000－800＝200(万元)

三、无形资产的摊销

无形资产计价入账后，应自无形资产开始使用之日起，在有效期限内平均摊销，计入管理费用。无形资产摊销一般采用直线法。

（一）无形资产摊销期限

（1）法律和合同分别规定有法定有效期和使用年限的，按法定有效期限与合同规定的使用年限长短的原则确定；

（2）法律无规定有效期限，但合同中规定有收益年限的，按合同规定的收益年限确定；

（3）法律和合同均未规定有效期限和受益年限的，按合同规定的受益期限确定；

（4）受益期限难以预计的，按不短于10年的期限确定。

（二）无形资产摊销方法

无形资产一般采用直线法分期等额摊销，摊销后直接冲减无形资产原值。其计算公式为：

$$年摊销额=\frac{无形资产原始价值}{摊销年限}$$

实践与体验

某旅游企业收到一项专利投资，价值40万元，预计有效期为8年。

年摊销额＝40/8＝5（万元）

月摊销额＝50 000/12＝4 166.67（元）

四、无形资产的转让

旅游企业向外单位转让已入账无形资产，通常可以有两种方式。

（1）转让其所有权。转让无形资产的所有权时，其转让成本按无形资产的账面摊余值计算。

（2）转让无形资产的使用权时，由于企业仍保留其所有权，会计一般不冲销无形资产的账面金额，其转让成本按合同规定的义务发生时所产生的费用给予确定。

无形资产转让收入直接计入“营业收入－其他收入”。

模块二　几种无形资产管理介绍

工作任务

任务一　知识产权的管理

任务二　特许经营的管理内容和方法

任务三　商誉的管理内容和方法

案例导入

可口可乐公司的品牌价值

美国可口可乐公司老板曾夸下海口，说即使公司在一夜间被大火吞没，第二天仍会有众多大银行争着为其贷款。这话听起来近似天方夜谭，其实，能夸此海口的可口可乐公司老板和他说的能争先恐后为其贷款的各大银行都清楚，被大火烧毁的可口可乐公司还有价值800亿美元的商标；价值550万美元的外包装瓶的设计专利；谁都无法说清其价值的可口可乐饮料的配方；以及提到无形资产人们就无比信任的商誉价值。大火烧毁的只是可口可乐的厂房、设备等有形资产，而对商标、专利、配方等无形资产，大火是无法烧毁的。既然那些无形资产还存在，各大银行又为何不抢先为其贷款呢？

据说到目前为止，百年前可口可乐公司小徒弟为了支应顾客而胡乱配出的配方，仍然像当初那样对全世界都是个谜。人们千方百计想揭开这个谜。可口可乐公司深知自己的技术秘密一旦泄露，且不问这技术中真正可称为秘密的成份有多少，单说这配方一旦公开，失去对世界的诱惑，即使其中确有惊人的秘密存在，也会因其被众多人知晓而使人们对其失去热情，这无疑会影响到可口可乐的市场份额。所以，只要千方百计保护好自己的技术秘密，就会是可口可乐公司不竭的财源。

于是乎：

可口可乐公司规定：技术配方存放在瑞士银行的地下金库里，由两个人共同掌管保险箱的钥匙，必须两个人同时在场才能将保险箱打开，因为保险箱上有两把锁。

可口可乐公司规定：保管技术秘密的两个人不得同时出差，不得同搭一架飞机，不能同乘一艘轮船，不得同坐一辆汽车，甚至不能同桌吃饭。

为什么？为了可口可乐资产的安全。

这么多的“不许”更营造了可口可乐饮料技术配方的神秘，也使其在世界饮料市场上更加神秘。所以，现在地球上任何一个有人群的地方都可以见到可口可乐。世界各地数以千计的可口可乐饮料厂至今只能从总部得到可口可乐原液。各地的可口可乐饮料厂充其量不过是美国可口可乐公司总部的罐装厂。可口可乐饮料历经百年仍魅力不减，或许已经让经济界人士，让我们的众多企业家感到了无形资产的巨大诱惑力，当然，更包括我们应当重视对无形资产的培育和认识。

当我们今天也开始迷恋有股子怪味儿的可口可乐，且以迷恋这种饮料为时髦时，不能不为美国人视自己的技术秘密如生命的做法折服。因为那是他们永远的财富。

请您思考：

1. 可口可乐公司的无形资产有哪些？

2. 对可口可乐公司的商标应如何管理？

3. 对可口可乐公司外包装瓶的设计专利以及饮料的技术配方应如何管理？

任务一　知识产权的管理

一、专利权的管理

(一)专利权的涵义

专利权简称专利，是国家依据本国专利法的规定对发明创造人或者发明创造所有人授予的在一定期限内对其发明创造所享有的独占权利。专利权人拥有的权利包括独占实施权、转让权、许可权、标记权以及放弃权。专利权的客体包括发明、实用新型和外观设计。发明包括产品发明、方法发明和改进发明等。发明专利权是对发明所授予的专利，实用新型是涉及产品形状、构造或者其结合所提出的技术水平较低的实用的技术解决方案，又叫小专利、小发明，实用新型专利权是对实用新型授予的专利权。外观设计是对产品的外形、图案、色彩或者其结合所作出的富有美感并适宜于应用的新设计；外观设计专利权是对产品的外观设计授予的专利权。

(二)专利权的开发

专利权的开发是专利权控管的首要环节，也是企业技术开发的重要组成部分。它与一般的技术开发的主要区别是：专利技术开发是得到法律保护的技术开发活动，这类技术开发包括专利产品开发和专利方法开发。要做好专利权的开发与设计工作，应该从以下几个方面着手。

(1)建立专门的开发机构；

(2)培养或引进科技人才；

(3)制定严密的开发计划；

(4)做好开发前的专利检索；

(5)完善技术保密制度。

(三)专利权的申请

根据我国现行专利权规定，一项技术谁先提出申请，谁就拥有该项技术的独占权，这就是申请在先原则。在历史上就曾经有过不少一项技术同时被两人提出申请的先例，也有过不少企业开发了技术，但不及时申请而丧失专利申请权的教训。专利申请涉及的内容包括如下几个方面。

1. 申请专利的专利性

专利性是发明人申请的专利应该具备的基本条件，它是某项发明的技术属性，也是发明创造能否得到专利权的实质条件。按照专利法规定，申请专利权的发明必须具备新颖性、创造性和实用性等基本特征。所谓新颖性是指发明创造要具有前所未有的技术特点。所谓创造性又叫先进性、非显而易见性，是指申请专利的发明要与已知技术具有本质的区别。实用性又称工业实用性，指发明能够在工业上制造和使用。实用性要求申请专利的发明既实用又能够实施；具有在规定的条件下多次实施的可能；能够产生积极的经济、技术和社会效果。

2. 提出专利申请的要求

专利法和专利法实施细则规定了专利申请的一般要求和具体要求。包括专利申请的形式、内容、优先权问题、申请日等。

(1)专利申请要提出书面申请。申请发明和实用新型专利的要提交请求书、说明书、权利要求书等书面文件；申请外观设计专利的应当提交请求书和外观设计的图片或照片等。请求书要写发明的名称、发明人或设计人的名称和地址、申请人的姓名和地址；说明书具体描述发明的具体内容；权利要求书写明专利要保护的范围、图片或照片表现外观设计的形状、图案或色彩。

(2)申请日的确定。如果专利申请是递交的，应以国家专利局收到专利申请日为申请日；如果申请文件是邮寄的，应以寄出的邮戳日为申请日。专利局在收到专利申请人的申请文件后，就应该确定申请日，给以专利号并通知申请人。

(3)申请优先权的要求。申请人自发明或实用新型在外国第一次提出专利申请之日起12个月内，或者外观设计在外国第一次提出专利申请之日起6个月内，又在中国就相同主题提出专利申请的，依照该国与中国签订的协议或者双方参加的国际条约或者根据相互承认优先权的原则，可以享受优先权。

(4)发明创造申请专利的单一性。一件发明和实用新型专利申请只能就一项发明或者实用新型提出。一件外观设计专利申请只能就一种产品的外观设计提出。如果把两项以及多项发明创造作为一件专利申请提出，就违背了专利申请的单一性要求。但也有例外，如果两项以上的发明或实用新型属于一个总的发明构思，或者两项以上的外观设计用于同一类别并成套出售的产品，就能够作为一件专利申请提出。

(5)专利申请的撤回与修改。申请人可以在授予专利权之前随时撤回专利申请。而且申请人可以对专利申请进行修改，但是对发明和实用新型申请文件进行的修改不能超出原说明书和权利要求书记载的范围，对外观设计专利申请文件进行的修改不能超出原图片或照片表示的范围。

3. 专利申请的审查和批准

专利局受理专利申请后，应依照程序进行审查，作出是否授予专利的决定。当前，国际上对专利申请进行审查的制度有形式审查制、实质审查制和延迟审查制三种。形式审查制又叫登记制或不审查制，只要发明人提出申请，专利局只进行形式上的审查，只要符合形式要求就可以得到专利权；实质审查制也叫完全审查制，专利局受理专利申请后，不仅要对专利申请的形式进行审核，而且要对发明是否符合新颖性、创造性和实用性进行严格审查，认为合格后才能授予专利权；延迟审查制是专利局受理专利申请后，先进行公开，申请人可以在申请时或者自申请日起的一段时间提出实质审查，如果申请人未在规定的期限内提出实质审查请求，就进入实质审查程序。我国当前采用的是延迟审查制。

(四)专利权的合理使用

企业获得专利权后，要积极履行专利权人的义务，不仅要将专利转化为企业的有形资产，而且还要按时足额缴纳专利年费。

1. 专利权的转让

与有形财产一样，专利权可以转让也可以继承。专利权人不再享有专利权时，可以将专利权有偿转让或无偿赠与他人。但专利权的转让必须经专利主管机关的登记才产生效力。专利权被全部转让后，受让人将成为专利的合法所有者。专利权被部分转让后，受让人只享有这部分的专利权，转让人和受让人将成为共同专利权人。

2. 专利权的实施许可

专利实施许可是专利权人将专利的使用权转让他人，自己仍拥有专利所有权的行为。专利权人并非就是实施专利发明的人，如科研单位、高等院校或个人专利权人，他们缺乏专利实施的条件。当专利权人在外国申请专利时，目的往往是利用当地的资源或条件实施专利，以获取专利收益。因此，专利实施许可成为专利权人实施专利、获取专利许可收益的重要手段。

3. 专利权的维护

专利权人自被授予专利权的当年就应开始交纳专利年费，这是专利权人取得专利权后应尽的义务。国家专利局之所以要向专利权人收取一定的费用，是因为：

(1)国家专利局在受理、审查、公布专利申请以及日常管理工作，都需耗费大量的人力、物力和财力，理应由受益人——专利权人——给予一定的补偿。

(2)一项发明创造从申请到取得专利权保护，专利权人需要缴纳各种费用，这些费用虽然在该专利全部投入产出中所占比例甚小，但也是一笔不小的支出，在某种程度上会促使专利权人努力提高技术含量，维护专利的稳定，保证专利质量。

(3)一项专利只有尽早实施，专利权人才能获得经济效益，否则，已经支出的费用就得不到补偿，所以，专利费用的缴纳还有助于促进专利技术的实施，专利权人为了使已获得的专利权能够在其有效期内持续地发挥作用，就要按期缴纳专利年费。

二、商标权的管理

商标权是商标专利权的简称，它是注册商标所有人对该注册商标依法享有的各种专有权利的统称。

我国商标法及其实施细则对依法正确使用商标主要有以下规定：

(1)注册商标应当使用于注册时指定的商品，商标使用人应当对该使用商标的商品质量负责。

(2)使用注册商标必须标明“注册商标”字样或者标明注册标记“注”或“R”。在商品上不便标明的，必须在商品包装或者说明书以及其他附着物上标明。

(3)不得自行改变注册商标的文字、图形或者其组合。

(4)不得自行改变注册商标的注册人名义、地址或者其他注册事项。

(5)不得长期停止使用注册商标，连续3年停止使用的，由国家商标主管机关责令其限期改正或者撤销其注册商标。

(6)注册商标有效期满，需要继续使用，必须在期满前6个月申请续展注册。在此期间没有能提出申请的，可以给予6个月的宽展期，在宽展期满仍然未提出申请的，注销其注册商标。每次续展注册的有效期为10年。

(7)《商标注册证》遗失或者破损的，应当申请补发。

三、非专利技术的管理

非专利技术是未申请专利的技术成果以及虽然申请专利而未被授予专利权的技术成果。专利法有关条款规定不授予专利权的技术成果则属于非专利技术的范畴。非专利技术包括专有技术和公有技术两大类。其中，专有技术属于未经公开的、还处于保密状态的技术成果，专有技术中具有专利性质的技术成果，能够经过申请专利并在获得专利权后转化为专利技术。公有技术属于已经向社会公开的技术成果。有些公有技术因为不同国家、不同地区、不同行业、不同企业之间存在的技术水平和其他条件的差异，依然属于技术商品，成为技术合同的标的。

(一)专有技术

专有技术也叫"技术秘诀"、"诀窍"，它是指"从经验或技艺中总结获取的，企业在生产经营过程中所采用的，为有限范围内人员所掌握，来获得专利权、尚处于保密状态的，对完成产品生产或经营过程有实用价值的先进技术知识和特有经验"。这里需着重指出，专有技术中不包含与自然禀赋有关的个人特长。

专有技术不被国家法律所保护，是专有技术的首要特点。专有技术的存在与使用，由专有技术的供、求双方通过签署双方共同遵守的附有各种保密条款的合同来保护其权利。

专有技术一般包括如下内容：

1. 工业专有技术

工业专有技术是适宜于工业的、未获取专利权和未经公开的，还处于保密状态的先进技术或者技巧。工业专有技术是专有技术的主体，一般包括研究手段、设计方法、生产方案、工艺流程、技术图纸、制造技术、技术规范、操作技巧、材料配方、测试方法等内容。

2. 商业专有技术

商业专有技术是在营销活动方面积累的秘密诀窍、经验、方法以及公众不易得到的市场信息与情报。商业专有技术包括在商业经营管理以及商业贸易活动方面的诀窍、经验、方法，包括：商品成本、价格与利润，商品交易流向与实际流向及其变化，商品需求数量及其结构，市场容量及其分布，商品可供应数量及其结构，商品的收购、库存、销售、调拨、进出口等流转情况、广告动态。市场竞争动向等商业信息，也包括技术贸易、技术预测、技术引进、技术市场变化等情报。

3. 管理专有技术

管理专有技术是在组织、管理生产技术以及经营活动方面积累的秘密诀窍、经验及其方法。管理专有技术的范围广泛涉及科学研究管理、科学实验管理、产品质量管理、新产品开发管理、计量管理、设备器材管理、技术情报档案管理、安全生产组织、材料物资供应组织、产品销售组织、技术更新改造组织、技术培训组织等各方面的内容。

(二)公有技术

公有技术也叫"公知技术"，是除受专利法保护的专利技术和以保密形式存在的技术秘密之外的、已失去新颖性并向社会公开的技术成果。任何单位和个人都可以通过公开的科技文献、技术资料或者其他技术途径了解公有技术。

公有技术常常包括以下内容：①已经通过公开出版物发布过的技术；②已经在其他有形物上公布过的技术；③已经在实践中被运用的技术；④已经被口头公布过的技术；⑤还没有被专利主管部门批准但早已被公布过的技术；⑥所有者自愿公布的技术；⑦失效专利技术；⑧其他公有技术。

任务二　特许经营的管理内容和方法

一、特许权的概念

特许权是由政府主管部门或企业授予的，准许一定的主体在一定地区、一定期限内生产经营某项业务或某类产品的特别权利，占有这种特许生产经营权的单位或个人，能够凭借这种特许权获得额外的经济利益，因而它是无形资产的一种。特许权一般有两种形式：一种是政府机构许可的，由政府机构授权，准予企业运用公共财产或在某一地区享有经营某种业务的独占权，例如电力、交通、通信等公共事业的商品；二是使用其商标、商号、制造权、专利权、制造方法、专有技术等的权利，即我们常说的特许经营权，比如美国的麦当劳、肯德基快餐公司，法国的家乐福，日本的大荣超市……它们都是以特许经营权这种方式授予特许经营者经营其特色生意的特权。

二、特许权的种类

根据来源的不同，特许权可分为法定特许、约定特许和政府特许三种。

(一)法定特许

法定特许是指国家或者政府有关部门根据企业或者个人的申请，在确认其经营条件符合法律规定的条件下，发给特许证，授予其在特殊时期享有特定领域的垄断经营权或设施利用权。法定特许权主要有如下四种表现形式：

(1)专营权。专营权是指国家为了对某种商品的生产、销售以及进出口实行垄断经营，而依法授予某些特殊企业在一定时期内生产经营某种特殊商品或从事某项业务的权利。专营的特点是：国家垄断专卖品的经营权。

(2)生产许可证。生产许可证是由政府颁发的，认定企业具有生产某种产品资格的资格证书，也是国家进行质量管理和行业管理的一种手段。凡是实施生产许可证的产品，企业应当取得生产许可证才具有生产该产品的资格，否则不得生产该产品。生产许可证具有有效期限，不得转让给其他企业使用。

(3)进出口许可证。进出口许可证是指由政府有关部门颁发的，准许企业从事特定商品进口以及出口经营活动的特许证书，是国家管理对外贸易的一种手段。只有具备进出口许可证的企业，才能从事相关的外贸活动。

(4)资源性资产开采特许权。所谓资源性资产是指特殊主体所占有的并具有排他性的自然资源。然而有些自然资源的数量是无限的，每个人都可无偿得到它们来满足自己的需要。例如阳光、空气、风等自然资源就构不成资产。只有存在于自然界的、对人类有用的天然物质财富和自然要素中具备转让条件的，才能够评估作价。

(二)约定特许

约定特许是一家企业根据转让合同的约定，有限期地或者永久地授予另一家企业使用其商标、商号、专利、版权或非专利技术的权利。依据对授权方的限制不同，特许经营权可分为以下三种形式：

(1)独占许可。这是指授权人在给予被许可人在规定期限和地区内经营某种业务的独占权利之后，就不得再和第三人就同一内容订立任何合同，并且在上述规定的期限和地区授权方自己也失去了经营该项业务的权利。由于这种形式对授权人的限制最大，授权人所要求的特许费用也是最高的。

(2)独家许可。这是指授权人在授予被授权人特许经营权之后，就不能再与其他人在同一期间和地区签订许可合同，但它自己仍然享有经营该项特许业务的权利。

(3)普通许可。这种许可权是应用最多的一种许可方式。它是指授权人在授予被授权人特许经营权之后，不仅自己仍然享有经营该项特许业务的权利，还能够与其他人订立非独占许可合同。

(三)政府特许

政府特许是指由国家或者地区各级政府允许私人企业或者准政府机构提供公共服务，承担公共工程或运用公共资产。政府特许通常采用招标方式，申请人根据政府规定的条件，提出投标建议书，该建议书必须包括合同条款、预计资本和成本、特许权付费额以及支付方式等等。政府特许的期间常常是固定的或者比较长，在此期间内，由企业提供管理以及其他人力资源，并且承担经营风险。

政府特许主要包括以下三种业务：

(1)提供公共服务。这方面的服务包括煤气、电力、水、电话、公共交通、垃圾处理以及公共卫生等。

(2)承担公共工程。公共工程主要指铁路、公路、桥梁、立交桥、机场、堤坝、隧道等建设期间较长的基础设施。

(3)使用公共资产。政府通常为了特殊目的允许企业使用或经营公共资产，比如使用公路边上的加油站、酒吧、餐馆等，企业可能为此要支付使用费。企业通常暂时拥有该项资产，并且承担使用资产进行经营而发生的成本和风险。

三、特许权的度量及其控管

简单地说，特许权的确认和计量要解决的问题是，满足什么条件的特许权才能当作企业的一项无形资产入账，并且应该以什么价值入账。

首先，特许权当作企业的一项无形资产，其认定除了应符合资产的一般认定标准之外，还应当满足无形资产的认定标准。我国无形资产具体准则征求意见稿将无形资产在项目的认定标准规定为："无形非货币性项目满足以下条件时，应确认为企业的无形资产：①该项目促成企业获得经济利益方面的作用，以及发挥这种作用的能力能够被证实；②取得该项目的成本能够可靠地计量。"依据这两条标准，对于以下不同情况，应该有不同的处理方法。

(一)取得特许权

由于特许权种类不同,其获许的途径也不同。有的特许权,例如专卖权是通过行政途径或者法律途径获取的,而特许经营权则一般通过交易、转让的途径获取。所以,企业取得的特许权可能是无偿的,也可能是有偿的。特许权如果是有偿的,并且需要预付或约定在以后某个时日支付,而且必须在取得之日按取得的买价或现金等价物加上与取得有关的一切支出当作特许权的实际取得成本入账。可以将该项特许权认定为一项无形资产,并且应当在其财务报表附注中对获得的特许权、特许权给企业带来的经济利益以及与特许权有关的义务中加以披露,但无须确认。

(二)自创特许权

特许权是一项可认定的无形资产。特许权的授权方是该项特许权的创造者,也是最终所有者。从理论上来讲,对特许权的价值应该确实认定,才能符合会计信息的质量要求,然而,会计的基本目标是提供对用户有用的信息。从企业管理者角度来看,特许权的存在与否虽然对企业关系重大,然而对自创特许权的认定还不足以影响其作出出让特许权以换取收益的决策。从债权人角度来看,特许权一般不能作抵押或偿债,所以也不会关注特许权的信息;从投资者角度来看,对企业价值的判断依据于企业收益或现金流量,而对自创特许权的认定无助于对收益和现金流量的判断。因此自创特许权的认定对信息使用者没有太大的意义。所以在现行实务中宜采取对自创特许权相关支出当期予以费用化的处理方法,并且这种方法有利于促进企业的科技进步,提高企业的竞争能力,减少纳税。尤其是这种处理方法简便易行、可操作性强,符合国际会计准则委员会建议的"选择会计政策时的成本效益与实质重于形式"的原则。

(三)接受投资特许权

对于接受投资获取的特许权,企业可以根据合同、协议确定或评估确认的价格将该项特许权当作无形资产入账。

任务三 商誉的管理内容和方法

一、商誉的涵义

"商誉"是英文"creditrating"的直译,是国外企业无形资产项目之一。国外通行的观点是指一个企业因所处地理位置优越,或者由于信誉卓著而赢得了客户的信任,或因经营历史悠久积累了从事本行业的经验,或因技术先进,或因掌握了独特的生产诀窍,或因其他种种原因,能获取高于正常投资报酬所形成的价值。它不仅是指本企业自创的商誉,也包括从其他企业收买来的商誉。根据我国《企业会计准则第×号——无形资产》的规定:"商誉只有在购并时才入账,平时不反映、不确认、不揭示。"但商誉价值并不是收购时存在、不收购时不存在的。当商誉的价值很小时会计不反映、不确认,则不影响会计信息的质量;但当商誉的价值不断增大,在一些高科技的企业里,商誉价值已经高于企业本身的账面价值时,再不确认商誉的价值就会影响会计的信息质量。

二、商誉的确认

(一)外购商誉的确认

目前各国会计实务界都已经确认了外购商誉。外购商誉是随着企业收购、兼并等联合而产生的。企业联合的方式不同,商誉的确认也有所不同。下面阐述在不同联合方式下外购商誉的确认惯例。

1. 吸收合并与创立合并

吸收合并也叫兼并。它是一家公司支付现金、债券、股票或者其他资产,取得其他一家或几家公司的净资产,而后者宣告解散。吸收合并之后,被吸收企业不再以独立法人资格出现,即使仍然超过被收购方可以辨认净资产公允价值之和。两者若是出现差额便确认为购入的商誉,并在收购方企业财务报表中当作一项资产被确认。

创立合并是两家或者多家企业合并创立一个新公司,而原企业全面解散,并且将各自企业全部净资产投入新企业,原有股东便成为新公司的股东。在这种情况下,原来企业账面记录的历史成本,已经随着这些企业的解散而消逝了。在合并时,合并各方都有权威机构对其各自可以被新企业接受的净资产采用公允价值进行评估。这一评估基础就是在合并交易发生日确认的原始成本。原公司若存在商誉也隐含在可确指的各项无形资产当中,因此创立合并不确认商誉。

2. 控股合并

控股合并是企业合并中最流行的一种方式,是指一家企业以长期投资的方式,用现金、股票、债券或其他资产取得对另一家企业的控制权。控制企业与被控制企业的关系就成为母公司与子公司的关系,母公司与子公司成为一个统一的企业集团。在这种合并方式之下,母公司平时以权益法核算其对于公司的长期股权投资,反映其在子公司的权益及其变化。每到会计期末时,将母子公司作为单一的会计主体,编制合并财务报表。按照现行惯例,在合并报表中,对商誉的确认是根据控股合并还是采用购买法或者股权集合法而有所不同。

购买法是以交易成本为基础,以公允价值计入所获取的企业资产和负债,购入成本与获取的净资产公允价值之间若有差额便确认为商誉。

股权集合法是所联合的企业没有占支配地位的股东,合并各方的股东对企业的全部或者实际上全部净资产和经营,享有相等的控制权;合并后各方的股东继续承担合并后企业的风险并分享其收益。这一合并不要求各企业支出任何资源,所以称为股权集合。股权集合法是以账面价值为基础记录企业联合取得的资产和负债,被购并企业联合前的收益是指盈余公积和未分配利润(留存收益)全部结转到合并后的企业,不确认商誉。这一方法在使用中会产生许多歧义,所以许多国家不允许使用该方法。即使少数国家允许使用,但同时也规定了一系列限制使用条件。

上述情况表明,按照传统惯例确认外购商誉是有条件的。这一条件即历史成本原则。在合并中,当存在收购方与被收购方处于交易的双方,通过支付交易价格(支付现金或有价证券等)确认购买方所获得的净资产这一行为时,才有可能确认外购商誉,例如吸收合并、控股合并中的收购法。不存在上述行为时,就不存在确认外购商誉问题,例如创立合并、控股合并中的股权集合法。对于前者,不论购方、被收购方处于何种不平等的地位,都具有客观性、可验证性。对于后者，不论权威机构怎样评估企业净资产，都不可能确认商誉。

(二)自创商誉的确认

目前各国虽然对外购商誉都予以确认，但对自创商誉却不予确认或者避而不谈。自创商誉作为商誉的重要组成部分，是企业一项不可确指的可预期的未来利益的资产。自创商誉通过资产收益与资产成本的差额而获取。自创商誉价值的确认用企业付息前的总资产收益超过所用资产的总成本的余额来表示。

实训课业

麦当劳品牌价值的创造

一、麦当劳简介

麦当劳公司的总部坐落在伊利诺斯州的橡溪镇，在这里现任美国总公司总裁杰克·格林勃克和国际部总裁詹姆斯·肯特鲁卜领导着这个拥有数十亿美元资产的国际性公司。麦当劳是世界上最大的餐饮集团，开设有麦当劳的国家和地区超过了联合国的席位。从1955年创办人雷·克罗克在美国伊利诺斯普兰开设第一家麦当劳特许经营店至今，它在全世界已拥有28 000多家餐厅，遍及全球128个国家和地区。其中最南位于新西兰茵薇卡其尔，最北位于芬兰旅游胜地罗凡尼米。在地球上，每隔15小时，就有一家麦当劳餐馆开业。在中国，麦当劳已经开设了400多家餐厅。麦当劳的大黄金拱门已经深入人心，成为人们最熟知的世界品牌之一。它的成功不仅表现在商业运作和收益上，还表现在它体现了一种深层次的饮食文化。它不仅改变了成千上万人的饮食习惯，而且使全世界的食品行业发生了变革。麦当劳的经营理念"以客为尊，一切为你"更是其取胜的关键。

近些年，麦当劳的品牌价值不断上升，1996年达到1 892亿美元，1997年达到19 939亿美元，1998年达到26 231亿美元，近年来也有大幅提高。一个品牌的成功有多种因素，麦当劳品牌的成功有它自己的基因密码。

二、克罗克的麦当劳神话

1937年，狄克·麦当劳与兄弟迈克·麦当劳在洛杉矶东部开了一家汽车餐厅。由于他们制作的汉堡包味美价廉，深受顾客欢迎。虽然每个汉堡包只卖15美分，但年营业额仍超过了25万美元。这是相当可观的数目。随着汽车餐厅越来越多，经营也越来越乱。针对这种情况，麦当劳兄弟大胆进行特许经营，开始出售麦当劳的特许经营权。1953年，第一位加盟者福斯以1 000美元的价格购买到麦当劳特许经营权，在凤凰城开了一家麦当劳快餐店。他得到的帮助除了新建筑的设计、一周货款和快捷服务的基本说明，其他什么都没有。无论在财务上还是在经营上，加盟店都完全依靠自己，当然没有义务按照麦当劳的规定行事。这种"大撒肥"式的经营方式，造成了管理上的混乱。许多麦当劳加盟店随心所欲地改变自己汉堡包口味或者经营品种，严重损害了麦当劳的声誉及其方便快捷的独特经营方式。十几家麦当劳加盟店的经营状况普遍笼罩在失败的阴影之中。这时，一位名叫克罗克的人找到了麦当劳兄弟。

当时克罗克只是一位纸杯和混拌机的推销商，但是对于麦当劳巨大的发展潜力，他比麦当劳兄弟还要清楚。当时美国小家庭日益普遍，家人一起出门的次数增多，生活节奏越来越快。克罗克知道，像麦当劳这样干净卫生、经济合算、品质优良、方便快捷的家庭餐馆，一定会大受欢迎。他看准了郊区年轻家庭众多这一巨大的市场潜力。当时为这一市场服务的餐馆很少，麦当劳正好可以填补这个空间。另外,开设一家麦当劳餐馆当时只需 7.5 万美元。用特许经营方式这个体系,实在是再合适不过了。只要能够得到麦当劳的特许经营权,他就可以在大小城镇开设麦当劳餐馆。

克罗克马上与麦当劳兄弟洽谈,结果得到了他们的支持,成为麦当劳在全美唯一的特许经营代理商。1955 年克罗克成立特许经营公司——麦当劳公司系统公司(1960 年改名为麦当劳公司)。

1955 年,克罗克在芝加哥东北部开设了第一家真正意义上的现代麦当劳特许经营店。该店体现了克罗克对快餐店的理解,那就是重视品质、服务、卫生和经济实惠。由于一开始克罗克就打算把该店作为未来加盟店的样板,所以他创建了一套极其严格的经营制度。以后建立特许经营系统时,克罗克也严格执行这一制度。这就是著名的以 QSCV(quality——汉堡包质优味美、营养全面;service——服务快速敏捷、热情周到;cleanness——店堂清洁卫生、环境宜人;value——价格合理、优质方便)为核心的统一经营系统。该系统规定每家麦当劳加盟店的汉堡包品种、质量、价格都必须一致,甚至店面装修与服务方式也完全一样。所有麦当劳快餐店使用的调味品、肉和蔬菜的品质都由总店(特许经营总部)统一规定标准。制作工艺也完全一样,例如麦当劳在汉堡包的原料方面有一条严格的标准:麦当劳汉堡包的脂肪含量应该在 17%至 20.5%之间,并且拒绝使用添加剂;另外还规定肉饼必须由 83%的肩肉与 17%的上等五花肉混制;炸薯条所用的土豆是专门培育、精心挑选的,并经过适当的存储时间调整淀粉和糖的含量,炸好后立即卖给顾客,若七分钟内未售出就将其报废。其他方面的规定更是不厌其烦。

1961 年,麦当劳兄弟以 270 万美元的价格将麦当劳全部转让给克罗克,从此麦当劳走上了以特许经营方式快速发展的高速公路。

克罗克首先改变了原来麦当劳系统中特许人与受许人互不相干的状况,他认为特许人的成功取决于受许人的成功。只有当每个受许人富裕了,整个特许经营系统才能变得更强大。那么,如何才能使受许人有利可图呢?唯一的方法就是给予受许人足够的支持,对受许人进行培训,使他们掌握经营秘诀。克罗克非常重视加盟店的经营情况,因为每一家加盟店的特许费只有 950 美元,其他费用是按加盟店的营业额 1.9%收取的,所以总部的利润与加盟店的经营状况密切相关,总部与加盟店的经济利益是一致的。

一般特许经营总部往往受金钱的诱惑而“剥削”加盟店,如收取很高的特许费,贩卖原材料、器材和成品给加盟店等,从而破坏长久的合作关系。克罗克坚决反对这种做法。在麦当劳特许经营系统中,总部收入的主要来源是加盟店交纳的特许费和权利金,以及向加盟店提供咨询和指导等各项服务的费用。虽然也向加盟店出售一些器材和产品,但坚持不牟取暴利。在采购方面,克罗克坚持不收回扣的原则,让各加盟店享受集体采购的优惠。

克罗克给快餐业带来了革命性的新观念。他以公平、互惠的精神订立特许经营合同。他的初衷很简单,那就是,要使麦当劳成为一个稳定且以品质标准统一著称的公司。为此,他必须能够在一定程度上控制前来购买特许权的投资人,因而也就必须放弃一些短期的利益。

克罗克的特许经营制度有以下一些主要特点:

其一,也是最重要的一点,就是不采用区域特许权制度。尽管出售区域特许权更容易赚钱,但同时也增大了风险。如果一家加盟店不成功,麻烦还不算大;但是如果这家店拥有整个区域的特许经营权,那后果就可想而知了。克罗克决定麦当劳一次只卖一个餐馆的特许权。

刚开始时，克罗克多以大都市为授权经营区域，但他很快就缩小了授权区域。1969年以后，其特许经营合同甚至限制到城市、街名。对以前授权的那些大范围区域加盟店，原加盟店有权优先购买新店的特许经营权，但无权自行设店。

其二，规定表现优异的受许人可以拥有多家加盟店，而表现不好的受许人只能拥有一家店铺。

其三，谨慎挑选受选人，并严格控制加盟店的经营活动，丝毫不准越轨。

克罗克从不把特许权卖给实力雄厚的人，生怕他们有一天超过总部，难以控制。他的逻辑是："如果你卖出一大块区域的特许权，那就等于把当地的业务全部交给了他。他的组织代替了你的组织，你便失去了控制权。"

就这样，通过是否给予特许权，克罗克控制了加盟者，促使他们注重品质、清洁、服务与价值。克罗克认为这是保持麦当劳长期获利的重要原因。

除了出色的管理才能外，克罗克在经营战略方面也有许多独特之处。首先，他对快餐市场进行了广泛而细致的调查，把麦当劳的市场定位在美国中下层家庭。考虑到这些家庭的大部分成员在一天的工作劳累之后需要经济、方便、价廉的麦当劳汉堡包。为了方便顾客用餐，克罗克把快餐店开设在人们工作和居住的场所附近。

另外，克罗克非常重视食品制作的规范化和系统化。他要求所有麦当劳快餐店制作的汉堡包都要有相同的口味、质量、甚至大小，而且建立专门的肉类、蔬菜和餐具供应系统，遵守统一的规范，这也是特许经营店最具有优势的一个环节。克罗克非常重视研究开发。他派人协助农场和工厂改革与铃薯的种植和加工方法；为牛奶厂介绍新的工作方法，改进养牛方法和肉品制作方法；发明高温、高效率烹饪器材，提高包装和分销技术。这些努力自然会带来更好的产品。闻名遐迩的薯条就是一例。麦当劳公司成立不久，就耗时10年、耗资300万美元改良了薯条的制作方法。投资额之大，令许多食品商咋舌。尽管遇到重重困难，但克罗克的坚强信念没有动摇，仍然勇往直前。

1968年麦当劳有1 000家店铺，1978年就达5 000家。经过40余年的发展，目前麦当劳已有28 000余家店铺，遍布全球128多个国家和地区。1965年4月15日，麦当劳公司股票上市时，每股为22.5元，不到一个月就涨了一倍。20年后，股价约为原来的175倍。正是由于克罗克的卓越管理和苦心经营，麦当劳才由一家默默无闻的快餐店迅速成长为今天的快餐业之王。麦当劳的成功是个奇迹，而克罗克正是这个奇迹的创造者。

三、麦当劳在中国

自从麦当劳1990年在深圳开设中国第一家分店以来，麦当劳目前已经在中国开设了400多家分店。麦当劳在全球各地都采取特许经营的方式扩张，在中国发展都采取的是合资方式。麦当劳在内地主要以购买或租赁地产的形式与内地企业或个人合作，主要是因为法律和市场条件的限制。

麦当劳中国扩张简史：

1990年　中国第一家麦当劳餐厅在深圳开业

1991年　北京第一家麦当劳餐厅开业

1993年　广州、佛山、东莞、厦门第一家麦当劳餐厅开业

1994年　上海、天津、福州第一家麦当劳餐厅开业

1995年　武汉、南京第一家麦当劳餐厅开业

1996 年 珠海、中山、大连、扬州第一家麦当劳餐厅开业

1997 年 沈阳、嘉兴、青岛、泉州第一家麦当劳餐厅开业

1998 年 惠州、长沙、江门、黄埔、汕头、顺德、南海、江阴、宁波第一家麦当劳餐厅开业

1999 年 济南、合肥、成都、长春第一家麦当劳餐厅开业

2000 年 哈尔滨、南宁、郑州第一家麦当劳餐厅开业

四、麦当劳的特许经营

麦当劳作为世界上最成功的特许经营者之一，以其引以为自豪的特许经营方式，成功地实现了异域市场拓展、国际化经营。在其特许经营的发展历程中，积累了许多非常宝贵的经验。事实证明，不仅在美国，即使在日本，以麦当劳为代表的连锁经营的产业，很少受到社会经济状况的影响，从而增强了抵御各种经营风险的能力。

连锁经营不仅是企业提高效率、降低成本的经营方式，更重要的是能够帮助企业突破发展中的管理瓶颈。连锁经营具有成本优势、价格优势、服务优势、品牌优势，有着极强的竞争能力。

连锁经营是一个"双赢"的经营策略，是对社会资源的最佳整合，有经验的出经验，有钱的出钱，有力的出力。这种"双赢"策略是资源配置的最高境界。同时，对国家的经济发展也起着不可低估的作用。随着经济的专业化、集约化和市场竞争的加剧，传统的单体运营的小企业已没有多少生存余地，而连锁经营的突出作用就表现在对小企业的整合上，提高小企业的竞争力和生存能力。当一个小企业加盟一个连锁体系时，其购买的是一套经过实践验证的、长期形成的、有效的经营模式，这套经验会帮助企业减少因探索和失误付出的时间和资金，还可以充分享用特许者的采购和品牌优势。此外，无形中还提升了小企业所在行业的整体服务水平。

正是基于此，在当今世界上这种新型营销方式已成为最流行的企业扩张和个人创业的重要途径之一。它适应了社会化生产和现代消费变化的客观规模要求，通过低成本扩张实现规模化经营，通过标准化服务实现科学化管理，是一种高效率的经营方式。

连锁经营，从形式上看，有直营连锁、特许连锁和自由连锁。到目前为止，中国麦当劳店都是清一色的直营店，没有一家特许店。"麦当劳一直未在中国推广特许加盟事业，并非特别冷落中国的投资者，而是在耐心等待时机的成熟。""时机成熟的标志是什么呢？就是两条：第一，必须确保中国的加盟者从第一代开始就能赚钱；第二，必须同时确保麦当劳也能获利。如果目前的经济、市场环境不足以实现这两条，那我们就宁愿暂不做。因为'双赢'是麦当劳发展加盟店的一个铁的原则。"麦当劳高层如是说。在他们看来，以往的 10 年是麦当劳开发中国市场的前期阶段，这个阶段麦当劳的首要目标还不是赢利，而是市场的培育。当麦当劳在中国几个城市的店铺网络尚未达到一定规模时，它就不能将成本控制在令人满意的水平。随着消费者品牌意识的增强及合同契约法规的日渐完善，麦当劳吸纳中国民间资本的时机正在一天天临近。

问题：

1. 试通过麦当劳公司成功的案例分析旅游企业无形资产的类型，以及对于各种无形资产进行管理的方法。

2. 麦当劳公司特许经营的特点是怎样的？它的成功带给你什么样的启示？

项目七

怎样阅读现金流量表

项目阐释

本项目通过案例了解现金流量表的分类、用途以及和其他财务报表之间的关系，不仅使学生能够看懂现金流量表，而且可以更加准确地掌握现金流量表的重要知识，回答出企业更多的财务信息。

能力目标

◇ 了解现金流量表的相关基础知识。
◇ 掌握现金流量表的基本格式。
◇ 掌握透视经营活动的方法和技巧。
◇ 掌握评估投资活动、筹资活动的方法和技巧。

项目分解

模块一 现金流量表基础
模块二 现金流量表的格式
模块三 现金流量表的基本内容及作用
模块四 阅读现金流量表的方法与技巧

模块一　现金流量表基础

工作任务

任务一　什么是现金流量
任务二　经济活动的分类

案例导入

从前，有一个孤儿，整日靠讨饭谋生。有一天，一个好心的商人见他十分可怜，就对他说："我借给你100元作为本钱，请你像我这样做点小生意赚点钱，你的钱会越来越多，你就可以不再讨饭了。"孤儿听了商人的话，接过100元钱，到集市上花90元钱买了两只羊，准备第二天到城里卖掉。第二天，孤儿把羊带到城里以110元卖给了一家肉铺，肉铺答应他晚几天再来取款。孤儿对自己第一笔生意就赚了20元钱兴奋不已，想到自己从今以后不用再挨饿受冻了，可以过上幸福生活了，感到十分得意。随之走进一家酒馆花掉了剩下的10元钱，喝了个大醉。

我们可以以这位孤儿来编制第二天的财务报表(见表7－1和表7－2)。

表7－1　孤儿第二天的资产负债表　　金额单位:元

项目	期初	期末	项目	期初	期末
现金	10	0	负债	100	100
应收账款	0	110	所有者权益	0	10
存货	90	0			
资产总计	100	110	负债与权益总计	100	110

表7－2　孤儿第二天的利润表　　金额单位:元

项目	金额
销售收入	110
销售成本	90
销售费用	10
利润	10

从孤儿第二天的利润表可以看出，孤儿在第二天取得了好的经营业绩，净赚了10元。

但从资产负债表来看，在第二天结束时，孤儿的财务状况却十分糟糕，虽然他的资产增加了10元，但现金已经变为零，他手头上已经分文没有。尽管他的生意能够赚钱，但是他不能再继续下去他的生意了，只好背着100元的债务和他“望梅止渴”的利润重新踏上讨饭的征程。如果这时商人逼他还钱的话，他只有跳河自尽这条路可走了。

孤儿做生意的经历，给我们一个重要的启示：赚了钱不等于有钱。增加了自己的财产，却可能使自己手头上资金变得更加困难，甚至有可能被迫停业破产。据统计，国际上破产企业中，有80%是盈利企业。

假设孤儿不是买两只羊，而是花50元买一只羊以58元的价格卖给肉铺的话，他还是花掉10元钱吃饭。那么，第二天的生意他就净赔了2元。但虽然赔了钱，可他手中仍然有40元现金可以继续把生意做下去。如果他用这40元去做卖青菜的生意，每天赚2元，他的业务就能持续下去，手中的钱就会越来越多，慢慢地就会富裕起来。这说明，虽然亏损，但企业的资金如果比较充足，那么经营活动就能够持续下去。

任务一　什么是现金流量

一、现金流量表的编制基础

现金流量表的编制基础为现金和现金等价物。

(一)现金

案例导入

现金和利润

假如你正处在一个沙漠的中心地带，由于体力有限，你必须抛弃背包里两样东西中的一样，它们是水和面包，你会留下什么呢？一定是水。水好比现金，而面包好比利润！

再打个比方，如果你是一家公司的总经理，公司现在的情况是：银行存款几乎为零，明天需要支付给税务局一笔已经拖得不能再拖的70万元税款，这时有个客户来买东西，他提出了两种条件：第一，当场付款，但120万元货款必须打个6折(72万元)；第二，90天后全额付款。你会选择哪一种？前者意味着现金，后者则是利润。如果你选择后者，你就必须另想办法去找70万元的现金，不然的话，等待公司的将是清算程序，90天后你的公司就不存在了！

对于一个健康的财务机体来说，现金的流动性从一个方面也验证了企业的活跃性与生命力。企业管理者把现金当作一个企业的血液来看待，说明了现金在企业管理中有着重要的地位。在某种意义上，现金比利润更有价值，良好的财务状况对于企业的生存发展具有重大的意义。在东南亚地区爆发金融危机以后，企业界提出了“现金为王”的口号。没有现金流，企业就无法生存。谁有现金，谁的抗风险能力就强。现金获得的能力决定了企业未来的竞争力。全球除了两家最大的国际商业银行外，微软是现金储备量最大的企业，具备了700亿美元的现金储备。为什么呢？众所周知，高科技的知识型企业最宝贵的就是人，而人员具有高度的流动性，所以，知识型企业一旦出现危机，不会像传统型企业那样可以保有大量资产来抵抗风险。因此，知识型企业应该比传统型企业在现金流的管理上更保守，因为它们经不起现金流短缺的考验。

会计上所说的现金是企业的库存现金，而现金流量表中的现金是指企业库存现金以及可以随时用于支付的存款，它不仅包括“现金”账户核算的库存现金，还包括企业“银行存款”账户核算的存入金融企业、随时可以用于支付的银行存款，也包括“其他货币资金”账户核算的外埠存款、银行汇票存款、银行本票存款和在途货币资金等其他货币资金，实际相当于会计上的货币资金。应注意的是，银行存款和其他货币资金中有些不能随时用于支付的存款，不应作为现金。有些旅游企业将定期存款和大额存款单视为现金，那是因为提前通知金融企业便可支取的定期存款，所以也可包括在现金范围内。

货币资金是企业所拥有的处于货币形态的经营资金，是企业流动资产的重要组成部分，在所有资产中，是流动性最强的。货币资金按其存放地点和用途不同，分为库存现金、银行存款和其他货币资金。

(1)库存现金，即企业放在保险柜里的钱。

(2)银行存款，即企业存放在银行和其他金融机构的那部分货币资金，其收支需经过银行结算，包括人民币存款和外币存款两部分。它的支付范围，主要是支付进货款、包装物和低值易耗品购置款，支付各项费用，缴纳税金和利润等。银行存款的收支如同现金出纳业务一样，也由出纳人员负责经管。银行存款的收入和支付范围，必须按照规定办理，并由企业财会部门及时加以反映，以保证贯彻现金管理制度和合理运用资金。

(3)其他货币资金是指除现金、银行存款以外的其他各种货币资金。其他货币资金包括外埠存款、银行汇票存款、银行本票存款、信用卡存款和信用证存款等。例如，企业到异地采购商品，由于不便随身携带现金，只能采用汇票的形式。把现金汇往异地，这笔钱虽不在保险柜里，也不在本地存款账户里，但它仍然是货币资金，像处于此类情况的并且其所有权仍归企业的货币资金统称为“其他货币资金”。

(二)现金等价物

现金等价物是指企业持有的期限短、流动性强、易于变化为已知金额的现金、价值变动风险很小的投资。按照国际惯例，现金等价物特指期限在3个月内的短期债券投资。在现实生活中，期限在3个月内的债券投资风险比较小。现金等价物虽然不是现金，但其支付能力与现金相近，因此也成为现金流量表的编制基础。

二、现金流量表的分类

现金流量是现代理财学中的一个重要概念，是指企业在一定会计期间按照现金收付实现制，通过一定经济活动(包括经营活动、投资活动、筹资活动和非经常性项目)而产生的现金流入、现金流出及其总量情况的总称，即企业一定时期的现金和现金等价物的流入和流出的数量。简单地说，现金流量是指企业现金流动的数量，在会计上有3个指标对现金流量进行追踪，即现金流入量、现金流出量、现金净流量。现金流入量即进入到企业里的现金量。现金流出量即从企业里支出的现金量。现金净流量(也称为现金净额)是现金流入量与现金流出量的差值，即：现金净流量＝现金流入量－现金流出量。

现金流量能够使报表阅读者清楚地明白企业在一定期间内，现金的来龙去脉及现金余额变动的会计信息。它可以告诉读表人现金曾经从何处来，又曾经用到何处去，期间结束时还结余多少现金。如果现金净流量是正值，说明进来的多出去的少，称为增加的现金量；如果是负值，说明进来的少出去的多，称为负增加额或者叫现金减少额。

任务二 经济活动的分类

我国现行会计制度把企业的所有活动分成了三大类,即经营活动、投资活动和筹资活动。

一、经营活动

经营活动是指企业投资活动和筹资活动以外的所有交易和事项。经营活动的范围很广,就工商企业来说,其经营活动主要包括提供劳务、销售商品、经营性租赁、购买商品、接受劳务、广告宣传、缴纳税款等。

二、投资活动

投资活动是指企业长期资产的购建和不包括现金等价物范围内的投资及其处置活动。主要包括取得和收回投资,购建和处置固定资产、无形资产和其他长期资产等。按投资的方向,可将其分为对内投资和对外投资两类。

对内投资是指把资金投向企业内部,形成各项流动资产、固定资产、无形资产和其他资产的投资。资产负债表中的固定资产、在建工程、无形资产等方面的投资属于对内投资。如果一个公司对内投资的现金流出量大幅度提高,往往意味着该公司正面临着新的发展机会或新的投资机会,公司股票的成长性一般会很好。对内投资是把资金投放在企业内部,用来购置各种生产经营资产。

企业对外投资就是企业在其本身经营的主要业务以外,以现金、实物、无形资产方式,或者以购买股票、债券等有价证券方式向境内外的其他单位进行投资,以期在未来获得投资收益的经济行为。买股票,不管是短期持有,还是长期持有,都是对外投资。企业和其他单位搞联营,企业把钱投出去了,这种投资也属于对外投资。对外投资是相对于对内投资而言的,企业对外投资收益是企业总收益的组成部分。如果一个公司对外投资的现金流出量大幅度提高,则说明该公司正常的经营活动没有能充分吸纳其现有的资金,而需要通过投资活动来寻找获利机会。股民在分析投资活动产生的现金流量时,应联系筹资活动产生的现金流量进行综合分析。如果一个公司经营活动产生的现金流量未变,公司投资活动大量的现金净流出量是通过筹资活动大量的现金净流入量来解决的,说明公司正在扩张。另外,企业购买债券也属于对外投资。对外投资其实主要是股权投资和债权投资。

三、筹资活动

筹资活动是指企业根据生产经营、对外投资及调整资金结构的需要,通过一定的渠道,采取适当的方式获取所需资金的一种行为。它是导致企业资本及债务规模和构成发生变化的活动。由于企业的资金主要来自借款和入资两个方面,因而企业的筹资活动也包括两部分。

(一)借款

借款可分为长期借款和短期借款。短期借款是指企业向银行或其他金融机构等外单位借入的、还款期限在一年或一年以下的各种借款。长期借款是指企业向银行或其他金融机构借入的期限在一年以上(不含一年)的各项借款。按照付息方式与本金的偿还方式,可将长期借款分为分期付息到期还本长期借款、到期一次还本付息长期借款、分笔分期偿还本息长期借款;按所借币种,可分为人民币长期借款和外币长期借款。企业借款时,无论是短期借款还是长期借款,或者发行债券,都属于现金流入;到了还本付息时,企业就有现金的流出。这是筹资活动中的第一个组成部分。

(二)入资

投资者把现金注入企业时,就会形成现金的流入。如果企业的投资者要求依法撤资,就会导致现金的流出。这是筹资活动的第二个组成部分。

现金流量表明在一定时期内企业曾经进来过多少现金,在一定时期内又曾经花掉了多少现金,到期末时企业增加或减少了多少现金。当把经济活动分成三类后,可以通过分别对企业的经营活动、投资活动、筹资活动曾经进来过多少钱,又曾经花掉过多少钱,这些活动给企业增加或减少了多少现金进行核算,对企业的财务进行披露。总之,把企业的所有活动分成三类后,对企业信息的了解就更加具体。我国把现金流量表中所反映的活动分成三类,而有的国家分成四类或五类,分的类别越多,编表的难度就越大,我国选择的是分类比较简单的一种。

模块二　现金流量表的格式

工作任务

任务一　现金流量表的概念及基本格式
任务二　现金流量表主表项目释义

任务一　现金流量表的概念及基本格式

一、现金流量表的概念

名词点击

现金流量表

现金流量表是指报告企业一定会计期间内现金和现金等价物流入和流出的信息，以便于报表使用者了解和评价企业获取现金和现金等价物的能力，并据以预测企业未来现金流量的会计报表，是一张动态报表。

这个概念强调的是“一定期间内”，期间就应该包括起点和终点，例如年初和年末两点。我国现行的会计制度规定，现金流量表一年编一次。实际上现在很多企业的现金流量表已经不再只是一年编一次，而是改成一个月编一次。其目的就是让管理者能够随时捕捉到现金流量的信息，以便更加及时地了解企业的各项业务活动，从而提升企业的管理水平。由此不难看出，现金流量表在企业中发挥着较大的作用。

二、现金流量表的基本格式

现金流量表以“现金来源－现金运用＝现金净流量”这一方程式为基础来进行结构设计。通过对经营活动、投资活动和筹资活动的现金流量采用账户式结构设计，最终计算并填列本期现金净流入量。现金流量表分为主表和补充资料两部分。

（一）现金流量表主表

从编报需要出发，按照影响现金流量的因素不同，现金流量主表的内容主要有五项：一是经营活动产生的现金流量，主要包括销售商品、提供劳务、购买商品、支付工资、交纳税款等等；二是投资活动产生的现金流量，主要包括取得和收回投资，购建和处置固定资产、无形资产和其他长期资产等等；三是筹资活动产生的现金流量，主要包括吸收投资、发行股票、分配利润和借入款项等等；四是汇率变动对现金的影响；五是现金及现金等价物净增加额。现金流量表的格式如表 7－3 所示。

表 7－3　现金流量表

会企 03 表

编制单位：　　　　年度　　　　单位：元

项目	行次	金额
一、经营活动产生的现金流量		
销售商品、提供劳务收到的现金	1	
收到的税费返还	3	
收到的其他与经营活动有关的现金	8	
现金流入小计	9	
购买商品、接受劳务支付的现金	10	
支付给职工以及为职工支付的现金	12	
支付的各项税费	13	
支付的其他与经营活动有关的现金	18	
现金流出小计	20	
经营活动产生的现金流量净额	21	
二、投资活动产生的现金流量		
收回投资所收到的现金	22	
取得投资收益所收到的现金	23	
处置固定资产、无形资产和其他长期资产所收回的现金净额	25	
收到的其他与投资活动有关的现金	28	
现金流入小计	29	
购建固定资产、无形资产和其他长期资产所支付的现金	30	
投资所支付的现金	31	
支付的其他与投资活动有关的现金	35	
现金流出小计	36	
投资活动产生的现金流量净额	37	
三、筹资活动产生的现金流量		
吸收投资所收到的现金	38	
借款所收到的现金	40	
收到的其他与筹资活动有关的现金	43	
现金流入小计	44	
偿还债务所支付的现金	45	

续表 7－3

项目	行次	金额
分配股利、利润或偿付利息所支付的现金	46	
支付的其他与筹资活动有关的现金	52	
现金流出小计	53	
筹资活动产生的现金流量净额	54	
四、汇率变动对现金的影响	55	
五、现金及现金等价物净增加额	56	

(二)补充资料

补充资料是用职业会计上的专业语言来具体描述现金流量和有关指标之间的关系。现金流量表的补充资料有三项:一是将净利润调节为经营活动产生的现金流量;二是不涉及现金收支的投资和筹资活动;三是现金及现金等价物净增加情况。现金流量表的格式如表 7－4 所示。

表 7－4 补充资料

补充资料	行次	金额
一、将净利润调节为经营活动现金流量		
净利润	57	
加:计提的资产减值准备	58	
固定资产折旧	59	
无形资产摊销	60	
长期待摊费用摊销	61	
待摊费用减少(减:增加)	64	
预提费用增加(减:减少)	65	
处置固定资产、无形资产和其他长期资产的损失(减:收益)	66	
固定资产报废损失	67	
财务费用	68	
投资损失(减:收益)	69	
递延税款贷项(减:借项)	70	
存货的减少(减:增加)	71	
经营性应收项目的减少(减:增加)	72	
经营性应付项目的增加(减:减少)	73	
其他	74	
经营活动产生的现金流量净额	75	
二、不涉及现金收支的投资和筹资活动		

续表 7－4

补充资料	行次	金额
债务转为资本	76	
一年内到期的可转换公司债券	77	
融资租入固定资产	78	
三、现金及现金等价物净增加情况		
现金的期末余额	79	
减：现金的期初余额	80	
加：现金等价物的期末余额	81	
减：现金等价物的期初余额	82	
现金及现金等价物净增加额	83	

(三)主表与补充资料两者的关系

(1)基本报表第一项经营活动产生的现金流量净额与补充资料第一项经营活动产生的现金流量净额，应当核对相符。

(2)基本报表中的第五项与补充资料中的第三项存在勾稽关系，金额应当一致。

(3)基本报表中的数字是现金流入与现金流出的差额，补充资料中的数字是现金与现金等价物期末数与期初数的差额，其计算依据不同，但结果应当一致，两者应核对相符。

任务二　现金流量表主表项目释义

一、经营活动产生的现金流量

案例导入

沃尔玛由于不断强化营运资金管理，使其经营活动现金流量的增长速度高于利润的增长速度。沃尔玛 2005 年的利润为 102.67 亿美元，2006 年利润为 112.31 亿美元，增长了 9.39%。相对地，2005 年的经营活动现金流入为 150.44 亿美元，2006 年经营活动现金净流入为 176.33 亿美元，增长了 17.21%。沃尔玛经营活动现金流量的增长率之所以远高于利润增长率，其主要原因在于：

(1)在销售快速增长的同时，控制应收账款的增长。沃尔玛 2006 年的营业收入比上年的营业收入增长约 272 亿美元，但应收账款却仅增加 9.47 亿美元，这说明大部分的销售增长额都已收回现金，反映在经营活动现金流入里面。对于一个成长型企业来说，这是十分难得的业绩。

(2)存货增长控制得当。2006 年存货增长率为 8.2%，营业收入增长率为 9.54%，存货增长率低于营业收入增长率。这说明相对于营业收入来说，存货占用资金的比例降低了。

(3)应付账款大幅增长。2006 年应付账款增长率为 15.4%，大大高于 9.45%的营业收入增长率,增加了对供货商资金的运用力度。

与沃尔玛的情况相反,国内某上市企业,2004年获利为3.3亿元人民币,经营活动现金净流入为6 300万元人民币;2005年,净利倍增为6.5亿元人民币,但是经营活动现金流却是负3.2亿元人民币;2006年,净利润进一步增加到接近8亿元人民币,经营活动现金流量负数也高达27.3亿元人民币。这种显著的不正常现象,导致企业严重失血,终于在2007年亏损高达1 404亿元人民币。之所以出现这样的局面,正是该公司应收账款和存货暴增所致。利润增加,经营活动现金流量却大幅度衰退,这往往是企业风险增加的征兆,管理者必须十分警觉。当然,事情也不尽然。有些企业的经营活动现金流量大量减少,也不见得就是负面现象,必须分析发生的原因。这些企业经营活动现金流量的减少,可能不是由于应收账款和存货的暴增所致,而是另有原因。例如,有些公司的本期经营活动现金流入良好,且对未来经营活动充满信心,它们可能大量偿还应付账款,以降低负债的比例,这实际上是合理的经营行为。

经营活动中包括三个指标,即现金流入量、现金流出量和净额。现金流入量和现金流出量又包括许多项目。

(一)现金流入量

现金流入量是指投资项目增加的现金收入额或现金支出节约额。现金流入量包括许多项目,经营活动的现金流入小计,就是把这些项目加总在一起。这些指标主要是下列一些项目:

(1)销售商品和提供劳务收到的现金。简单地说,就是企业卖东西时收回的现金。

(2)收到的税费返还。例如所得税,在我国通常是按季预交,年终清算,多退少补。一旦企业的所得税多交了,在该年度内要退回,对于企业来讲,这笔钱也属于现金流入。

(3)收到的其他与经营活动有关的现金。在现金流量表中,重要的项目必须有一个名称,不重要的项目一般归纳为收到的其他与经营活动有关的现金。

(二)现金流出量

现金流出量是指投资项目增加的现金支出额。现金流出量包括许多项目,经营活动的现金流出量小计,就是把这些项目加总在一起。这些指标主要是下列一些项目:

(1)购买商品和接受劳务所支付的现金。这个指标是指企业在采购环节花了多少钱,包括本期采购付款和本期为上期采购还债,还包括本期为下期采购预付的款项。

(2)支付给职工以及为职工支付的现金。企业支付给职工的现金主要是工资和奖金,工资、奖金、劳保、福利等方面的支出,不管是哪个时期的,只要钱在本期花出去的就算本期的流出指标。

(3)支付的各项税费。依据国家的现行法律和制度规定,企业在经营活动中必须依法交纳各项税费。比如企业所得税、流转费、增值税、营业税、城建税、教育费附加等等。

(4)支付的其他与经营活动有关的现金。这项现金是指除了前面提到的项目之外的指标。

(5)付现成本费用,是指与投资项目有关的以现金支付的各种成本费用。

(三)净额

净额即经营活动的总流入量减去经营活动的总流出量,就是经营活动给企业带来的最终结果。如果净额是正的,说明这个企业现金增加;如果是负的,则意味着从期初到期末,这个企业不但没有增加现金,反而减少了现金。

二、投资活动产生的现金流量

企业的投资活动包括对内投资和对外投资。投资活动中也包括三个指标，即现金流入量、现金流出量和净额。

(一)现金流入量

现金作为资产的主要功能是进行交换。首先要求交换者必须有现金流入。

(1)收回投资所获得的现金。这个指标是指企业投资到期时拿回了多少钱。例如，某企业和另外一个企业联营，投资到期清算时拿回的钱。再比如企业购买股票，股票抛售出去后拿回的钱。

(2)取得投资收益所获得的现金。这个指标是指企业投资期间拿回了多少钱。例如，某一个企业搞联营，联营期限是 20 年，每年企业从联营中拿回的钱，即取得投资收益所收到的现金。

(3)处置固定资产、无形资产和其他长期资产所收回的现金净额。现金流量表在披露时要遵循一个事实重要性原则，对于重要的业务要披露它的过程，对于相对不太重要的业务，只需告诉结果。固定资产、无形资产和长期投资等业务在企业当中不算是主要业务，因此，报表的设计者对于这些项目只需告诉结果而不需要告诉过程。

案例链接

某旅游企业，通过提供场地给某媒体召开发布会，从中受益 10 万元，而又由于为其提供设施又花费 1 万元。那么我们确定该企业从中获利则是 9 万元。而这项业务并非该旅游企业的主要业务，因此报表中就无需表明已经进来 10 万元，又流出 1 万元了，只需告诉一个结果——通过营业外收入给企业增加 9 万元的金额——即可。

(二)现金流出量

用流入的现金购买生产经营的人、财、物，就产生了现金流出，具体包括以下内容：

(1)购建固定资产、无形资产和其他长期资产所支付的现金。购建固定资产、无形资产和其他长期资产所支付的现金，属于对内投资所付出的现金。固定资产投资支出，即厂房、建筑物的造价，设备的买价、运费，设备基础设施费及安装费，等等。

(2)投资所支付的现金。投资所支付的现金，包括对内投资和对外投资所支付的现金。对外投资包括买股票、债券和进行企业联营等活动。

(3)支付的其他与投资活动有关的现金。除了上面两项现金之外的投资就是这项投资。

(三)净额

投资活动的现金流入量减去投资活动的现金流出量，所得到的结果就是投资活动给企业增加的现金量，即净额。

二、筹资活动产生的现金流量

(一)现金流入量

(1)吸收投资所收到的现金。例如投资者入资，对于投资者来讲是投资，而对于企业来讲就是吸收投资所收到的现金。

(2)借款所收到的现金。借款收到的现金主要是企业通过负债的方式取得。

(3)收到的其他与筹资活动有关的现金。不属于吸收投资者入资,也不属于借款但属于筹资活动的,就是收到的其他与投资活动有关的现金。

(二)现金流出量

(1)偿还债务所支付的现金。这个指标是指偿还债务的本金部分花了多少钱。比如偿还短期借款或长期借款的本金部分。

(2)分配股利或偿付利息所支付的现金。把利息单独列为一个指标是有必要的,读表人获得的信息会更加详细些。

(3)支付的其他与筹资活动有关的现金。除了上面两项现金之外的筹资就是该项现金。

(三)净额

用筹资活动的流入量总和减去流出量总和,就得到了筹资活动产生的现金流量净额。

案例分析

王某 2010 年 8 月看到股票行情涨幅较大,于是将自己的股票卖掉收回本金 45 000 元,获取股票收益 9 000 元,交纳税金 540 元。同时王某支付购房贷款利息 15 000 元,汽车贷款利息 2 000 元。利息支付后感到自己经济压力较大,为了能维持正常生活,王某看到自己买的房子附近出租行情较好,于是与妻子商量将房子简单装修,装修费用 60 000 元,当月需支付装修费用 20 000 元,其余待装修完后支付。装修后将房子出租获得租金 30 000 元/年,交纳税金 1 500元。除了以上项目,王某家庭居家过日子还要支付电话费 500 元,汽油费 600 元,停车费 200 元,日常生活费 1 700 元,物业费 300 元。同时 9 月底王某收回外借款 10 000 元,还父母亲 30 000 元,还汽车贷款 40 000 元,还房屋贷款 250 000 元,请计算王某最后还有多少钱?

模块三　现金流量表的基本内容及作用

工作任务

任务一　现金流量表指标的计算基础
任务二　现金流量表主表的勾稽关系
任务三　现金流量表的作用

任务一　现金流量表指标的计算基础

在会计核算中，有两种计量基础，即权责发生制和收付实现制。

利润表是以权责发生制作为计量基础。权责发生制又称应收应付制，是指收入和费用的确认以收入和费用是否实际发生作为确认计量的标准。根据权责发生制的要求，凡是当期已经实现的收入和已经发生或应当负担的费用，无论款项是否收付，都应当作为当期的收入和费用；凡是不属于当期的收入和费用，即使款项已经在当期收到或付出，也不应当作为当期的收入和费用处理。简言之，凡是企业收入都要反应到利润表中，而不管企业是否已经把款收回；凡是属于本期的费用，都应该作为企业的费用，而不管企业是否把钱花出去了。实行这种制度有利于反映各期的费用水平和盈亏状况。

案例链接

权责发生制将费用与其经营活动匹配起来

在 Amalgamated 公司（该公司通过模仿驼鹿的鹿角来制造帽架）交付帽架时，即使没有马上收到货款，也会马上确认该笔订单给公司带来的收入。同样，如果 Amalgamated 公司从一家合同供应商那里收到了 2 000 个铜钩，这些铜钩的费用也不是一次确认的。它们是在每个帽架的基础上加以确认的：如果生产一个帽架需要 5 个铜钩，则在交付每个帽架时就确认 5 个铜钩的费用。

现金流量表的计量基础是收付实现制。收付实现制是与权责发生制相对应的一种会计基础，又称现金制或实收实付制（现收现付制），是指以收到或支付的现金作为确认收入和费用的依据。按照收付实现制，收入和费用的归属期间将与现金收支行为的发生与否，紧密地联系在一起。换言之，现金收支行为在其发生的期间全部记作收入和费用，而不考虑与现金收支行为相连的经济业务实质上是否发生。

收付实现制是以款项的实际收付为标准来处理经济业务，确定本期收入和费用，计算本期盈亏的会计处理基础。在现金收付的基础上，凡在本期实际以现款付出的费用，不论其应否在本期收入中获得补偿均应作为本期应计费用处理；凡在本期实际收到的现款收入，不论其是否属于本期均应作为本期应计的收入处理；反之，凡本期还没有以现款收到的收入和没有用现款支付的费用，即使它归属于本期，也不作为本期的收入和费用处理。例如，大同工厂 2010 年元月份收到 2009 年应收销货款 500 000 元，存入银行，尽管该项收入不是 2010 年元月份创造的，但因为该项收入是在 2010 年元月份收到的，所以在现金收付基础上也作为 2010 年元月份的收入。这种处理方法的好处在于计算方法比较简单，也符合人们的生活习惯；但按照这种方法计算的盈亏不合理、不准确，所以《企业会计准则》规定企业不予采用，它主要应用于行政事业单位和个体户等。

案例链接

收到或支出现金时确认交易的收付实现制

利奥是一位自由作家，他在自己的业务中使用的是收付实现制。目前这一年到现在为止，他赚取了丰厚的收入，但是他担心如果被归为高税率的纳税人，他将要上交大量的所得税。但是他知道有两种方法可以减少这一年的纳税额：(1)将应该在这个纳税年度收到的现金推迟到下一个纳税年度；(2)增加本纳税年度的可以免税的现金费用。

由于 12 月马上就要过去了，因此利奥决定将两位客户的支票推迟到 12 月下旬收取，这样一来，他将在下一个纳税年度的 1 月中旬收到这笔收入。他也想到了所有计划在未来数月购置的与业务有关的物品：邮票、新计算机、办公用品、参考资料等。他在 12 月 31 日之前购置了这些物品。这些支出成为他目前这一年的现金费用，这进一步降低了他的应税收入。

在现金收付基础上，会计在处理经济业务时不考虑预收收入、预付费用以及应计收入和应计费用的问题，会计期末也不需要进行账项调整，因为实际收到的款项和付出的款项均已登记入账，所以可以根据账簿记录来直接确定本期的收入和费用，并加以对比以确定本期盈亏。它的特点是特别注重现钱，只要钱进入企业，就是现金流入，只要钱出去，就是现金流出，而根本不考虑现金的发生是否在当期。按照这种制度，核算工作比较简化，但对正确反映各期的收益和费用水平有一定影响。

案例链接

2010 年 8 月，甲公司的销售收入为现金 100 万元，这 100 万元中有 50 万元是本期销售产品的收入，属于本期的流入，另外的 50 万元是乙公司偿还的 2009 年的欠款，这笔钱也应该算本期的现金流入。丙公司购买甲公司的处理设备，甲公司预收丙公司的款项 50 万元，这 50 万元的预收账款，也作为本期的流入。甲公司 8 月份补交 7 月份的税款 10 万元，8 月份为 7 月份所交的税款也算作本期的流出。8 月份甲公司偿还购买原材料的货款 30 万元，这是本期的流出。甲公司发现丁公司的原材料比较紧俏，向丁公司预付 60 万元，预定了市场紧缺材料，钱款预付出去也作为本期的流出。从收付实现制的角度考虑，只要钱在本期进来就算本期的现金流入，不用考虑是否是本期的应收款项。只要钱支付出去，就算作现金流出，也不用考虑这笔钱是否是本期的应付款。

因此，有的情况下，在一个企业中有两张利润表，一张利润表是权责发生制的利润表，以权责发生为标准来计算；另一张利润表则是现金流量表，以收付实现制为计量基础。

收付实现制在实际操作中表现为：在经营活动产生的现金流量中，销售商品和提供劳务获得的现金，即企业卖东西拿回的钱就应该属于本期流入量这个指标。本期收回的上期欠款和预收别人的货款也属于本期流入量这个指标。本期购货付款、本期的上期购货还债和下期购货预付都属于本期流出量指标。

任务二　现金流量表主表的勾稽关系

勾稽关系是会计在编制会计报表时常用的一个术语，它是指某个会计报表和另一个会计报表之间以及本会计报表项目的内在逻辑对应关系（指标和指标之间的关系），如果不相等或不对应，就说明会计报表编制有问题。

举个简单的例子：在编制资产负债表时，固定资产净值要等于固定资产原值扣除累计折旧，这就叫做对应关系或叫勾稽关系。资产负债表的未分配利润和损益表的净利润之间也有对应关系，即用资产负债表中未分配利润的期末数扣除年初数，应该等于损益表的净利润的累计数。还有现金流量表中的"现金和现金等价物的净增加额"，应该等于资产负债表的货币资金的期末数扣除期初数（假定没有现金等价物的数额）。这些都叫对应关系、逻辑关系或勾稽关系。

在现金流量表主表中，有如下几个关系：

（一）第一个勾稽关系

经营活动所产生的现金净额＝经营活动所产生的现金流入小计－经营活动所产生的现金流出小计

如果净额是正值，表示这个企业增加了现金；如果是负值，就表示这个企业减少了现金。

（二）第二个勾稽关系

投资活动产生的现金净额＝投资活动现金流入小计－投资活动现金流出小计

如果所得的值是正的，表明企业增加了现金；如果是负的，表明企业减少了现金。

（三）第三个勾稽关系

筹资活动产生的现金净额＝筹资活动现金流入小计－筹资活动现金流出小计

如果算出的结果是正值，表示企业增加了现金；如果是负值，表示企业减少了现金。

（四）第四个勾稽关系

现金及现金等价物净增加额＝经营活动产生的现金净额＋投资活动产生的现金净额＋筹资活动产生的现金净额＋汇率变动对现金的影响

在这个勾稽关系中，计算现金及现金等价物净增加额时，已考虑了汇率变动对现金的影响。

（五）第五个勾稽关系

汇率变动对现金的影响＝现金及现金等价物净增加额－经营活动产生的现金净额－投资活动产生的现金净额－筹资活动产生的现金净额

如果企业没有外币，事情就会变得很简单。一个企业到底增加了多少现金，把经营活动增加的现金加上投资活动增加的现金，再加上筹资活动增加的现金，就是所有活动增加的现金总额。如果出现外币，情况就复杂了。

案例链接

甲公司出口一批电子产品，收款100万美元，如果收到美元的时候，市场的汇率是1比6.82，按人民币计算，就是682万元。假定没有流出量，此时甲公司经营活动所产生的现金净额就是682万元。如果没有投资活动和筹资活动，那么从过程来考察，就可以说A公司增加现金682万元人民币。可是按照会计制度的规定，在年末企业会计应该把外币按照12月31日的汇率重新折算。折算时假定也没有利息，这100万美元12月31日的汇率是1比6.83，此时就相当于人民币683万元。如果年初的现金是零，年末就变成683万元人民币。如果别人问，公司从年初到年末增加了多少现金？用人民币来计算，就增加了683万元。但是从过程来考察，告诉别人的是经营活动增加现金682万元，而不是683万元。1万元的差额是如何产生的呢？因为汇率从6.82变到了6.83，所以产生了一个差额，这个差额反映在报表中就是汇率变动影响。

任务三　现金流量表的作用

现金流量表为财务报表使用者提供企业一定会计期间内现金和现金等价物流入和流出的信息，以便于报表使用者了解和评价企业获取现金和现金等价物的能力，并据以预测企业未来的现金流量。具体来讲，现金流量表可以起到以下五个方面的作用：

一、说明企业现金流入流出的原因

现金流量表能够提供企业在一定期间内，现金的来龙去脉及现金余额变动的会计信息。它能很好地向报表使用者反映现金的来源与去处。

(1)企业现金的来源渠道。企业的现金来源主要有三个渠道：经营活动现金流入、投资活动现金流入和筹资活动现金流入。企业不可能长期依靠投资活动现金流入和筹资活动现金流入维持和发展。良好的经营活动产生的现金流入才能增强企业的盈利能力，满足长短期负债的偿还需要，使企业保持良好的财务状况。此外企业的发展也不能仅依赖外部筹资实现，厚实的内部积累才是企业发展的基础。一旦企业经营活动现金流入出现异常，其账面利润再高，财务状况依然令人怀疑。

(2)企业现金使用的主要方向。在公司正常的经营活动中，现金流出的各期变化幅度通常不会太大，如出现较大变动，则需要进一步寻找原因。投资活动现金流出一般是购建固定资产或对外投资引起的，此时就要视企业经营者决策正确与否而定。筹资活动的现金流出主要为偿还到期债务和支付现金股利。债务的偿还意味着企业未来用于满足偿付的现金将减少，财务风险随之降低。但如果短期内，筹资活动现金流出占总现金流出比重太大，也可能引起资金周转困难。

案例链接

2009年某旅游企业通过运营增加了1 000万元的现金。在企业的现金流量表中反映，企业的经营活动增加了 300 万元，投资活动增加了 300 万元，筹资活动增加了 400 万元，三项活动的总资金是 1 000 万元。企业的经营活动项表明，企业提供服务的回收款是 100 万元，企业上一年交税交费 50 万元，给企业退回 20 万元。企业购买旅游设备资源支付 50 万元，又支付员工工资 67 万元。因此，借助于现金流量表可以知道，现金曾经从何处来，曾经用到何处去，这是现金流量表最基本的作用，也是最基本的功能。

企业当期从银行借入 200 万元，偿还利息 1 万元，在现金流量表的筹资活动产生的现金流量中分别反映借款 200 万元，支付利息 1 万元。因此。通过现金流量表能够反映现金流入和流出的原因，即现金是从哪里来，流到哪里去。这些信息是资产负债表和利润表所不能提供的。

二、规划和预测企业在未来产生现金的能力

通过现金流量表，不但可以了解企业当前的财务状况，还可以预测企业未来的发展情况。一般来说，如果现金流量表中各部分现金流量结构合理，现金流入流出无重大波动，则企业的财务状况基本良好。另外，企业最常见的失败原因、症状也可在现金流量表中得到反映。例如，从投资活动中流出的现金、筹资活动流入的现金和筹资活动流出的现金(主要是利息支出)中，可以分析企业是否过度扩大经营规模；通过比较当期净利润与当期净现金流量，可以看出非现金流动资产吸收利润的情况，评价企业产生净现金流量的能力是否偏低。

三、分析净利润与现金流量差异的原因

现金流量表最大的功能就是具有透视的功能。借助现金流量表提供的信息，可以分析企业净利润与相关现金流量产生差异的原因。钱是赚回来的，利润是算出来的，我们可以用现金流量表加以透视利润和现金之间到底有多大的差距。

案例链接

1993 年，戴尔公司面对严重亏损时，总裁戴尔反省说："我们和许多公司一样，一直把注意力放在利润表的数字上，却很少讨论资金周转的问题。这就好像开着一辆车，只晓得盯着仪表板上的时速表，却没有注意到油箱里面已经没有油了。"因此，他宣称："戴尔新的运营顺序不再是'增长、增长、再增长'，取而代之的是'现金流量、获利性、增长'，依次发展。"

四、分析财务状况和经营成果的可靠性

借助现金流量表提供的信息，可以帮助报表的使用者分析和判断企业财务状况和经营成果的可靠性。资产负债表能提供企业一定日期财务状况的情况，它所提供的是静态的财务信息，并不能反映财务状况变动的原因，也不能表明这些资产、负债给企业带来多少现金，又用去多少现金；利润表虽然反映企业一定期间的经营成果，提供动态的财务信息，但只能反映利润的构成，不能反映经营活动、投资和筹资活动给企业带来多少现金，又支付多少现金。现金流量表提供一定时期现金流入和现金流出的动态财务信息，表明企业在报告期内由经营活动、投资活动和筹资活动获得多少现金，企业获得这些现金是如何运用的，更能够说明资产、负债、净资产变动的原因，对资产负债表起到补充说明的作用。现金流量表是连接资产负债表和利润表的桥梁。

案例链接

某一个企业 1 年增加现金近 1 000 万元，投资活动基本上持平，进出保持平衡，而筹资活动假定增加了 200 万元，经营活动增加了 800 万元。企业对增加 1 000 万元的现金感到满意，就是对经营活动创造了现金 800 万元感到满意，因为这个财务状况是可靠的。

五、分析和判断企业的偿债能力及未来获取现金的能力

借助现金流量表提供的信息，可以分析和判断企业的偿债能力。例如，某个企业增加的现金是 1 年 1 000 万元，而经营活动增加了 900 万元。与其说是企业对 1 000 万元的现金量满意，不如说企业感到欣慰的是企业创造现金的能力比较强。靠自身创造的现金来偿还债务的能力强，说明企业自身的免疫力强。

通常情况下，报表阅读者比较关心企业的获利情况，并且往往以获得利润的多少作为衡量的标准，企业获利多少在一定程度上表明了企业具有一定的现金支付能力。但是，企业一定期间获得的利润并不代表企业真正具有偿债或支付能力。在某些情况下，虽然企业利润表反映的经营业绩很可观，但企业同时又财务困难，不能偿还到期债务；还有些企业虽然利润表上反映的经营成果并不可观，但却有足够的偿付能力。产生这种情况有诸多原因，其中会计核算采用的权责发生制、配比原则等所含的估计因素是其主要原因之一。现金流量表完全以现金的收支为基础，消除了由于会计核算采用的会计政策等所产生的获利能力和支付能力的差异。通过现金流量表能够了解企业现金流入和流出的构成，分析企业偿债和支付股利的能力，增强投资者的投资信心和债权人收回债权的信心。同时，通过现金流量表使投资者和债权人了解了企业获取现金的能力和现金偿付的能力，为筹资提供了有用的信息，也使有限的社会资源流向最能产生效益的地方。

模块四　阅读现金流量表的方法与技巧

工作任务

任务一　透视经营活动
任务二　评估投资活动
任务三　评估筹资活动

任务一　透视经营活动

一、经营活动产生的现金流量应该是正数

在企业中，作为一个健康的财务机体，现金要具有流动性，企业才有造血功能。一个企业的经营活动到底有没有造血功能，可以用现金流量表的经营活动产生的现金净额的正负来判断。

经营活动所产生的现金净额，等于经营活动的现金流入量减经营活动的现金流出量。正数表明企业具有造血功能；相反，如果是负数，就表明企业不具有造血功能。企业在正常经营时，现金流量应该是正数；企业过度扩张，现金流量就可能是负数。如果一个企业过度扩张，企业流出的现金就会大于流入的现金。企业的扩张是应该有时间限制的。国外的财务专家认为，如果企业连续过度扩张，而且现金流量连续两年都是负数，就说明企业在业务经营活动上不具有造血功能，企业不久将破产倒闭。

案例链接

2001年，曾名列全球财富500强第16位、全美500强第7位的美国安然公司突然宣告破产。安然公司2000年的总收入高达1 000亿美元。过去10年来，它一直是美国乃至世界最大的能源交易商，掌握着美国20%的电能、天然气交易。安然堕落是从"巨额收入、巨额利润"开始的。经分析得知，在安然破产前6年，该公司的现金净流量已出现负数。

二、对企业来说利润就是现金

利润即企业销售产品的收入扣除成本价格和税金以后的余额。在不同的社会条件下，利润的内涵不同，体现的社会关系不同。利润是算出来的，如果一个企业要做表面文章，就可以算出很多的利润来，但是如果这个企业不真抓实干，就不可能创出很多的现金。对企业来讲，利润就是现金，而利润和现金之间确实会存在一定的差距。现金流量表可以检验企业的利润

和现金之间的差距，可以检验企业利润质量的高低。

对于利润的透视，通常要算一个指标，即经营现金指数。经营现金指数的基本计算方法是用经营活动所产生的现金净额除以利润表中的营业利润。而营业利润的计算方法，就是营业收入减营业费用。计算公式为：

经营现金指数＝经营活动产生的现金净额÷营业利润

如果营业收入都伴随现金的增加，假定利润表中的营业收入就是经营活动所产生的现金流入量，如果企业的营业费用必须用现金支付，则营业费用就是经营活动所产生现金的流出量，那么营业利润其实就变成了经营活动所产生的现金净额。如果这个关系成立，那么经营现金指数应该是1。

如果一个企业的经营现金指数很接近1，那么这个企业的盈利质量是比较高的；如果经营现金指数大大低于1，说明企业的盈利质量低，企业有一部分的现金被其他单位占用而没有收回来。

三、应保持适度的销售收现率

在任何一个企业，销售和收款都应该有一个适度的比率，这个比率就是销售收现率。计算公式为：

销售收现率＝销售商品提供劳务收到的现金÷主营业务收入×100％

企业销售环节管理得好，销售收现率呈上升趋势；企业销售环节管理不好，销售收现率呈下降趋势。一个企业的销售收现率到底是朝着好的方向发展，还是朝着差的方向发展，可以通过计算这个企业的销售收现率来了解。

假定利润就是现金，企业发生亏损时，销售收现率这个指标的计算就比较困难，此时就只能考虑企业销售过程的收现率是朝好的方向发展，还是朝差的方向发展，应该更多关注企业经营的过程，而不是结果。

四、现金流量最大化是企业充满活力的具体表现

阅读现金流量表更应该关注经营活动的流入量和流出量。如果企业有相当大的流入量和流出量，说明企业在持续经营，业务活动在正常开展。企业现金流量的最大化，是企业充满活力的具体表现。经营活动所产生的现金流量中，给职工支付的现金，也是一个非常重要的指标。这个指标可以透视企业的经营环境，可以透视企业的业务做得如何。如果一个企业给职工支付的现金呈逐年下降趋势，不仅说明企业业务在萎缩，企业应压缩规模，裁减职工，还说明这个企业不能留住该留住的人。

任务二　评估投资活动

一、关注投资的目的、方向和规模

企业除了将资金用于自身正常的生产经营活动之外，还可以将一部分资金用于对外投资。当然，对外投资是建立在企业资金满足正常的生产经营活动需要还有暂时闲置的前提下，为了发掘这部分闲置资金的潜力，企业有必要将这部分资金对外投资，以便为企业带来更大的经济

效益。

企业对外投资往往有不同的目的,其主要目的可概括为以下几个方面:

(1)有效利用闲置资金。企业若将闲置的资金存在银行,不作任何使用,除了获得很少一部分利息外,没有任何收益;另外,闲置的资金如果长期得不到有效利用,就会造成资金沉淀,以至贬值。为此,企业就有必要为正常经营中多余的资金寻找出路,用暂时闲置的资金购入各种可随时变现的证券或其他资产,以取得一定的收益。

(2)对主要原材料供应企业投资,以间接支持本企业的经营发展。为了保证本企业的正常生产有足够的原材料或零配件的供应,对这些供应企业进行投资,其目的不仅仅是为了取得投资收益,还有稳定原材料供应来源之意。

(3)控制或影响其他企业的经营决策。如购入并持有某相关企业的大部分股票,以配合本企业自身的经营需要,同时还可取得投资收益。

(4)积累资金用于扩大企业生产经营规模或清偿长期债务。在企业作长期决策时,若为了扩大企业的经营规模,可事先将一笔资金对外投资,这样若干年后,用于对外投资的资金本息就能满足企业扩大规模的需要。

企业对外投资主要有上述几个目的,实际上可以归结为一个目的,即有效的使用企业暂时闲置的资金,为企业带来更大的经济效益,也就是取得更多的投资收益。

二、检查投资活动是否符合公司发展战略

任何一个公司都应该有自己的发展战略和长远目标,例如企业的5年规划、公司年度计划和预算等。公司发展战略决定了本年度的资金投放,投资活动应该符合公司发展战略。投资活动不能用数字的正负去评论,因为当一个企业需要投资的时候,就需要花钱,此时的流出量就会大于流入量。但在投资的回报季节,流入量就会大于流出量。因此投资活动的正负并不重要,关键是企业的投资符不符合公司的战略发展方向,符不符合公司的年度经营计划和年度预算。

三、评估投资风险

虽然投资符合企业的发展战略,符合企业发展方向,但还要注意评估企业投资的风险。不同的投资方向,企业所承担的投资风险是不尽相同的。企业买固定资产的对内投资与买股票的对外投资,两者的风险就不一样,固定资产的风险明显小于买股票的风险。企业对内投资当中,买固定资产的风险明显低于买无形资产的风险。

知识窗

在甲公司的现金流量表中有一个很关键的数字,即在公司的投资活动所产生的现金流出量中,购买固定资产的数字是2亿元,其他长期投资却是20亿元。不重要的投资项目才统称为其他长期投资。可是这笔不重要的其他长期投资却占了20亿元。如果想和这个企业打交道,或者是自己的企业,读表人就必须要把20亿元的资金搞清楚,也许这个企业的最大地雷就在这个20亿元。根据2+2法则,2+2虽然多数时候等于4,但有时等于3,有时等于5。这20亿元很可能仅仅是表上的资产,而不是真实的资产,转眼之间它可能变成零。所以应对这样的

数字给予充分关注，搞清楚这个数字会给企业到底带来多大风险，即对投资活动多关注。

任务三　评估筹资活动

一、关注筹资方式

阅读现金流量表时，要关注企业的筹资方式。企业的筹集资金来源主要有借款和投资者入资两个途径，此外还有普通股融资、优先股融资、可转换证券融资、购股权证融资等筹资途径。企业的借款包括向银行取得短期借款或长期借款以及向社会上发行债券等方式。借款是现金的流入，还本付息是现金的流出。投资者入资是现金的流入，投资者依法撤资是现金的流出。

当投资者把资金注入到企业后，通过企业的经营活动赚了钱，此时也会增加企业的现金流入，这也是企业的一个筹资方式。当然，这种现金流入已经反映到经营活动里了，并不会反映在筹资活动表中。

需要说明的是，对于筹资活动所产生的现金流量，也不能以正负来加以判断。因为当企业需要钱的时候，就得借款或需要投资者入资，这时现金的流入量就会大于流出量，当企业还本付息时现金的流出量就会大于流入量。

二、评估筹资风险

对企业是靠负债增加的现金，还是靠投资者入资增加的现金，应该给予充分关注。因为不同的筹资方式，给企业带来的风险是不一样的。如果企业是靠负债来增加现金，负债水平就会上升，资产负债率就会上升，这个企业的风险就会加大。如果企业的资金主要是投资者注入的，那么企业的负债水平会下降，企业的安全系数会增强，而股东的风险会增加。

三、评估筹资量与企业发展规模是否相适应

企业非常缺乏效率的表现就是现金剩余过多；一个企业所拥有的现金应该与一个企业的发展规模相适应。一个企业现金剩余过多，实际上是把钱存在银行，企业获得的仅仅是银行的利息，而投资人入资的目的是为了获得比银行利息高得多的利润，如果对企业的投资无利可图，投资者就会毫不犹豫地撤资。

探究园地

1. 请谈谈你对现金流量表透视功能的理解。

2. 收回投资所收到的现金与取得投资收益所收到的现金有何区别？

3. 为什么不把偿还债务所支付的现金和分配股利或偿付利息所支付的现金两项指标合二为一呢？

4. 现金流量表所提供的最终数字是什么？

5. 当企业盈利时，可以通过经营现金指数来透视企业的盈利质量，如果企业亏损了，又应该如何透视呢？

项目八

怎样评价企业财务状况

项目阐释

本项目通过分析旅游企业经营管理过程中发生的相关案例，以及流动性比率、偿债能力比率、营运性比率、盈利能力比率和营业比率等各种比率指标，使学生掌握来自财务报表的有用信息，并能将理论运用到实践中。

能力目标

◇ 了解比率分析的标准、目的和内容。

◇ 掌握流动性比率、偿债能力比率、营运性比率、盈利能力比率以及营业比率等各种比率指标。

◇ 通过学习能够将本项目应用到实践中，并指导实践。

项目分解

模块一 比率分析基础知识
模块二 流动性比率和偿债能力比率
模块三 其他比率

模块一 比率分析基础知识

工作任务

任务一 比率分析的概念及标准
任务二 比率分析的目的和内容

任务一 比率分析的概念及标准

一、比率分析概念

由旅游企业发布的财务报表包含许多财务信息。对财务信息进行全面分析,不仅仅是阅读报表,报表的使用者还要能对其中的事实作出解释,以发现旅游企业的财务状况中各方面容易被忽视的问题,这一点可以通过比率分析来完成。比率分析就是财务报表上的相关事实和数字间的比较,是两个数字之间关系的数学表述,是通过一个数字除以另一个数字来计算的。通过将这两个数字结成比率从而产生了新的信息,这样比率分析就使财务报表上所报告的数字更有意义,信息量更大,也更加有用,特别是比率分析为评价旅游企业财务状况的不同方面提供了一个指示器。

比率分析能够向财务报表使用者提供以下问题的答案:

(1)有足够的现金偿付特定时期的负债吗?

(2)企业经营的利润是合理的吗?

(3)与股东的投资额相比负债水平是可以接受的吗?

(4)存货的使用是适当的吗?

(5)根据赊账情况,应收账款是合理的吗?

(6)企业有能力偿付债务吗?

在本项目中,为了评价企业的财务状况,我们以饭店为例,首先说明用来进行比较的各种比率标准,其次要讨论通过比率分析解释财务报表的各种作用或目的以及不同比率的表述方法,最后大部分篇幅将致力于详细讨论饭店业中最常见的比率。

二、比率标准

比率分析常用来评估各种财务状况的有利方面和不利方面。然而,计算出来的比率本身并不能说明什么是好的,什么是坏的;什么是能接受的,什么是不能接受的;什么是合理的,什么是不合理的。比率本身是中性的,仅仅表示相关数据之间的数字关系。为了将比率作为衡量饭店运作成功与否的指示器，必须将计算出的比率与某种标准进行比较。只有这样，比率才变得有意义，也才能为财务报表的使用者提供评价财务状况的基础。在一定时期和一定经营状况下，对计算的比率进行评估的标准基本上有三种：过去一段时期的比率、行业平均值及预算比率。

1. 过去一段时期的比率

许多比率可以与上一时期内相应的比率进行比较，从而发现是否有重大变化。例如，可以将本年客房出租率(将在本项目稍后进行讨论)与上一年的客房出租率相比较，以确定饭店这一年里客房的销售量是否比上一年有所增加。这一比较有助于评价饭店本年营销计划的效率。

2. 行业平均值

行业平均值是另一种进行比较的有用标准。计算出一定资产的投资回报率后，投资者可能要将它与特定的行业中拥有相似资产的平均投资回报率进行比较。这样可以使投资者在与同行其他企业的比较中了解到有效使用资源为其获取利润的资产管理能力如何。此外，经理们可能要将本饭店的客房出租率或者食品成本率与行业平均值进行比较，以此评价与本行业其他饭店进行竞争的能力如何，已公布的行业平均比率是随时可以利用的资源。

3. 预算比率

在将比率与先前时期和行业平均值进行比较的同时，最好还要与计划的比率目标进行比较。例如，为了能够更有效地控制人工成本，管理部门可以制定当年人工成本率目标，这一目标比前一年的水平略低一些。对较低的人工成本率的期望可以反映出管理部门改进计划程序和与人工成本相关的其他因素的种种努力。通过将实际人工成本率和计划目标进行比较，管理部门就能评价其为控制人工成本所做的努力是否有效。

将比率同这些不同的标准进行比较，可以得到不同的评价。例如，本期内食品成本率为33%，同上年度34%的比率相比以及和行业的平均值36%相比，可能是有利的，但与32%的经营计划目标进行比较，就可能是不利的。因此，用比率分析来评估经营业绩时必须谨慎，不仅要注意用什么标准去评价比率，还要注意比率分析的目的。

任务二　比率分析的目的和内容

一、比率分析的目的

经理、债权人和投资人在使用比率分析评价财务报表中的信息时，常常有不同的目的。

1. 经理

各种比率可以帮助经理们监督本饭店的运营绩效，评估其是否成功地达到了各种目标。通过跟踪一些比率，饭店经理就能够十分准确地认识饭店经营的有效性。在餐饮部，大多数经理计算食品成本率和人工成本率的目的是为了对占经营成本最大的这两项内容进行控制。在客房部，客房出租率是经理每日关注的一项关键性比率。管理部门经常用比率来表述经营目的。例如，管理部门可以制定如下的比率目标：

(1)将流动比率保持在1～1.25之间；

(2)负债/权益比率不超过1∶1；

(3)将所有者权益回报率保持在15%。

这些比率以及其他更多的比率将在本项目稍后加以充分说明。需要注意的是：比率作为目标完成情况的一种指示器，对经理来说特别有用。当实际的业绩达不到目标时，比率会帮助指出问题所在。在前面提到的例子中，食品成本率实际为33%，和计划的32%相比较是不利的，这就需要研究造成这1%偏差的原因。这1%的差异可能由成本差额造成，也可能是由于销售组合不同造成的，或者两个因素都有。比率分析能对这样的研究提供重要的信息。

2. 债权人

债权人使用比率分析来评估饭店的偿债能力，判断未来贷款的危险。例如，流动比率是流动资产和流动负债之比，它可以显示出一家饭店支付即将到期负债的能力。此外，有时债权人在饭店经营中利用比率去表明某些财务协议中的条件。例如，作为贷款的条件，债权人可能要求饭店的流动比率要保持在2∶1左右。

3. 投资人

投资者和潜在投资者利用比率来评价饭店的经营业绩。例如，股利分配率(付出的股利除以盈余)表示饭店盈余分配的百分比。潜在投资者的兴趣主要在于股票的增长，可能不会选择对支付较多股利的饭店进行投资。

比率可以用来表达财务业绩。不同的比率表达不同的业绩。分开来看，单个比率只能揭示饭店全部财务状况的某一方面。然而集中在一起，比率却能大量传达财务报表字面上不明显的信息。

二、比率表达的内容

为了了解在比率分析中使用各种比率所传达的信息，就必须了解表达财务信息所用的各种方式。对不同的比率，要用不同的方式去理解。

1. 用"百分率"表达的比率

以食品成本率为例，它用食品销售总额的百分比来表示售出食品的成本。如果某一年里的食品销售总额是430 000元，而已售的食品成本是135 000元，那么，食品成本除以食品销售总额的结果是0.314。因为食品成本率用百分数表示，所得小数乘以100%得出31.4%的食品成本率。另举例，客房出租率是售出的客房数除以可供出售的客房数。假定一家饭店有100间可供出售的客房，仅卖出了其中的50间，于是50除以100得到0.5，再乘以100%就表示为百分数(50%)了。

2. 用"每单位"表示的比率

例如，每客平均早餐费就是一种用供应的每客早餐的价格表示的比率。用早餐销售总额除以早餐期间供应的顾客数就可以计算每客平均早餐费。这样，在某一天如果向100位客人供应早餐，而在早餐期间收入总额达490元，那么每客平均早餐费应是4.9元(490/100)。

3. 用周转率表示的比率

作为周转率就是这样一种比率，它由某一时期得到服务的客人人数除以餐厅的座位数来确定。在前述例子中，如果餐厅有40个座位的容量，那么，在这个供应了100位顾客的早餐期间内，座位周转率应该是2.5(100/40)。这就意味着在早餐期间，这家餐厅使它的全部座位容量扩大了 2.5 倍。

4. 用所承担的倍数表示比率

这种比率的分母总是 1。例如：流动比率由流动资产除以流动负债来确定，它就是以所包括的倍数多少表示的一种比率。如果某家饭店在某一时期里所报告的流动资产为 120 000 元，流动负债为 100 000 元，那么，这家饭店在资产负债表中的流动比率应是 1.2∶1(120 000/100 000＝1.2)。这就意味着这家饭店拥有足够的流动资产去承担是它 1.2 倍的流动负债。换句话说，这家饭店每 1 元的流动负债就有 1.2 元的流动资产做后盾。

比率分析中所用的各种比率其表示方法是否恰当完全取决于具体的比率以及它所表示的两项相关事实之间重要关系的性质。表示不同比率的各种方式能使我们了解如何运用它们提供的信息。当我们讨论饭店通常用的比率时，要密切注意每一种比率是如何表示的。

模块二　流动性比率和偿债能力比率

工作任务

任务一　流动性比率
任务二　偿债能力比率

任务一　流动性比率

流动性比率能够揭示一家饭店偿还短期债务的能力。在评价饭店的财务状况时，流动负债的偿还能力是很重要的评价指标。表 8-1 为××饭店的资产负债表。在这张表上，我们可以看到 2009 年的流动负债为 2 140 000 元，那么当这笔负债到期时，××饭店能偿付吗？回答这个问题需要计算几个比率。

表 8-1　资产负债表

编制单位：××饭店　　　　单位：元

	2007 年	2008 年	2009 年
资产			
流动资产			
现金	200 000	210 000	240 000
有价证券	600 000	810 000	1 450 000
应收账款(净值)	1 000 000	900 000	1 400 000
存货	140 000	170 000	150 000
预付款项	130 000	120 000	140 000
流动资产合计	2 070 000	2 210 000	3 380 000
长期股权投资	430 000	350 000	400 000
资产与设备			
土地	685 000	685 000	685 000
建筑物	8 100 000	8 500 000	8 800 000
家具与设备	1 700 000	1 900 000	2 080 000
	10 485 000	11 085 000	11 565 000
减：累计折旧	2 600 000	3 200 000	3 810 000

续表 8-1

	2007 年	2008 年	2009 年
瓷器、玻璃器皿、银器、针棉织品和工装	115 000	205 000	228 000
资产和设备合计	8 000 000	8 090 000	7 983 000
资产总额	10 500 000	10 650 000	11 763 000
负债与所有者权益			
流动负债			
应付账款	600 000	535 000	710 000
短期借款	300 000	320 000	340 000
应交税费	700 000	852 000	850 000
长期负债的本期到期额	250 000	215 000	240 000
流动负债合计	1 850 000	1 922 000	2 140 000
长期负债			
应收抵押款	4 250 000	4 100 000	4 000 000
递延所得税	400 000	428 000	450 000
长期负债合计	4 650 000	4 528 000	4 450 000
负债总额	6 500 000	6 450 000	6 590 000
所有者权益			
普通股	55 000	55 000	55 000
股本溢价	1 100 000	1 100 000	1 100 000
留存收益	2 350 000	2 550 000	3 523 000
所有者权益合计	4 000 000	4 200 000	5 173 000
负债与所有者权益总额	10 500 000	10 650 000	11 763 000

一、流动比率

最常用的流动性比率是流动比率，它是流动资产总额与流动负债总额的比率，并且表示为一定的倍数。使用表 8-1 的数字，可将 2009 年××饭店的流动比率计算如下：

流动比率＝流动资产/流动负债

＝3 380 000/2 140 000

＝1.58　或表示为 1.58：1

这一结果表示××饭店每 1 元的流动负债就有 1.58 元的流动资产相对应。这样，对于 1 元的流动负债说，就有 0.58 元的缓冲。在饭店发生存货与应收账款大量减少的情况下仍有可能支付它的流动负债。相比之下，饭店 2008 年的流动比率是 1.15。在一年内流动比率从 1.15增加到 1.58 是很可观的，无疑债权人会高兴。不过，1.58 的流动比率是否能使所有利益相关各方都感到高兴呢？

因为从股东的观点来看，大多数流动资产投资要比非流动资产投资盈利少一些，因此，一般来说所有者或者股东宁愿流动比率低些而不是高些。由于股东主要是关心利润,所以他们喜欢相对较低的流动比率。

债权人一般喜欢比较高的流动比率,因为这将保证能从他们的客户(饭店)那里及时收到还款。债权人及资金的放贷人相信适当的流动比率是很重要的,因此常将最低的营运资本要求或最低的流动比率要求写入贷款合同中。违反这一合同条款,借款人就会要求全部偿还贷款。

管理者正好处于中间的位置上,既要设法满足所有者和借款人的要求,同时又要掌握足够的营运资金和保持足够的流动性,以确保饭店的顺利经营。管理者能采取措施影响流动比率。可能增加流动比率的措施包括:

(1)获取长期贷款;

(2)获取新的所有者权益资本;

(3)将非流动资产转换为现金;

(4)递延公布的股利,并将现金留在企业。

太高的流动比率可能意味着,由宽松的信贷政策或回款速度慢导致的应收账款太多,也可能意味着存货太多。由于比率是指示器,所以管理者必须通过分析追寻可能影响的因素。

知识窗

如何看流动比率

沃尔玛2006年的流动比率只有0.9,戴尔在2000—2006年的流动比率维持在0.89～1.4之间,两个企业的流动比率指标都大大低于公认的标准,这是否意味着沃尔玛和戴尔存在不能偿付到期债务的风险呢?让我们来看看它们的经营活动所创造现金的能力,并从这个财务指标作出判断。从两家企业现金流量中可以发现,它们都具有创造现金流量的强大能力,能够弥补流动资金储备不足的缺陷,他们虽然保持相当低的“存量”,但却能够创造出卓越的“流量”。

另外,它们能在快速增长下,控制应付账款和存货的增长速度,同时能够从供货商那里延长付款期限,导致流动资产的增长速度远低于流动负债的增长速度,流动比率恶化只是一种假象,它们不会发生财务危机问题。

二、酸性试验比率

对流动性更有说服力的比率是酸性试验比率。酸性试验比率是通过对“速动资产”即现金和接近于现金资产的考查来评估流动性的。在确定速动资产总额时要将存货及预付费用从流动资产中扣除。在许多行业里,存货是很重要的,要将它们转换为现金可能需要几个月的时间。饭店业中情况恰恰相反。在某些饭店特别在快餐店里,食品存货一周可以周转两次。另一方面,在某些餐饮经营企业中某些酒水的存货可能3个月才周转一次。

流动比率和酸性实验比率之间的区别是与流动资产相关联的存货量的函数。在某些饭店里流动比率和酸性实验比率的差别较小,而在另外一些饭店里却可能很大。根据表8-1中的有关数字,可将××饭店在2009年酸性实验比率计算如下:

酸性试验比率=(现金、有价证券、应收票据和应收账款)/流动负债

=(240 000+1 450 000+1 400 000)/2 140 000=1.44

2009 年的酸性试验比率告诉我们每 1 元的流动负债对应的速动资产是 1.44 元。而通过计算得出 2008 年的酸性试验比率是 1.0，2009 年的酸性试验比率比 2008 年增加了 0.44 倍。虽然 2008 年的酸性试验比率是 1.0，但饭店并没有处于极其困难的财务困境中。许多饭店在酸性试验比率为 1 或者小于 1 时，仍能有效经营，因为它们有着最小的存货量与最少的应收账款。

所有者、债权人和管理者对速动比率和流动比率的观点是不同的，那就是：饭店的所有者喜欢比率低一些(一般小于 1)，债权人喜欢比率高一些，而管理者介于两者之间。

三、应收账款周转率

在给予客人信用不断扩大的饭店里，应收账款一般是最大的一项流动资产。因此，在考查企业流动性时，必须考虑它的应收账款的“质量”。

在一般的经营循环中，应收账款要转换为现金。应收账款周转率就是对转化速度进行的评估。应收账款转换为现金的速度越快，财务分析中的流动比率和速动比率就越可靠。

应收账款周转率是用收入除以应收账款的平均值来确定的。这一比率的精确算法在于只用赊账额作为分子。然而，企业外部的报表使用者(股东、可能的股东和债权人)常常得不到赊销数字。不论是用收入还是用赊销额作为分子，各个时期的计算都应该是一致的。应收账款平均值是期初与期末的应收账款总额之和除以 2 的结果。当饭店的销售有季节性波动时，较好的计算方法(在计算年应收账款周转率时)是把每个月月末的应收账款加总起来除以 12 来确定应收账款平均值。表 8－2 为××饭店的利润表，根据表 8－1 和表 8－2 的有关数据，计算该饭店 2009 年的应收账款周转率如下：

应收账款平均值＝(期初的应收账款＋期末的应收账款)/2
＝(900 000＋2 400 000)/2
＝1 650 000

应收账款周转率＝收入总额/应收账款平均值
＝13 520 000/1 650 000
＝8.19

应收账款周转率为 8.19，它表明 2009 年的收入总额是平均应收账款的 8.19 倍，它比××饭店 2008 年的应收账款周转率 13.68 要低一些。管理者一般会调查研究这一差异，而研究结果可能揭示问题的原因要么是信用政策的变化，要么是收账程序的变化。

既然没有哪家饭店在他们的应收账款上收取利息，赊销的机会成本就是投资产生的利润。然而，为了增加销售，就要放宽信用条件。所以，理论上讲就应将信用政策放松到这样一点：每增加一位客人时坏账加上扩大信用的附加收账成本等于每增加一位客人时由于扩大信用所获得的额外利润。

表 8－2　利润表

编制单位：××饭店　　　　单位：元

	2008 年	2009 年
总收入	13 000 000	13 520 000
客房		
收入	7 800 000	8 100 000
工资和相关成本	1 350 000	1 450 000
其他直接费用	625 000	600 000
部门利润	5 825 000	6 050 000
餐饮		
收入	4 300 000	4 450 000
销售成本	1 420 000	1 480 000
工资和相关成本	1 750 000	1 800 000
直接其他费用	434 000	450 000
部门利润	696 000	720 000
电话		
收入	400 000	420 000
销售成本	300 000	310 000
工资和相关成本	100 000	105 000
直接其他费用	50 000	45 000
部门利润	(50 000)	(40 000)
租金和其他利润收入	500 000	550 000
经营部门利润总额	6 971 000	7 280 000
未分配营业费用		
行政管理费用	1 050 000	1 085 000
营销费用	515 000	550 000
资产运营与维修费	652 500	675 000
公用事业费	802 500	815 000
未分配营业费用合计	3 020 000	3 125 000
扣除未分配营业费用后利润	3 951 000	4 155 000
租金	200 000	200 000
财产税	200 000	240 000
保险费	55 000	60 000
利息	540 000	600 000
折扣	600 000	610 000
固定费用合计	1 595 000	1 710 000
税前利润	2 356 000	2 445 000
所得税	943 000	978 000
净利润	1 413 000	1 467 000

所有者喜爱较高的应收账款周转率，因为这反映了在非生产性应收账款里的投资较少。然而他们知道紧缩的信用政策以及过分积极的收账努力可能会造成销售减少。此外，在其他一切均相同的情况下，应收账款周转率高表示对应收账款的管理较好。供应商像所有者一样喜欢较高的应收账款周转率，因为这意味着饭店会有较多的可用现金支付给他们。长期债权人也将应收账款周转率高视为管理良好的表现。

管理者希望饭店的销售额最大化。提供信贷有助于实现销售额最大化，然而，管理者也意识到这样会造成更多的应收账款，并且可能销售给一些信用差的客人。因而管理者决定提供信用的结果是形成较低的应收账款周转率，另一方面，在管理者可能认为低应收账款周转率是高销售额的一个结果时，不能否认他也必须保持一定的经营现金流量这一事实——那就是说，必须有效收回信用销售额。

四、平均收账期

应收账款周转率的一个变形就是平均收账期，其计算方法是用 365 天(一年的天数)除以应收账款周转率。这种转换将周转率简化成一种更易理解的形式。对××饭店来说，2009 年平均收账期如下所示：

平均收账期＝365/应收账款周转率

＝365/8.19

＝45(天)

45 天的平均收账期意味着在整个 2009 年内，××饭店平均每隔 45 天就收回它全部的应收账款，比 2008 年 27 天的平均收账期多出 18 天。

平均收账期应该是多长呢？一般来说，所允许的平均付款时间应当不超过销售条款的 7～10天。所以，如果销售条款是 n/30(全部金额在 30 天内到期)，那么可以允许的平均收账期的最长限度应是 37～40 天。

以上的讨论是假设全部销售都是赊销。然而，许多饭店是既有现金销售又有赊销。所以，当应收账款周转率以收入而不是以赊销额作为分子时就必须考虑现金销售和赊销的组合问题，而这一点只在发生现金销售时才会出现。例如，假设现金销售和赊销各是 50%，那么就应调整最大限度可允许的平均收账期。计算调整最大限度可允许的平均收账期的方法是将最大限度可允许的平均收账期乘以赊销在全部销售中所占的百分比。

在前面的例子中，最大限度可允许的平均收账期是 37～40 天，赊销额占 50%，则调整后的最大限度可允许的平均收账期是 18.5～20 天(37 天×0.5～40 天×0.5)，这种调整一般只能由管理者作出，因为其他利益相关各方不知道销售的组合情况。

所有者、债权人和管理者对平均收账期的偏爱同他们对应收账款周转率的偏爱十分相似，因为平均收账期只是应收账款周转率的一个变形。所以，所有者和债权人喜欢较少天数的平均收账期，而管理者则喜欢较多天数的平均收账期(只要现金流足够)。

任务二　偿债能力比率

一、偿债能力比率

当饭店的资产超过它的负债时，它就有偿债能力，因此，简单地说，偿债能力比率就是资产总额除以负债总额。根据表 8-1，××饭店 2009 年偿债能力比率的计算如下：

偿债能力比率＝资产总额/负债总额

＝11 763 000/6 590 000

＝1.78

这样在 2009 年末，××饭店每 1 元的负债相应有 1.78 元的资产，或者说有 0.78 元的缓冲。该饭店的资产即使被折成 43.8%（0.78/1.78＝43.8%），仍能完全支付债权人的债务。该饭店 2008 年末的偿债能力比率是 1.65 倍，从债权人的角度讲，2009 年的比率将会更为有利。

饭店运用的财务杠杆作用（用负债筹集资产）越大，它的偿债能力比率就越低。所有者为了使他们的投资回报最大化，更愿意利用财务杠杆作用。只要从债权人处筹集资金所赚取的利润超过企业借款成本，就会发生上述情况。另一方面，债权人则喜欢较高的偿债能力比率，因为这样饭店在经营亏损时就可以提供较大的缓冲。管理者必须同时满足所有者和债权人的要求，因此，他们希望举债投资购买资产，以便能最大限度地实现所有者投资的利润，同时又不过度削弱偿债的能力。

二、负债—权益比率

负债—权益比率是偿债能力比率中最常见的一种，它是将企业的负债和它的净资产（所有者权益）相比而得。负债—权益比率显示饭店承受困境即偿付长期负债的能力。根据表8-1，可以计算××饭店 2009 年的负债—权益比率：

负债—权益比率＝负债总额/所有者权益总额

＝6 590 000/5 173 000

＝1.27∶1

××饭店 2009 年度 1.27∶1 的负债—权益比率表示××饭店每获得 1 元的所有者净资产，就欠债权人 1.27 元。××饭店 2008 年的负债—权益比率是 1.54∶1。这样，相对于它的净资产来说，××饭店减少了 2008 年的负债。

所有者对负债—权益比率的观点和他们对偿债能力比率的观点相类似，那就是，他们希望使用财务杠杆获得最大投资回报。财务杠杆作用越大，负债—权益比率就越大。债权人倾向于低负债—权益比率，是因为相对于负债来说当净资产增加时，他们的风险会减小。管理者的态度与偿债能力比率相同，仍然采取介于债权人和所有者之间的中间态度。

三、长期负债对资本总额的比率

这是另一种偿债能力比率，计算方法是将长期负债与通常称作资本总额的长期负债与所有者权益之和相比，其结果以百分数形式表示。这一比率类似于负债—权益比率，只是流动负债不包括在分子里，而且将长期负债加到负债—权益比率的分母里。不包括流动负债，是因为一般流动资产足以支付流动负债，故而它们不算入长期比率中。根据表 8-1 中的数字计算××饭店 2009 年的长期负债对资本总额的比率如下：

长期负债对资本总额的比率＝(长期负债/长期负债与所有者权益之和)×100％

＝[4 450 000/(4 450 000＋5 173 000)]×100％

＝46.24％

××饭店 2009 年末的长期负债是它的资本总额的 46.24％。这同样可以与 2008 年末的 51.85％进行比较。当然，债权人喜欢较低的比率，因为这表示他们承担的风险较小。另一方面，所有者愿意接受较高的比率，因为他们希望通过使用财务杠杆获得高回报。

四、已获利息倍数比率

已获利息倍数比率依据的是利润表的财务数字，它表示的是能够支付的利息费用的倍数。已获利息倍数越大，债权人就越安全。由于我们把利息扣除后再确定应税利润，因此，将所得税额加到净利润和利息费用(息税前利润，缩写为 EBIT)中作为分子，而利息费用作为分母。可以根据表 8-2 中的数字计算出××饭店 2009 年度已获利息倍数比率：

已获利息倍数比率＝EBIT/利息费用

＝(978 000＋1 467 000＋600 000)/600 000

＝5.08

这个 5.08 表示××饭店能支付 5 倍以上的利息费用。而××饭店 2008 年已获利息倍数比率的数字是 5.36 倍。从债权人的角度来看。这两年的发展趋势说明风险有一点增大。然而，一般来说，已获利息倍数的数字大于 4，就反映了饭店有足够的获利金额以负担它现有债务的利息费用。

所有当事人(所有者、债权人和管理部门)都喜欢比率相对高些。所有者一般比债权人较少关心这一比率，只要债务利息能及时付出，并且财务杠杆作用能发挥即可。然而，债权人尤其是贷款人希望这一比率更高些，因为这表示饭店能偿付它的利息支出。对于贷款人来说，该比率越高越好。管理者也喜欢该比率高些，但对所有者来说，极高的比率表示财务杠杆作用不能达到最优化，因此，管理者宁愿该比率比贷款人所希望的低一些。

模块三　其他比率

工作任务

任务一　营运性比率
任务二　盈利能力比率
任务三　营业比率

任务一　营运性比率

营运性比率衡量管理者使用各类资源的效率性。管理部门接受所有者委托，运用存货和固定资产（以及其他资产）为所有者创造效益的同时向客人提供产品和服务。由于大多数饭店的固定资产在其总资产中都占据很大的百分比，所以有效地利用这些资产就至关重要。存货虽不是总资产中的重要部分，但管理部门必须适当地控制它，以求实现销售成本的最小化。

一、存货周转率

在评价企业的商品和材料占用的资金效率时，可以使用存货周转率这个指标。存货周转率表明存货被耗用的快慢，在所有的情况都相同的条件下，一般来说，存货周转得越快越好，因为持有存货会使费用增加。存货成本包括储存场所、冷藏、保险、人工费和记录管理等方面的费用，当然还包括与存货相关的资金的机会成本。饭店所持有的存货是易盗品，所以必须小心控制。

案例链接

A公司花10万元购买了一件商品，此时公司在商品上占用了10万元。A公司把商品以15万元的价格卖掉，卖掉后销售成本10万元又收回来，此时公司的销售成本是10万元。然后公司又拿10万元买商品，又以15万元的价格卖掉，此时公司的销售成本是20万元，而公司在商品上仅占用了10万元资金。如果公司1年只做了两次交易，那么这1年中10万元翻了两次，就等于用10万元做了20万元的买卖。这个例子说明企业资产周转率越高，资产的运营效率就越高；相反，资产周转率越低，资产的运营效率就越低。

食品和饮料的存货周转率一般应分别计算。某些餐饮服务企业以可供销售的饮料类型为基础计算几类饮料的周转率。表8-3是××饭店2009年的餐饮部简明财务报表，分别列出了食品与饮料的财务数据。我们将用这一报表中的数字来说明食品与饮料周转率比率。

表 8-3 餐饮部简明财务报表

编制单位:××饭店　　　　2009 年度　　　　单位:元

	食品	饮料
销售额	3 000 000	1 450 000
销售成本		
期初存货	110 000	60 000
采购	1 200 000	280 000
减:期末存货	90 000	60 000
耗用的食品成本	1 220 000	280 000
减:员工餐	20 000	0
已售食品成本	1 200 000	280 000
毛利	1 800 000	1 170 000
费用		
工资和相关费用	1 350 000	450 000
其他费用	300 000	150 000
费用合计	1 650 000	600 000
部门利润	150 000	570 000

平均食品存货＝(期初存货＋期末存货)/2

＝(110 000＋90 000)/2

＝100 000

食品存货周转率＝耗用的食品成本/平均食品存货

＝1 220 000/100 000

＝12.2

我们已经计算出,在 2009 年里,食品存货周转了 12.2 次,大约每月周转 1 次。食品存货周转的速度一般取决于餐饮服务企业的类型,快餐馆的食品存货周转一般要比高级餐馆快得多,事实上,快餐馆的食品存货周转可能超过每年 200 次。按饭店业使用的标准来说,要求拥有若干个不同类型的餐厅和宴会厅的饭店的食品存货要达到每月周转 4 次。

虽然餐饮服务企业希望存货周转率高些,因为这意味着它在存货上的投资较少,但是太高的周转率也可能暗示会出现缺货问题。不能向客人提供所需的食品,不仅会让客人感到失望,而且如果这个问题继续存在的话,也可能导致自身的信誉不佳。而存货周转率太低则意味着食品库存过多,除了以前讨论过的存货成本之外,食品变质可能造成的费用也会成为一个问题。

平均饮料存货＝(期初存货＋期末存货)/2

＝(60 000＋60 000)/2

＝60 000

饮料周转率＝耗用的饮料成本/平均饮料存货

＝280 000/60 000＝4.67

同样,我们可以计算出,在2009年××饭店的饮料周转率为4.67,意味着6 000元的饮料存货需要每隔78天左右进货一次。这是用一年365天除以4.67的饮料存货周转率得出的。并非所有品种的饮料周转率都是均等的,因为,某些品种饮料的进货会更频繁些。按饭店业使用的标准来说,要求拥有不同类型休息室和宴会厅的饭店的饮料存货要每月周转1.25次或者每年15次。只要不发生存货短缺现象,所有的相关者(所有者、债权人和管理者)都喜欢较高的存货周转率。最理想的情况是,最后的存货卖出时,货架上正在进货。

二、固定资产周转率

资产和设备周转率有时称固定资产周转率,它是用当期的总收入除以平均固定资产总额来计算的。更准确的计量方法应当是将只和固定资产使用相关的收入作为分子。然而,对许多财务分析师来讲不易取得这样的收入数据,所以,一般还是使用收入总额来计算。

这一比率衡量固定资产使用中的管理效率。周转率高说明饭店是在有效地使用它的固定资产来取得收入,而周转率低反映饭店没能有效地使用它的固定资产,这时应考虑处理掉部分固定资产。这一比率的局限性是:它把溢价加到在用的(已折旧)固定资产上,因为它们的账面价值低。而且,这一比率还受饭店所用的折旧方法的影响。例如,在所有其他因素相同的情况下,饭店使用加速折旧法比使用直线折旧法会得到更高的周转率。

根据表8-1和表8-2,我们可以计算出××饭店2009年固定资产周转率:

平均固定资产额=(期初固定资产总额+期末固定资产总额)/2

=(8 090 000+7 983 000)/2

=8 036 500

固定资产周转率=收入总额/平均固定资产额

=13 520 000/8 036 500

=1.68(次)

1.68次的固定资产周转率揭示了收入是平均固定资产总额的1.68倍,××饭店2008年的固定资产周转率为1.62次,这0.06的变化虽然微小却看作是一种良好的趋势。

所有的当事人(所有者、债权人和管理者)都愿意固定资产周转率高。但是,管理者应当反对保留老旧且低效的固定资产,因为它们可能会造成更大的浪费。资产回报率可以对这种情况进行部分检验。

三、资产周转率

另一个衡量管理者使用资产有效程度的比率是资产周转率。它用总收入除以平均总资产来计算。前面所讲的两种比率,是占总资产较大百分比的存货周转率和固定资产周转率,而资产周转率检验的是与总收入相关的总资产使用情况。固定资产周转率的局限性在于这一比率不能表明固定资产占总资产的比例。对于大多数饭店特别是住宿企业来说,固定资产是饭店总资产的主要构成部分。

根据表8-1和表8-2,我们可以计算出××饭店2009年的资产周转率:

平均资产总额=(初期固定资产总额+期末固定资产总额)/2

=(10 650 000+11 763 000)/2

=11 206 500

资产周转率＝收入总额/平均资产总额

＝13 520 000/11 206 500

＝1.21(次)

1.21的资产周转率表示2009年中，每1元的资产产生了1.21元的收入。2008年，其资产周转率为1.23。这两年的资产周转率实际上并没有什么变化。

和固定资产周转率一样，所有相关当事人(业主、债权人和管理者)都愿意这一比率高些，因为高比率意味着管理者有效地运用了资产。至于它的局限性前面已经讨论过了。

对于大多数饭店，特别是饭店与汽车旅馆来说，固定资产周转率都相对较低，这是由于饭店业高度依赖于固定资产，无力快速地增加产出来满足最大的需求。许多饭店和汽车旅馆由于供过于求，常常一周之中有4天接不到新的客人，其余3天则在产出极低的水平(小于50%)上营业。

对管理者有效运用资产的能力进行衡量的三个附加的指标是：客房出租率、每间客房的平均占用率以及倍数出租率。虽然这三个比率不是以财务信息为基础的，但是它们是衡量管理者对可售空间是否有效利用的好办法，不论可售空间是指住宿客房还是指餐饮服务的座位。

(一)客房出租率

客房出租率是管理者销售"产品"业绩的主要指标。它是用售出的客房数与饭店和汽车旅馆中可供出售的客房数相比的百分数来表示的。在餐饮服务企业中，它通常被称为座位周转率，它的计算方法是将服务的客人数除以可售的座位数。座位周转率通常是按用餐期来计算的。在绝大多数的餐饮服务企业中，不同的用餐期有不同的座位周转率。住宅设施的出租率以及餐饮服务设施的座位周转率是计量设施利用程度的关键指标。

应用其他信息表(表8-4)，可以将已租客房总数除以可租客房数来计算××饭店的年客房出租率。如果××饭店每天有80间客房可供出租，那么2009年其客房出租率的计算结果如下所示。

表8-4 其他信息

	2008年	2009年
已租客房数	20 500	21 000
已付款的客人数	23 500	24 000
两人或两人以上占用的客房数	2 400	2 500
免费客房	150	160
供应的餐数	5 500	5 600
食品销售额	2 800 000	3 000 000
饮料销售额	1 500 000	1 450 000

可供出租客房数＝每天可供出租客房数×365天

＝80×365

＝29 200

客房出租率＝(已出租的客房数/可供出租客房数)×100%

＝(21 000/29 200)×100%＝71.92%

可以看出，××饭店 2009 年客房出租率是 71.92%，比 2008 年的出租率有所提高。2008 年的客房出租率为 70.21%，共租出的客房数为 20 500 间。这个百分数并不是指每天租出可租房间数的 70.21%，只是指平均租出 70.21%。例如，星期一到星期四的出租率为 100%，星期五到星期日的出租率为 33%，两者结合的结果为 71.29%。

在住宿业里有许多因素影响客房出租率，例如区位、地理位置、季节性因素（每周的和每年的）、价格结构、住宿设施的种类等等。

（二）每间客房平均占用率

衡量管理者运用住宿设施能力的另一比率是每间客房平均占用率。用入住客人数除以租出的房间数就可计算这一比率。一般来说，当每间客房平均占用率增加时，房价也随之增加。

运用表 8-4 的数据能够计算出××饭店 2009 年每间客房平均占用率。

每间客房平均占用率＝入住的客人数/租出的房间数

＝24 000/21 000

＝1.14（名客人）

××饭店 2009 年每间客房平均占用率是 1.14 名客人，2008 年每间客房平均占用率则略高，是 1.15 名客人。

度假村的每间客房平均占用率一般最高，能高达每间客房 2.0 名客人以上，比率最低的是暂住型饭店。

（三）倍数出租率

另一种用来衡量客房多倍出租情况的比率是倍数出租率，有时也粗略地称为“双倍出租率”。这一比率类似于每间客房平均占用率，是用双人或多人入住一间客房的客房数除以租出的客房数来计算的。

运用表 8-4 的数据，计算出××饭店 2009 年倍数出租率如下：

倍数出租率＝（双人或多人入住一间客房的客房数/已租的客房数）×100%

＝（2 500/21 000）×100%

＝11.9%

2009 年××饭店的倍数出租率 11.9%表示双人或多人入住一间客房的客房数占租出客房数的 11.9%，2008 年××饭店倍数出租率为 11.71%，可见，2009 年这一比率较 2008 年有所增长。

所有者、债权人和管理者都愿意出租率高，包括客房出租率、每间客房平均占用率和倍数出租率。出租率越高，设施的利用率就越高。人们认为这些比率是饭店经营水平的首要指标。出租率一般按日计算，并记录在每日经营报告上。

任务二　盈利能力比率

盈利能力比率反映了管理者所有经营管理领域的结果。由流动性比率、偿债能力比率、营运性比率所传递的所有信息都影响着饭店的盈利能力。大多数饭店的主要目的是获取利润。所有者为了增加他们的财富而投资，通过股利和饭店股票价格的增加来实现这一目标。不论是股利还是股票价格在很大程度上都依赖于经营利润。债权人特别是贷款人,向饭店提供用于服务的资本,一般来说,未来利润将用来偿还这些贷款人。管理者对利润也极为关注,因为他们的业绩在很大程度上就是由饭店的净利来衡量的。优良的服务产生信誉、回头客和其他信誉,所有这些都会最终导致饭店盈利能力的增强。

一、利润率

人们常常根据饭店在销售上获取利润的能力来对饭店进行评价。其关键性的比率——利润率——由净利润除以收入总额来确定。它是对管理者创造收入与控制费用进而产生净利的全面衡量尺度。在这一比率中,净利润是指扣除了全部费用后的利润。这里既包括管理部门可控的费用,也包括那些直接与董事会决策有关的费用。

根据表 8-2 可以计算××饭店 2009 年的利润率如下:

利润率=净利润/收入总额

=1 467 000/13 520 000

=10.85%

××饭店 2009 年 10.85%的利润率与它 2008 年 10.87%的利润率相比基本持平。与整个服务业约 9.6%的行业平均值相比,10.85%已相当好了。

如果利润率低于预期水平,那么就应当对其他费用领域进行检查。定价低和销售量低可能会导致利润率低。除了分析总利润率外还应分析各经营部门的利润率以便分析问题所在。如果经营部门利润率令人满意,那么问题很可能出在间接费用上。

二、经营效率比率

经营效率比率也叫经营毛利率,和利润率相比,该比率能更好地衡量管理者的绩效。这一比率是扣除未分配营业费用后的利润除以总收入的结果。扣除未分配营业费用后的利润是从收入中扣除管理部门可控费用的结果。非营业费用包括管理费和固定费用,这些费用直接与董事会而不是管理部门的决策有关。固定费用与饭店生产经营能力有关,包括租金、财产税、保险金、折旧以及利息费用。虽然这些费用是董事会决策的结果,在经营管理者直接控制之外,但是管理者能够而且应该审查税款、保险单及其报价,向董事会提出能够影响企业总体获利能力的建议。在计算经营效率时,所得税也不包括在内,因为固定费用直接影响所得税。

根据表 8-2,计算××饭店 2009 年的经营效率比率如下:

经营效率比率=(扣除未分配营业费用后的利润/收入总额)×100%

=(4 155 000/13 520 000)×100%

=30.73%

上述经营效率比率显示了每 1 元的收入有近似乎 0.31 元可用于支持固定费用、所得税和利润。同样,可以计算××饭店 2008 年的经营效率比率是 30.39%。

三、资产报酬率(ROA)

资产报酬率是饭店资产获利能力的总括指标。它不像前述两种获利能力比率那样只用利润表的数据进行计算,这一比率是净利润与投资总额即资产总额相比。用净利润除以平均资产总额就可计算出资产报酬率。这一比率或它的变形,被若干大型集团用来衡量它们在饭店业中的子公司的经营业绩。

根据表8－1和表8－2的数据可以计算出××饭店2009年的资产报酬率以下用ROA表示。××饭店2009年的ROA为13.09％，就是说每1元的平均资产总额获利0.130 9元。该饭店2008年的ROA为13.36％，可见2009年的ROA比2008年的ROA有所下降。

平均资产总额＝（本年期初资产总额＋本年期末资产总额）/2

＝（10 650 000＋11 763 000）/2

＝11 206 500

资产报酬率（ROA）＝（净利润/平均资产总额）×100％

＝（1 467 000/11 206 500）×100％

＝13.09％

ROA很低可能是利润不足造成的，也可能是资产过多造成的。太高的ROA可能意味着资产较旧，需要在近期予以更换，或意味着需要增加资产以支持收入的增加。高与低的确定，常常依据行业平均值来确定，并且通过饭店企业自己的ROA描绘出整个时期发展的轮廓。

四、所有者权益报酬率（ROE）

关键的获利能力比率是所有者权益报酬率（以下用ROE表示）。ROE是将饭店的利润与所有者的投资额进行比较。其计算公式为净利润除以平均所有者权益。分母包括全部股本和留存收益。

根据表8－1与表8－2的数据可以计算出××饭店2009年的ROE。

平均所有者权益＝（本年期初所有者权益总额＋本年期末所有者权益总额）/2

＝（4 200 000＋5 173 000）/2

＝4 686 500（元）

所有者权益报酬率（ROE）＝（净利润/平均所有者权益）×100％

＝（1 467 000/4 686 500）×100％

＝31.30％

可以看出，在2009年，每1元的所有者权益赚得0.313元。而××饭店2008年的ROE则高达33.46％。对所有者来说，这一比率代表了管理者全部努力的结果。ROE反映了管理部门为所有者创造财富的能力。

另外一种计算ROE的方法是利用ROA与平均资产总额和平均所有者权益总额之比来进行计算的。对2009年××饭店ROE的计算如下：

ROE＝ROA×（平均资产总额/平均所有者权益总额）

＝13.09％×（11 206 500/4 686 500）

＝31.30％

因此，所有者权益相对于资产总额越小（即财务杠杆作用越大），则ROE就越大。

五、每股净利（EPS）

每股净利（以下用EPS表示）显示了利润表上的普通获利能力比率。如果只发行了普通股（也就是说没有优先股或可转换债券或类似稀释证券），那么，EPS就是净利润除以流通在外的普通股平均股数来计算。如果发行了优先股，则用从净利润中扣除优先股利的结果除以流通在外的普通股平均股数来计算 EPS。

根据表 8-1 与表 8-2 的数据，对××饭店 2009 年的 EPS 计算如下：

每股净利(EPS)＝净利润/流通在外普通股的平均股数

＝1 467 000/55 000

＝26.7(元)

该饭店 2008 年的 EPS 是 25.7 元，所以饭店的 EPS 从 2008 年到 2009 年每股增加了 1 元。

对 EPS 的增加必须要慎重对待。若其他条件不变的情况下，通过发行企业购进它自己的股票(库藏股)而减少流通在外的普通股也会导致 EPS 的增加。更进一步讲，饭店将其净利再投资进它的企业中时，就能增加 EPS，因为没有相应地增加流通在外的股份也能产生更大利润。

六、关于盈利能力比率的观点

所有者、债权人和管理者都愿意盈利能力比率高些。所有者愿意获利能力比率高些，因为这表示他们可从投资中得到回报。他们更关心 ROE，因为 ROE 是他们投资回报的精确衡量尺度。虽然其他盈利能力比率对所有者也很重要，但 ROE 对所有者来说是“最底线”。其他盈利能力比率可能比较低，但 ROE 仍然可以很出色。例如，销售额为 100 万元，净利润为 2 万元，所有者权益为 10 万元，那么利润率就仅有 2%(2/100)，而 ROE 却有 20%(2/10)。

如果盈利能力比率没有其他投资方式(风险相似)高的话，股东们可能会产生不满，而最终将他们的资金转移到其他投资上去。如果不加控制，这种转移将导致股票价格下跌，而且当饭店想从外界筹集资金时可能会出现困难。

债权人也希望高的、稳定的甚至是不断增长的盈利能力比率。虽然他们希望股东获得极好的回报(如 ROE 所衡量的)，但他们更注意 ROA，因为这一比率与全部资产有关，不像 ROE 只涉及与它相关的那部分资产。高的且又不断增长的 ROA 表明了财务的安全性，而且还表明管理者的胜任能力。较高的 ROA 一般也意味着较高的利润和现金流量，它对债权人意味着安全，对贷款人则意味着风险较小。

管理者必须既使债权人高兴，又使所有者满意。因此，对他们来说所有的盈利能力比率都特别重要。当其他条件相同时，盈利能力比率越高越好。高盈利能力比率也说明管理是有效率的。

任务三　营业比率

营业比率有助于管理者分析饭店的经营状况。计算这些比率所必需的详细资料，对债权人或不主动参与管理的所有者来说通常是不易得到的。这些比率反映销售(收入)的实际组合，并且尽可能地与销售组合目标相比较。而且，营业比率将费用与收入联系起来有助于实施控制。例如，计算出食品成本率并将它和预算的食品成本率相比较，以评价对食品成本的全面控制结果。人们对出现的任何较大偏差都要进行调查研究，以确定造成实际成果与计划目标之间差异的原因。

可以计算出上百种营业比率，主要有以下几种：部门收入在收入总额中(销售组合)的百分比，费用占收入总额的百分比，部门费用占部门收入总额的百分比，出租每间客房的收入、售出每餐的收入，每间客房的年费用额，等等。本节只考虑一些最主要的比率，其中有一些与收入有关，一些则与费用相关。收入比率包括销售组合、平均房价、平均每间可供出租客房收入以及人均消费额，费用比率包括食品成本率、饮料成本率以及人工成本率。

一、收入比率

1. 销售组合

饭店也与其他行业的企业一样，力图通过扩大销售获取利润。在饭店业的住宿部门中，客房部的销售能比其他部门同等金额的销售为间接费用提供更大的贡献，获取更多的利润。在餐饮企业中，主菜的销售组合产生一定的贡献，在销售总额相同的情况下，不同的销售组合对间接费用和利润作出的贡献是不同的(可能较低)。因此，获得理想的销售组合对管理部门来说至关重要。为了确定销售组合，人们将各营业部门的收入汇总，并计算出各部门收入占总收入中的百分比。

根据表 8－2 和表 8－4 相关数据，我们可以计算出××饭店 2009 年的销售组合，如表 8－5所示。计算出的销售组合，首先将其与预算中提出的目标相比，其次是和过去时期实现的指标相比，最后则是与同行业的平均值相比。

表 8－5　销售组合

部门	销售额(元)	占总额的百分比(%)
客房	8 100 000	59.9
食品	3 000 000	22.2
饮料	1 450 000	10.7
电话	420 000	3.1
租金与其他收入	550 000	4.1
总计	13 520 000	100

2. 平均房价(ADR)

平均房价是客房部的关键比率，通常叫做平均日价，以下简称 ADR。尽管在饭店里单间和套间、单个客人和团体客人以及会议客人、平日和周末以及旺季和淡季等的房价可能有很大不同，但大多数的饭店和汽车旅馆的管理者也还是要计算平均房价。

根据表 8－2 与表 8－4 的数据，可以计算出××饭店 2009 年的平均房价如下：

ADR ＝客房收入/租出的客房数

＝8 100 000/21 000

＝385.7(元)

××饭店 2009 年的平均房价比 2008 年的 380.5 元(7 800 000÷20 500)提高了 5.2 元。评价实际平均房价的最佳指标是作为当期的客房部经营目标的预算房价，这一平均价格还应该按不同的细分市场(商务团体客、旅游者、班机乘务员以及其他种类的服务对象)分别予以计算。

3. 平均每间可供出租客房收入(Revpar)

一般来说,很多饭店经营者很重视客房出租率,因为这一比率能很快显示经营活动的情况。其他比率如 ADR 是饭店经营质量的反映。然而,客房出租率和平均房价本身意义不太大。一个饭店的客房出租率可能是 80%,ADR 为 40 元,而相近似的竞争对手则是 70%的客房出租率和 60 元的 ADR。那么哪个饭店经营更好些呢?

将客房出租率与 ADR 综合起来考核的评价指标叫做平均每间可供出租客房的收入(以下简称 Revpar)。计算如下:

Revpar＝客房收入/可供出租客房数

　　　＝客房出租率×平均房价

利用上述例子,第一家饭店的 Revpar 为 32 元(40×80%),而其竞争对手的 Revpar 为 42 元(60×70%)。在其他条件相同的情况下,应选择具有更高 Revpar 的饭店。在这个例子中,Revpar 引导我们选择 ADR 较高的饭店,但情况并不总是这样。例如,假设第二家饭店出租率是 50%而不是 70%,那么它的 Revpar 将是 30 元(60×50%)。从 Revpar 的观点来看,将视高客房出租率的饭店为经营有利的饭店。

根据前面计算过的客房出租率和平均房价,××饭店 2009 年的 Revpar 为 27.74 元(71.92%×38.57),比 2008 年的 26.71 元增加了 1.03 元。

相对于单独研究客房出租率或 ADR 来说,Revpar 指标有了更大的改进,很多业界的管理者更喜欢这种混合后的统计指标。

4. 人均消费额

食品服务比率中关键的是人均消费额,这一比率由某一时期食品收入总额除以该时期内供应的餐数来计算。

利用表 8-4 的数字可以计算出××饭店 2009 年的人均消费额,如下:

人均消费额＝食品收入总额/供应的餐数

　　　　　＝3 000 000/5 600

　　　　　＝536(元)

××饭店 2009 年的人均消费额为 536 元,它比 2008 年的 505 元(2 800 000÷5 500 的供应客数)增加了 27 元。最好将人均消费额和 2009 年的预算金额进行比较,也可将它与行业平均值相比。饮料的人均消费额应另外计算,管理部门甚至可以按不同就餐区域和不同就餐时间分别计算饮料人均消费额。

二、费用比率

(一)食品成本率

食品成本率是一个重要的食品经营比率。这一比率用售出食品的成本除以食品销售额来进行计算。大多数食品经理主要依赖这一比率去判断食品成本是否合理。

根据表 8-3 数据,可以确定××饭店 2009 年食品成本率如下:

食品成本率＝(售出食品的成本/食品销售额)×100%

　　　　　＝(1 200 000/3 000 000)×100%

　　　　　＝40%

××饭店 2009 年食品成本率为 40%，表示每 1 元的食品销售额中，售出食品的成本是 0.40元。最好将实际成本率同该时期的预算百分数进行比较分析，相比得出的正负偏差都应引起管理者的注意。管理者不但要关心超过预算的食品成本率，也要关心低于预算的食品成本率。食品成本率低可能表示销售的食品质量低于期望质量，或者表示售出的分量少于标准食谱所规定的标准。食品成本率高于预算可能是由于对售出的分量没有进行良好的控制，或者有偷窃、浪费及食品腐烂等情况。

(二)饮料成本率

饮料经营的关键比率是饮料成本率。这一比率用售出饮料的成本除以饮料销售额来进行计算。

利用表 8－3 中的数据能计算出××饭店 2009 年饮料成本率如下：

饮料成本率＝(售出的饮料成本/饮料销售额)×100%

＝(280 000/1 450 000)×100%

＝19.31%

××饭店 2009 年饮料成本率为 19.31%，它意味着每 1 元饮料销售额中，花费在饮料上的成本是 0.19 元。与食品成本率一样，管理者最好把饮料成本率与该时期预算目标相比。同样的，也必须研究任何重大的偏差，查找其原因。要想使这一比率更准确，可以按售出饮料的种类以及按饮料外卖点来分别计算饮料成本率。

(三)人工成本率

饭店、汽车旅馆、俱乐部及许多餐馆的最大费用是人工费用。人工费用包括薪水、工资、奖金、工资税以及附加福利。人工成本率由人工成本总额除以收入总额来计算。这一百分数是进行大量比较的基准。为了进行控制，必须按部门分析人工成本。客房部的人工成本率由客房部人工成本除以客房收入来确定。餐饮部的人工成本率由餐饮部人工成本除以餐饮部收入来计算。其他营业部门的人工成本率的确定与此相似。

根据表 8－2 的数字可以计算出××饭店 2009 年经营部门人工成本率，如表 8－6 所示。

表 8－6　经营部门人工成本率

部门	人工成本总额	收入总额	人工成本率
客房	1 450 000	8 100 000	17.90%
餐饮	1 800 000	4 450 000	40.45%
电话	105 000	420 000	25.00%

从××饭店 2009 年人工成本率来看，餐饮部的人工成本率最高，达 40.45%。在大多数饭店里常常是这种情况。比较这些比率的标准就是预算的成本率。由于人工成本通常是最大的费用，所以必须要紧紧地控制。管理者必须仔细研究实际人工成本率与预算之间的任何偏差。

三、比率分析的局限性

以上这些比率对所有者、债权人和管理者评估饭店的财务状况与经营业绩是极为有用的。然而比率只是指示器，并不能解决问题，或者甚至不能正确地揭示出问题所在。充其量是，在它们和过去时期、预算标准或者行业平均值相比有重大变化时，也只是说明可能存在问题。因此，需要进行更多的分析和研究。

将两个相关的数字相比而获得的比率是有意义的，食品成本率由于反映了食品成本和食品销售额之间的直接关系而很有价值。信誉对现金的比率没有多大意义，是因为信誉和现金之间缺少直接联系。

当将比率和标准相比时，比率是最有用的。32%的食品成本率没有太多用处，只有将它和一种标准如过去的业绩、行业平均值或者预算百分比进行比较时其作用才显现出来。

比率常常用于比较不同的饭店。但是如果两家饭店是属于完全不同的细分市场，许多比率，特别是营业比率的比较就不会有太大意义。例如，将豪华饭店的比率与快餐馆相比就没有什么意义。

此外，如果在某些领域，两个相互比较的饭店使用的会计程序不同，那么对比率的比较很可能不仅在财务状况和经营状况方面，也在和会计程序相关的方面显示出区别。

没有一个比率是万能的。在饭店经营中常常综合使用几个比率来判断其财务状况。一般来说，同一比率常用于不同时期的比较。

分析人员还必须注意到不直接影响财务状况的事实。例如，未记录的合同、诉讼案件、借贷限额以及饭店团体预订都间接影响饭店的财务状况，分析人员必须仔细衡量这些事实以及他们对饭店财务状况的潜在影响。

最后，财务比率一般由财务报表中的数字计算而得。这些数字以历史成本为基础。在一段时期中，通货膨胀的影响会导致这些数字用处不大。例如：某饭店2000年的ADR为55元，并不一定比ADR为40元的1990年的经营良好；如果在1990—2000年间通货膨胀大于37.5%，2000年的55元还不值1990年的40元。通货膨胀影响最大的比率是分式中含有资产、设备、所有者权益项的比率。另外，由于与资产设备的历史成本相关，折旧常被“保守估计”，因此，涉及折旧费用的利润数字常被“高估”。

探究园地

1. 利益相关各方是如何看待流动性比率的？

2. 应收账款周转率是如何计算的？

3. 平均收款期的含义是什么？

4. 存货周转率是如何计算的？

5. 对管理者有效运用资产的能力进行衡量的三个附加的指标是什么？分别是怎样计算的？

6. 盈利能力比率包括哪些指标？分别是怎样计算的？

项目九

如何有效管理好旅游企业营用资本

项目阐释

本项目旨在介绍旅游企业营运资本的特点及其管理方法。营运资本是旅游企业资产中流动性最强的，做好旅游企业财务管理，首先就要管好旅游企业的营运资本。本项目结合具体案例进行分析，介绍现金管理的策略及方法、应收账款的信用政策与分析，以及存货的几种管理模式。

能力目标

◇ 通过本项目的学习，要求学生了解旅游企业营运资金的内容。

◇ 了解现金、应收账款、存货的内容，以及它们在旅游企业的重要性。

◇ 掌握现金管理方法,应收账款信用政策及管理，存货的有关成本及日常管理。

◇ 能够结合企业的具体情况，有效进行现金、应收账款及存货的管理及分析，成功地进行旅游企业良好的营运资本管理。

项目分解

模块一 旅游企业现金管理

模块二 应收账项及其信用管理

模块三 存货的管理

模块一　旅游企业现金管理

工作任务

任务一　现金的持有动机和成本
任务二　最佳现金持有量
任务三　现金日常管理

判断一个人有没有钱，最简单的方法是看他在商场里的姿态：在贵重商品柜台前，有钱的人即使不想买东西，也总是把手放在身体的前方，以醒目的姿态指点或把玩那些贵重的商品；囊中羞涩者大都谨慎地背着手，谦逊地打量着它们，并且多半要赶在售货员注意到他们之前若无其事地走开。

莎士比亚在《雅典的泰门》一剧中曾对钱进行了万般的诅咒，但他终其一生都在为挣钱而奔忙。没有钱就没有对世界的占有权，就不能在商品王国中占有一席之地，就会在任何地方都无家可归。这对于包括莎士比亚在内的所有人来说都是显而易见的事实。正像本文开头所描述的那样，有钱人面对着贵重商品至少有两种可能性——买和不买，而身无分文的人只能选择无奈地走开。

本项目正是要介绍对钱——现金的管理。

任务一　现金的持有动机和成本

请同学们分析你自己拥有现金的目的？

作为变现能力最强的资产，现金是满足正常经营开支、清偿到期债务本息、履行纳税义务的重要保证。因此，企业能否持有足够的现金余额，对于降低或避免经营风险与财务风险具有十分重要的意义。但同时现金又是一种非盈利性资产，持有量过多，势必为企业造成较大的机会损失，降低资产的获利能力。因此，如何在现金的流动性与收益性之间作出合理的选择，即在保证企业正常业务经营及偿还债务和缴纳税款需要的同时，降低现金的占用量，并从暂时闲置的现金中获得最大的投资收益，成为企业现金管理的基本目标。

学过财务管理的人都知道，一个公司在任何时候都要保留一定的现金结存额，这是为了满足三方面的动机：交易动机、预防动机和投资动机。不管是哪一种动机，其实就是同一个目的，即保证公司在任何需要的时候有随时可动用的现金资产。

一、现金的持有动机

企业持有一定数量的现金，主要基于以下三个方面的动机：

(1)交易动机。即企业在正常生产经营秩序下应当保持一定的现金支付能力。企业为了组织日常生产经营活动,必须保持一定数额的现金余额,用于购买原材料、支付工资、缴纳税款、偿付到期债务、派发现金股利等。由于企业每天的现金流入量与现金流出量在时间上与数额上通常存在一定程度的差异,因此,企业持有一定数量的现金余额主要取决于企业销售水平。企业销售扩大,销售额增加,所需现金余额也随之增加。

(2)预防动机。即企业为应付紧急情况而需要保持的现金支付能力。由于市场行情的瞬息万变和其他各种不测因素的存在,企业通常难以对未来现金流入量与流出量作出准确的估计和预期。一旦企业对未来现金流量的预期与实际情况发生偏离,必然对企业的正常经营秩序产生极为不利的影响。因此,在正常业务活动现金需要量的基础上,追加一定数量的现金余额以应付未来现金流入和流出的随机波动,是企业在确定必要现金持有量时应当考虑的因素。企业为应付紧急情况所持有的现金余额主要取决于以下三个方面:一是企业愿意承担风险的程度;二是企业临时举债能力的强弱;三是企业对现金流量预测的可靠程度。

(3)投机动机。即企业为了抓住各种转瞬即逝的市场机会,获取较大的利益而准备的现金余额。如在证券市价大幅度下跌时购入有价证券,以期在价格反弹时卖出证券获取高额资本利得(价差收入)等。投机动机只是企业确定现金余额时所考虑的次要因素之一,其持有量的大小往往与企业在金融市场的投资机会及企业对待风险的态度有关。

企业除了以上三项原因持有现金外,也会基于满足将来某一特定要求或者为在银行维持补偿性余额等其他原因而持有现金。企业在确定现金余额时,一般应综合考虑各方面的持有动机。但需要注意的是,由于各种动机所需的现金可以调节使用,企业持有的现金总额并不等于各种动机所需现金余额的简单相加,前者通常小于后者。另外,上述各种动机所需保持的现金,并不要求必须是货币形态,也可以是能够随时变现的有价证券以及能够随时融入现金的其他各种存在形态,如可随时借入的银行信贷资金等。

案例链接

乞丐与富翁的传说

乞丐在城里的繁华地带乞讨了一年多之后,终于发现了一个理想的乞讨场所。这里远离市中心,在城东云龙山下的一条马路边。沿马路的走向往上看,是依山而建的一座座小洋楼,小洋楼掩映在红花绿树丛中,像一个世外桃源。

乞丐的年龄并不大,但为了顺利讨到钱,他不得不将自己打扮得老相一些。他还发现,自己的模样不能太窝囊,太窝囊的话,人们见了你就像见到苍蝇那样恶心地走开,根本没有好心情来丢给你钱。

每天都有西装革履风度翩翩的富人从乞丐面前走过,走向不远处的那些小洋楼。乞丐翻天覆地说着乞讨的话,当然大多数富人都对他置之不理,扬长而去,偶尔有个把人在他面前停顿一下,丢给他一张票子。乞丐不由心花怒放,因为这一张票子顶得上他在别处乞讨三天还不止。

有一个矮矮胖胖、留着两撇小胡子的富翁刚搬到这里来,乞丐觉得这个人面善,再遇上他时,乞丐就格外用心用情。乞丐几乎声泪俱下地说,先生,行行好吧,俺爹是个瞎子,俺娘瘫痪在床,俺老婆被人贩子拐跑了,俺女儿又得了白血病,没钱治病,眼看就要咽气了……富翁看了挤眉弄眼一下,嘴角动了动,摆摆手止住他,从兜里摸出一张百元大票,扔在他面前的一块肮脏的白布上。乞丐赶忙作揖跪拜，连说恩人恩人，俺一辈子记着你……等他抬起头来时，看到大恩人已经走远了。

两天后，那位留小胡子的富翁再次从乞丐身边走过，乞丐先作揖磕头，说先生行行好吧，俺想送女儿去医院，但俺交不起住院费……富翁这回连眼皮都没抬，像甩手丢一只烟头那样，扔下一张百元大票后快步远去。

留小胡子的富翁买了辆小卧车。从那以后，每逢富翁坐车路过，乞丐都冲着那辆小卧车行大礼。如果富翁步行而来，乞丐就张口乞讨。令乞丐喜不自胜的是，自己差不多每次都有收获，很少有落空的时候。他想，这个富人可真是天底下最好的，这个天底下最好的富人居然让自己碰上，老天爷有眼呀。

这天黄昏，富翁又款款出现了，乞丐酝酿了感情，待富翁走到五米远的地方时，先作揖跪拜，然后含着泪说，先生，托您的福，俺女儿住进了医院，但住院费眼看又花光了……富翁大概刚赚了一笔，脸上挂着笑，看上去心情极好。心情极好的富翁这回没有马上走开，甩过一张百元大票后，他蹲下来，说，每次见了我你都编假话，有那个必要吗？

见老底被揭穿，乞丐很不自在地笑笑，血涌上脸，好在他脸黑，看不出来。富翁又说，十年前，我就是你现在这个样子。

可是，您现在大发了。乞丐啧啧道。

如果我没记错的话，我已经给过你两千元钱。十年前，我就是靠两千元钱起家的，主要倒腾海产品。如今，全市的海货基本上都被我垄断了。记住，以后不要再朝我要钱了。富翁说完后，腆着小肚子款款而去。

乞丐望着富翁远去的背影，淡淡一笑。一个计划随之在他的脑子里形成了。

乞丐一连十天没在这条幽静的马路上出现。

十天后，乞丐却又来到了这里，他的样子更加落魄，恨不得马上就见到那个留小胡子的富翁，等到天黑，富翁才露面。乞丐顾不得礼节，大声说，先生，我也按你的办法，进了一批海货，但没卖出去，全臭了……

富翁说，是嘛。

乞丐痛哭流涕道，两千多块钱呐，全砸进去了……

富翁说，是嘛，我没让你也只倒腾海货呀。

可是，你靠这个发了，我却完蛋了。乞丐哭得更加伤心。

富翁一点都不为之所动，说，瞧瞧吧，这就是富翁与乞丐的区别。

自此以后，留小胡子的富翁真的没再给过乞丐一分钱。乞丐枯坐在这条美丽的马路上，经常一连数天毫无所获。又过一段时间，挤眉弄眼实在熬不下去，只好重新回到市区的繁华地带乞讨。他对同伴说，咱他娘的挣不了大钱，就安心在这里一点一点地讨要吧。

二、现金的成本

如果您拥有现金，请您分析它会有哪些成本？

旅游企业现金的成本通常由以下三个部分组成：

(1)持有成本。现金的持有成本是指企业因保留一定现金余额而增加的管理费用及丧失的再投资收益。企业保留现金，对现金进行管理都会发生一定的管理费用，如管理人员工资及必要的安全措施费等，这部分费用具有固定成本的性质，它在一定范围内与现金持有量的多少关系不大。再投资收益是企业不能同时用该现金进行有价证券投资所产生的机会成本，这种成本在数额上等同于资金成本。比如企业欲持有1万元现金，就只能放弃1 000元的证券投资收益(假设证券收益率为10%)。可见，放弃的再投资收益即机会成本属于变动成本，它与现金持有量的多少密切相关，即现金持有量越大，机会成本越高，反之就越小。

名词点击

机会成本

所谓机会成本就是在选择投资方案时，选取了一个方案而必须放弃另一个方案，而放弃另一方案的收益就成为被选取方案的一种代价，称作被选取方案的机会成本。假如某企业对生产线进行大规模的更新改造所需的资金为100万元，如果这100万元用于国债投资，每年的利息为10万元。

如果选取更新改造方案，则将放弃每年10万元的国债利息收入。每年国债利息收入10万元，则是选择更新改造方案每年的机会成本，所以在决策时必须考虑。机会成本不是通常我们所说的“成本”含义，它不是一项企业的真正支出，而是丧失的一种收益。由于决策时，两个方案或者多个方案无法同时取得，必然放弃其中的一些方案，所以要作出正确的决策必须考虑放弃的方案的收益。

(2)转换成本。转换成本是企业用现金购入有价证券以及转让有价证券换取现金时付出的交易费用，即现金同有价证券之间相互转换的成本，如委托买卖佣金、委托手续费、证券过户费、实物交割手续费等。

(3)短缺成本。现金短缺成本是指在现金持有量不足而又无法及时通过有价证券变现加以补充而给企业造成的损失，包括直接损失与间接损失。现金的短缺成本随现金持有量的增加而下降，随现金持有量的减少而上升，即与现金持有量负相关。

任务二　最佳现金持有量

基于交易、预防、投机等动机的需要，企业必须保持一定数量的现金余额。对于如何确定最佳现金持有量，经济学家提出了许多模式，这里只介绍存货模式。

存货模式又称鲍莫模式(Baumol model)，它是由美国经济学家威廉·鲍莫(William J. Baumol)首先提出的。他认为公司现金持有量在许多方面与存货相似，存货经济订货批量可用于确定目标现金持有量，并以此为出发点，建立了鲍莫模式。

能够使现金管理的机会成本与转换成本之和保持最低的现金持有量，即为最佳现金持有量。存货模式的着眼点是现金有关成本最低，在这些成本中，固定费用因其相对稳定，同现金持有量的多少关系不大，因此在存货模式中将其视为决策无关成本而不予考虑。在利用存货模式计算现金最佳持有量时，对短缺成本也不予考虑，只对机会成本和转换成本予以考虑。

设T为一个周期内现金总需求量；F为每次转换有价证券的固定成本；Q为最佳现金持有量(每次证券变现的数量)；K为有价证券利息率(机会成本)；TC为现金管理总成本，则

现金管理总成本＝持有机会成本＋转换成本

即：

$$TC=(Q/2)\times K+(T/Q)\times F$$

现金管理总成本与持有机会、转换成本的关系如图 9-1 所示：

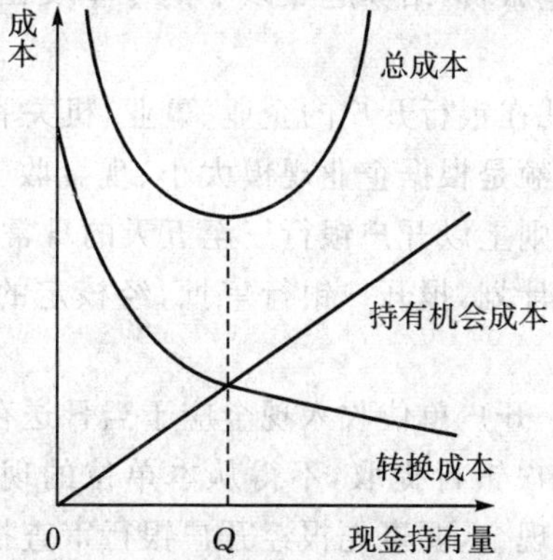

图 9-1　现金管理总成本与持有机会成本、转换成本关系图

从图 9-1 可以看出，现金管理的总成本与现金持有量呈凹性曲线关系。持有现金的机会成本与证券变现的交易成本相等时，现金管理的总成本最低，此时的现金持有量为最佳现金持有量，即：

$$Q=\sqrt{2TF/K}$$

将之代入上一式，得

$$最佳现金管理总成本\ TC=\sqrt{2TF\times K}$$

实践与体验

某企业现金收支状况比较稳定，预计全年(按 360 天计算)需要现金 200 000 元，现金与有价证券的转换成本为每次 400 元，有价证券的年利率为 10%，则：

最佳现金持有量(Q)$=\sqrt{2\times 200\ 000\times 400\div 10\%}=40\ 000$(元)

最低现金管理成本(TC)$=\sqrt{2\times 200\ 000\times 400\times 10\%}=4\ 000$(元)

其中：转换成本$=(200\ 000\div 40\ 000)\times 400=2\ 000$(元)

持有机会成本$=(40\ 000\div 2)\times 10\%=2\ 000$(元)

有价证券交易次数(T/Q)$=200\ 000\div 40\ 000=5$(次)

有价证券交易间隔期$=360\div 5=72$(天)

任务三　现金日常管理

企业在确定了最佳现金持有量后，还应采取各种措施，加强现金的日常管理，以保证现金的安全、完整，最人限度地发挥具效用。现金日常管理的基本内容主要包括以下几个方面。

一、严格现金管理制度

根据国务院《现金管理暂行条例》的有关规定，企业现金管理的具体内容如下：

(1)明确现金的使用范围。属于现金开支的项目包括：职工工资、各种工资性津贴，个人劳务费报酬，支付给个人的各种奖金，各种劳保、福利费用以及国家规定的对个人的其他现金支出，出差人员必须随身携带的差旅费，结算起点以下的零星支出，确实需要现金支付的其他支出。

(2)库存现金限额管理。凡在银行开户的企业、事业、机关和团体等单位，按规定必须核定库存现金的限额。库存现金限额是根据企业规模大小、现金收支业务的多少和距离银行远近等条件，经与银行协商确定，原则上以开户银行三至五天的日常零星开支所需而核定的。库存现金限额一般由开户单位提出计划，报开户银行审批，经核定的库存现金限额，开户单位必须严格遵守。

(3)现金收支的有关规定。开户单位收入现金应于当日送存银行；开户单位支付现金可从本单位现金库存中支付或从开户银行提取，不得从本单位的现金收入中直接支付(即坐支现金)；单位若因特殊情况要坐支现金，要事先报经开户银行审查批准，由开户银行核定坐支范围和限额。开户单位从开户银行提取现金时，应当如实写明用途，由本单位财会部门负责签字盖章，并经开户银行审查批准，予以支付。

(4)完善钱账分离制度和查账制度。建立现金收付与记账核算业务的职责分离制度，将现金收付和保管与会计记账核算业务分开，这样一来便于及时发现错误，起到互相监督的作用。另外，还要完善现金的清查核对制度，通过内部稽查发挥监督作用，预防违反现金管理规定的行为发生。

案例分析

偷漏税防范及法律处理实务

M市某酒店属私营企业，系增值税一般纳税人，主要经营餐饮、住宿业务。2009年12月，该市国税机关接到群众举报，称该酒店开业以来偷税达400万元。根据群众举报，税务机关对该酒店进行了税务稽查。

在稽查过程中，税务机关通过内查外调，多方调查寻找有关资料和证据，对账外资料进行逐笔登记核对，并到有关业务单位进行调查核对取证。

根据对该酒店2009年全年的纳税情况进行重点检查，存在以下问题：

1. 多头开户。

该企业在银行非法开设辅助账户，未主动向税务机关申报，经查非法账户多达4个，将部分销货款私存在这些账户中，隐匿销售收入，以达到偷税的目的。

2. 采取收现金不入账的手段，偷逃国家税款。

经查，2009年一年以来收取现金不入账，坐支165 355.15元，偷逃增值税24 025.96元。

3. 采用开大头小尾发票的手段偷税。

经查，一年来该企业采用开大头小尾、更改业务单位名称的手段进行偷税，共计开出普通发票265份，差额达4 568 963.24元，偷逃增值税663 866.48元。

据该公司经营负责人交待，由于企业经营状况不好，为了维持经营，所以才采取了现金收入不入账、开大头小尾发票的手段进行偷税。

该公司多头开立账户、收支现金不入账、开大头小尾发票的行为，已构成偷税，企业负责人对上述事实也供认不讳。根据《中华人民共和国税收征收管理法》第四十条规定，税务机关对其作出了补税1 466 305.25元并处以1倍的罚款。

请分析：

1.该酒店的现金管理存在哪些问题？应如何改进？

2.该酒店的现金管理问题给企业带来了怎样的后果？

3.酒店在现金管理方面还应注意哪些事项？

二、现金回收管理

为了提高现金的使用效率，加速现金周转，企业应尽量加速账款的收回。一般来说，企业账款的收回包括三个阶段：客户开出支票、企业收到支票、银行清算支票。

三、现金支出管理

与现金收入的管理相反，现金支出管理的主要任务是尽可能延缓现金的支出时间。当然这种延缓必须是合理合法的，否则企业延期支付账款所得到的收益将远远低于由此而遭受的损失。延期支付账款的方法一般有以下几种：

(1)合理利用“浮游量”。所谓现金的浮游量是指企业账户上现金余额与银行账户上所示的存款余额之间的差额。有时，企业账户上的现金余额已为零或负数，而银行账户上该企业的现金余额还有很多，主要是因为有些支票企业已经开出，但客户还没有到银行兑现。如果能正确预测浮游量并加以利用，可节约大量现金。

(2)推迟支付应付款。企业可在不影响信誉的情况下，尽可能推迟应付款的支付期。

(3)采用汇票付款。在使用支票付款时，只要受票人将支票放进银行，付款人就要无条件地付款。但汇票不是“见票即付”的付款方式。在受票人将汇票放进银行后，银行要将汇票送交付款人承兑，并由付款人将一笔相当汇票金额的资金存入银行，银行才会付款给受票人，这样就有可能合法地延期付款。

(4)改进工资支付方式。有的企业在银行单独开设一个账户专供支付职工工资。为了最大限度地减少这一存款余额，企业可预先估计开出支付工资支票到银行兑现的具体时间。例如，某企业在每月 5 日支付工资，根据经验，5 日、6 日、7 日及 7 日以后的兑现率分别为 20%、25%、30%和 25%。这样，企业就不需在 5 日存足支付全部工资所需要的工资额，而可将节余下的部分现金用于其他投资。

四、闲置现金投资管理

企业现金管理的目的首先是保证业务的现金需求，其次才是使这些现金获得最大的收益。这两个目的要求企业把闲置资金投入到流动性高、风险性低、交易期限短的金融工具中，以期获得较多的收入，通常的做法是将闲置的现金用于短期证券投资以获得利息收入或资本利得。

案例赏析

猫儿守厨房

一天晚上，有一个读书识字的厨子，从厨房跑到附近转角上的一家酒店里去。他是个热心肠的好人，一心一意地上那儿去追悼亡友。他留了他的猫儿来看守大批食物，以防备猖獗的老鼠偷东西。

可是他一回到家里，看见什么情况呢？地板上狼藉散落着吃剩的糕饼，猫儿蹲在一旁，躲在醋坛子附近，正在咪呜咪呜的把一只小鸡撕来吃。

“嘿，嘿！你这个馋嘴的东西，”厨子怒喝道。“你这个混蛋，就在这个屋子里，当着我这样诚实的人面前，你竟吃起来了！你的良心上过得去吗？”猫儿始终忙着吃它的鸡。

“你，你也这样？你这样难得的好猫，过去还拿你的良好行为当做全街的模范呢！你，你竟堕落到这样叫人痛心的地步！现在每家每户都要说了：‘它是个骗子，是个贼！不光不让它进厨房，而且一定不让它进院子，就像不让贪得无厌的狼闯进羊群一样！它真该死，它是败类，它比瘟疫还要糟糕！’”猫儿一边儿听，一边潇潇洒洒地吃着鸡，厨子仍旧滔滔不绝地说话，仿佛他的责备永远没个完似的。可是他的道理还没有讲完，猫儿已经把鸡吃完了。

碰到这样的厨子，我一定要对他说道：“在你的厨房的墙壁上写着：奉命绝对不说空话，因为猫儿是不应该用空话来管教的。”

点评：

与猫儿看守厨房相对应的是，我们一些民营企业在财务管理上则是用“耗子”守“粮仓”。对于管理规范的企业来说，财务人员是几乎见不到、接触不到现金的，所有账务往来都是通过银行支付，甚至包括员工工资。企业财务部门仅持有一定数量的应急备用金（一般仅数万元以内）作为必不可少的日常小额开支。但是我们的民营企业一直以为“财务人员就是管钱的”，所以企业所有的钱都交给财务人员自行管理，而没有或不会应用国家银行来规避现金管理风险。多数民营企业都是将企业的所有印章都交给财务人员管理，甚至包括老板的身份证、个人信用卡、企业账户信用卡、私人印章。这样一来，财务人员每日的工作中，都会接触到大量甚至巨额的现金。在日复一日的现金诱惑面前，在日复一日的漏洞面前，会有几个人经得起这种反反复复的考验与折磨？在这个问题上，任何人力资源考核的依据、任何道德规范的约束都是苍白无力的。有的私携数额巨大的现金潜逃，有的做假账私吞账款，或用公款谋取私利。为了防止“猫儿守厨房”而“偷吃”，必须建立完善的财务管理制度，一要让“猫儿”见不到“秀色可餐的美食”，二要让“猫儿”无法接触到“秀色可餐的美食”。

模块二　应收账项及其信用管理

工作任务

任务一　应收账项的内容及发生原因
任务二　信用政策
任务三　坏账损失的管理

任务一　应收账项的内容及发生原因

一、应收账项的内容

应收账项及预付款，是指企业业务经营中发生的应收回而尚未收回的被购货单位、供应单位以及其他单位和职工暂时占用的资金。具体包括以下内容：

(1)应收票据。应收票据是指因销售商品、提供劳务等而收到票据形成的债权。应收票据应于收到或开出并经对方承兑时，以票面金额入账。

从理论上将，应收票据应按一年期为限来划分，分为短期应收票据和长期应收票据。对于应收票据入账价值的确定，也有两种方法，即按票面标明的实际金额(即面值)或票面价值的现值来确定。我国现行制度规定，应收票据采用按面值入账的方法，这主要是考虑到我国企业在现行经济交易中，较少采用长期应收票据，因此在划分上也不将应收票据划分为长期和短期票据。

应收票据未到期前，企业如急需资金，可以向开户银行申请贴现。贴现有两种情形，一种带追索权，一种不带追索权。不带追索权的应收票据贴现时，企业将应收票据的风险(不可收回账款的可能性)和未来经济利益全部转让给银行，企业贴现所得收入与账面价值的差额，为银行收取的贴现利息，计入当期损益，带追索权的应收票据贴现时，应将按贴现应收票据的账面金额贷记设立的"应收票据贴现"账户、票据贴现实际收到的金额与应收票据账面金额的差额作为财务费用，计入当期损益。

(2)应收账款。应收账款是指企业因销售商品或提供劳务等所形成的债权。应收账款应于收入实现时入账。入账价值以未减去现金折扣前的实际发生额为准，实际发生的现金折扣作为财务费用，计入当前损益。应收账款是被别的企业占用的资金，待收回并取得货币资金后，才能补偿原来生产经营中的资金耗费，确保经营资金的循环周转。因此，应控制应收账款的限额和收回时间，采取有效措施，及时催收，避免资金被其他单位长期占用。

(3)其他应收款。其他应收款是指应收票据、应收账款和预付账款之外的各种应收、暂付款项，包括应收的各项赔款、存出保证金、备用金、应收包装物租金、应收股利及应向职工收取的各种垫付款项等。其他应收款一般与企业主营业务没有直接关系，但也是其他单位和个人占用本企业的资金，也应及时组织结算，及时催收。

(4)预付货款。预付货款是指企业按照合同规定预付给供货方的货款。预付货款应于款项付出时按预付金额入账。

二、应收账项发生原因

应收账项发生的原因，大致有以下两种：

(1)销售成立与收到货款的时间差距。销售成立与收到货款的时间常不一致，这是产生应收账项的主要原因。因为货款结算需要时间，结算手段越是落后，结算所需的时间就越长，销售企业只能承认这种现实，并承担由此起的资金垫支责任。

(2)商业竞争。商业竞争也是引起应收账项的主要原因。市场经济越发达，商业竞争就越激烈。竞争机制的作用迫使企业以各种手段扩大销售，除了依靠产品和服务质量、价格、售后服务、广告宣传以外，赊销也是扩大销售的手段之一。由竞争引起的应收账款是一种商业信用。

任务二　信用政策

既然应收账项产生的主要原因是企业为了扩大营业额，要付出一定代价，垫付一定的资金，这就需要对购买方企业进行信用分析，即将信用策略提供优惠条件所增加的收益，和由此带来的成本增加这两者进行权衡。只有当应收账款增加的销售盈利超过所增加的成本时才可赊销销售。

一、信用期限

信用期限指旅游企业允许顾客从购货到付款之间的时间，或者企业给予顾客的付款期限。如某旅游企业允许顾客在消费后 30 天内付款，则信用期限为 30 天。确定信用期限，主要是为了分析改变现行信用期限对收入和成本带来的影响等。

实践与体验

某旅游企业有 400 间客房，平均房价 400 元，平均每间每天变动成本 50 元，固定成本 70 元，原信用期 30 天时，客房出租率 50%，现将信用期放宽到 45 天，客房出租率达 80%，旅游企业最低报酬率 15%。其有关资料见表 9 - 1。

根据上述资料分析旅游企业应选择哪项信用期限。分析步骤如下：

1. 分析不同方案收益增加

收益增加＝销售量(累积出租间次)增加×单位边际贡献

＝(115 200－72 000)×(400－50)＝43 200×350＝1 512(万元)

表 9-1 信用条件分析表

信用期项目	30 天	45 天
销售(出租)间次(间)	72 000	115 200
营业收入额(万元)	2 880	4 608
变动成本(万元)	360	576
固定成本(万元)	504	806.40
毛利(万元)	2 016	3 225.60
预计发生的账款费用(万元)	1	1.50
可能发生的坏账损失(万元)	2.88	4.61

分析应收账款占用资金的应计利息增加:

应收账款应计利息=每日收入额×平均收款期×变动费用率×资金成本率

30 天信用期:

应计利息=(2 880/360)×30×(360/2 880)×15%

=8×30×0.125×15%=4.5(万元)

45 天信用期:

应计利息=(4 608/360)×45×(360/4 608)×15%

=12.8×45×0.078×15%=6.75(万元)

应计利息增加=6.75-4.5=2.25(万元)

2.收账费用和坏账损失增加

收账费用增加=1.5-1=0.5(万元)

坏账损失增加=4.61-2.88=1.73(万元)

3.改变信用期的净损失

收益增加-成本费用增加=1 512-(6.3+0.5+1.73)=1 503.47(万元)

由于收益增加大于成本增加,故采用 45 天的信用期。

请分析:

(1)若信用期放宽到 45 天,出租率是 70%的情况,其他条件不变,能否采用此政策?

(2)若信用期放宽到 60 天,出租率是 90%的情况,其他条件不变,能否采用此政策?

二、信用标准

信用标准是指顾客获得旅游企业的交易信用所应具备的条件。一般采用信用的“5C”系统,即旅游企业在设定某一顾客的信用标准时,往往先要评估他赖账的可能性,即他的信用品质。所谓“5C”系统是指评估顾客信用品质的五个方面,即品质、能力、资本、抵押和条件。

1. 品质

品质是指顾客的信誉,即其履行偿债义务的可能性。企业必须设法了解顾客过去的付款记录,看其是否具有按期如数付款的一贯做法,与其他供货单位的关系是否良好。

2. 能力

能力是指顾客的偿债能力,即其流动资产的数量和质量及其对流动负债的比率。一般采用流动比率或速动比率指标来分析其偿债能力。

3．资本

资本是指顾客的债务实力和财务状况。它表明顾客可能偿还债务的背景，一般通过顾客的财务报表的数据进行分析或判断。

4．抵押

抵押是顾客拒绝或无力支付款项时能用于抵押的资产。

5．条件

条件是指可能影响顾客付款能力的经济环境。如市场供求关系的变化、市场购买力的高低、经济形势的好坏等对购货单位经营活动将会发生的影响。

三、信用风险的定量分析

信用风险的定量分析，即用数量方法评价客户的信用，计算客户的有关信用指标，进行分析排队，作为本企业向客户提供信用的参考。分析的步骤如下。

1．确定信用标准

根据各个客户以前（如10年来）的信用资料，找出信用好和信用不好的量化标准。西方国家往往用能够反映还款能力和财务状况的10个比率进行分析，如流动比率、速动比率、净流动资产、权益负债比率、资产总额、应收账款周转率、存货周转率、收入总额、应付账款总额、赊销支付情况等作为信用风险指标，从中找出信用好和信用不好两类客户这10个指标的平均值，以其作为评价其客户信用的标准。

2．计算客户10个指标值的累计风险系数

将某一客户的各个指标值计算出来后，与信用标准进行对比，计算其累计风险系数，见表9－2。

表9－2　信用标准分析表

指标	信用好	信用不好
1.流动比率（流动资产/流动负债）	2.2∶1	1.4∶1
2.速动比率（速动资产/流动负债）	1∶1	0.7∶1
3.净流动资产（万元）	2 260	520
4.权益负债比率（债务/权益）	2∶1	4∶1
5.资产总额（万元）	6 000	2 600
6.应收账款周转率（次）	15	8
7.存货周转率（次）	4	2
8.收入总额（万元）	30 000	10 000
9.应付账款总额（万元）	8	20
10.赊销支付情况	及时	拖欠

（1）如果某一指标值等于或低于“信用不好”的标准值，则该客户的这一指标的拒付风险增加10％；

(2)若其指标值居于“信用好”和“信用不好”之间,则其拒付风险值增加5%;

(3)若其指标值等于或高于“信用好”的标准,则该客户的这一指标值无拒付风险,其风险系数增加0%。

如此加计,求得该客户的信用累计风险系数。

3. 进行风险排队

进行风险排队,也就是将已计算出的各个客户的累计风险系数进行排队,累计风险系数小的排在前面,大的排在后面,这样便可以掌握各个客户的信用程度。

4. 广泛收集客户的信用信息

对客户的信用评价,应当建立在真实可靠的信息资料的基础之上。这些信息资料的来源如下:

(1)企业之间的信息。来自企业之间的信用信息往往比客户自己的表白要可靠。

(2)客户开户银行的证明。银行为了使自己的贷款可靠,一般都对管辖内的企业进行信用等级评估,如AAA级、AA级、A级等,企业可以将这些信息收集起来作为参考。

四、信用条件分析

企业在作了如上的信用分析以后,就会对客户采取什么样的优惠以及优惠的程度做到心中有数。

尽管如此,企业一般还会采取给予现金折扣的优惠,来吸引客户提前付款。

现金折扣是指旅游企业对顾客在商品价格上所作的扣减,是向顾客提供价格上的优惠。其主要目的在于吸引顾客提前付款,缩短企业的平均收款期,因此是企业商业信用策略之一。同时现金折扣可以招徕顾客,扩大营业收入。现金折扣通常用5/10、3/20、N/30这样一些符号形式表示。5/10表示10天内付款,可享受5%的价格优惠;3/20表示20天内付款,可享受3%的价格优惠;N/30表示付款的最后期限为30天,此时付款无优惠。

任务三 坏账损失的管理

坏账,是指企业无法收回的应收款项。由于发生坏账而产生的损失称为坏账损失。我国现行制度规定:“坏账损失,是指因债务人破产或者死亡,以其破产财产或者遗产清偿后,仍然不能收回的应收账款。”根据此规定,确定坏账损失应符合下列条件。

(1)因债务人破产或者死亡,以其破产财产或者遗产清偿后,仍然不能收回的应收款项。

(2)因债务人逾期未履行偿债义务,且具有明显特征表明无法收回的应收款项。企业应根据业务情况,控制应收账款的限额和收回时间,采取有效措施,组织催收,以避免企业资金被其他单位长期占用。同时,对于长期未收回的应收账款,应查明原因,采取有力措施继续催收,及时收回;如果确实无法收回的,应取得有关方面的证明,并经有关部门批准后,列作坏账损失。

为了防止和减少坏账损失,旅游企业要加强对应收账款的监督。一般地说,应收账款发生的时间越长,发生损失的可能性就越大。对此,企业应严格监督,随时掌握和控制应收账款的回收情况。一般地,常用的方法是编制“账龄分析表”,格式如表9-3所示。

表 9-3　某旅游企业应收账款账龄分析表

应收账款账龄	客户数量	金额(千元)	权重(25%)
1.信用期内	60	100	25.0
2.超过信用期 1～20 天	38	90	22.5
3.超过信用期 21～40 天	20	80	20.0
4.超过信用期 41～60 天	15	60	15.0
5.超过信用期 61～80 天	10	40	10.0
6.超过信用期 81～100 天	8	20	5.0
7.超过信用期 100 天以上	2	10	2.5
应收账款总额		400	100.0

表 9-3 显示，该企业有 75%的应收账款超过了信用期，其价值达 30 万元(2—7 项合计)，这对企业是极为不利的。不过，其中尚有部分在 20 天以内，只有 2.5%的应收账款超过 100 天，应采取不同的收账策略，尽快催收账款。

债务人由于各种原因无法偿还应付账款时，债权人就可能因无法收回或者不能如期收回应收账款而发生坏账损失。因此，企业发生坏账损失属正常情况。为正确计算盈亏，对于坏账损失，企业应有充分的准备。国际上通行的做法有两种：直接转销法和备抵法。我国现行会计制度规定，企业可以选用这两种方法。

所谓直接转销法，就是在实际发生坏账时，作为损失直接计入期间费用，同时冲销应收款项。采用直接转销法，账务处理比较简单，可以简化财务管理工作，并将发生的坏账损失计入管理费用，体现当期损益。

所谓备抵法，就是按期估计坏账损失，计入期间费用，形成坏账准备，同时转销相应的应收账款金额。备抵法在西方财务中是被广泛采用的一种方法。

采用备抵法时，估计坏账损失的方法有销货百分比法、账龄分析法和应收账款余额百分比法三种。鉴于账龄分析法和应收账款余额百分比法能够比较真实地反映坏账的风险及其损失，且简单易行，因此，我国现行制度规定，企业可以采用这两种方法中的任何一种。

1. 账龄分析法

采用账龄分析法，是根据各应收账款账龄的长短来估计坏账。从理论上讲，应收账款被拖欠的时间越长，客户的信用级别越低，偿债能力就越差，发生坏账的可能性就越大。采用账龄分析法，企业根据账龄分析表所提供的信息，就能确定坏账准备的金额。账龄分析法具有简明实用的优点，并且比较直接地表明了应收账款的估计可变现金额。但是，这种方法没有将坏账损失反映于其应归属的会计期间。因为使用账龄分析法时，应收账款可能要等到该销货期间以后的某一日期才会被估计为不可收回，从而列为坏账。坏账损失也必然推迟到该销货期以后的某一日期才能确认，因而由后期的经营收入负担。也就是说，坏账损失将和与其相应的营业收入，分别在两个不同的会计期间入账，从而使该期的收益计算不够准确。

2. 应收账款余额百分比法

采用应收账款百分比法，与账龄分析法的原理一样，都是按应收账款的余额来估计可能发生的坏账，所不同的是，前者出于简便而利用一个综合的百分比来进行估计。从这个意义上讲，应收账款百分比法是账龄分析法的一种特殊形式。这种方法与账龄分析法具有相同的优点和缺点，另外，据以合理确定百分比所需的数据也不易取得。

模块三 存货的管理

工作任务

任务一 存货的概念、内容及日常管理
任务二 存货储存的原因及有关成本
任务三 存货控制方法

案例导入

在形形色色的利润操纵手法中，资产造假占据了主要地位。我国近年来影响较大的财务报表舞弊案绝大多数与资产项目的造假有关，上市公司琼民源、蓝田股份、东方锅炉、成都红光就是其中的典型。造假的公司一般使用五种手段来非法提高资产价值和虚增盈利，即虚构收入、虚假的时间差异、隐瞒负债和费用、虚假披露以及资产计价舞弊。其中资产计价舞弊是资产造假的惯用手法。而存货项目因其种类繁多并且具有流动性强、计价方法多样的特点，又导致存货高估构成资产计价舞弊的主要部分。

中外上市公司中，涉及存货舞弊的案例为数众多，其中比较著名的有麦克森 & 罗宾斯公司、斯温道色拉油公司、权益基金、ZZZZ 百斯特公司、法尔莫公司以及中国的红光实业公司、天津广夏(集团)有限公司等。这些公司所策划的舞弊方案给注册会计师带来了很大的审计风险。下面就选择其中较为典型的美国法尔莫公司案予以介绍。

从孩提时代开始，米奇·莫纳斯就喜欢几乎所有的运动，尤其是篮球。但是因天资及身高所限，他没有机会到职业球队打球。然而，莫纳斯确实拥有一个所有顶级球员共有的特征，那就是他有一种无法抑制的求胜欲望。

莫纳斯把他无穷的精力从球场上转移到了他的董事长办公室。他首先设法获得了位于(美)俄亥俄州阳土敦市的一家药店，在随后的十年中他又收购了另外 299 家药店，从而组建了全国连锁的法尔莫公司。不幸的是，这一切辉煌都是建立在资产造假——未检查出来的存货高估和虚假利润——的基础上的，这些舞弊行为最终导致了莫纳斯及其公司的破产，同时也使为其提供审计服务的“五大”事务所损失了数百万美元。下面是这起案件的经过。

自获得第一家药店开始，莫纳斯就梦想着把他的小店发展成一个庞大的药品帝国。其所实施的策略就是他所谓的“强力购买”，即通过提供大比例折扣来销售商品。莫纳斯首先做的就是把实际上并不盈利且未经审计的药店报表拿来，用自己的笔为其加上并不存在的存货和利润。然后凭着自己空谈的天分及一套夸大了的报表，在一年之内骗得了足够的投资用以收购了 8 家药店，奠定了他的小型药品帝国的基础。这个帝国后来发展到了拥有 300 家连锁店的规模。一时间，莫纳斯成为金融领域的风云人物，他的公司则在阳土敦市赢得了令人崇拜的地位。

当一次偶然的机会导致这个精心设计的、至少引起5亿美元损失的财务舞弊事件浮出水面之时，莫纳斯和他的公司炮制虚假利润已达十年之久。这实在并非一件容易的事。当时法尔莫公司的财务总监认为因公司以低于成本出售商品而招致了严重的损失，但是莫纳斯认为通过“强力购买”，公司完全可以发展得足够大以使得它能顺利地坚持它的销售方式。最终在莫纳斯的强大压力下，这位财务总监卷入了这起舞弊案件。在随后的数年之中，他和他的几位下属保持了两套账簿，一套用以应付注册会计师的审计，一套反映糟糕的现实。

他们先将所有的损失归入一个所谓的“水桶账户”，然后再将该账户的金额通过虚增存货的方式重新分派到公司的数百家成员药店中。他们仿造购货发票、制造增加存货并减少销售成本的虚假记账凭证、确认购货却不同时确认负债、多计或加倍计算存货的数量。财务部门之所以可以隐瞒存货短缺是因为注册会计师只对300家药店中的4家进行存货监盘，而且他们会提前数月通知法尔莫公司他们将检查哪些药店。管理人员随之将那4家药店堆满实物存货，而把那些虚增的部分分配到其余的296家药店。如果不考虑其会计造假，法尔莫公司实际已濒临破产。在最近一次审计中，其现金已紧缺到供应商因其未能及时支付购货款而威胁取消对其供货的地步。

注册会计师们一直未能发现这起舞弊，他们为此付出了昂贵的代价。这项审计失败使会计师事务所在民事诉讼中损失了3亿美元。那位财务总监被判33个月的监禁，莫纳斯本人则被判入狱5年。

任务一　存货的概念、内容及日常管理

一、存货的概念

存货是旅游企业在经营过程中为销售或耗用而储备的资产。为销售而储备的资产主要指各种可直接对外销售的库存商品，为耗用而储备的资产主要指各种经加工后对外销售或在经营管理中耗费掉的物品、燃料等。

在旅游企业中，存货是流动资产中一个最重要的项目，其往往占流动资产的较大比重，且其经常地处于不断销售、耗用和重置之中，流动性很强，加强对存货的管理是企业提高资金使用效率的关键所在。

二、存货的内容

旅游企业的存货主要包括以下内容。

1. 原材料

原材料是指企业为制造产品而购进，最终形成产品实体或有助于产品形成的各种劳动对象。在旅游企业中具体是指企业的食品原材料及饮料，以及月末盘存未售出的半成品、成品等。

2. 燃料

燃料是指企业在经营过程中耗用的，通过燃料为企业提供热能或产生动力的各种材料。在旅游企业中具体是指企业储备的各种固体、液体、气体燃料等。

3. 低值易耗品

低值易耗品是指单位价值在规定限额以下，使用年限在一年以内的各种次要劳动资料。在旅游企业中具体是指企业不作为固定资产核算的各种用具和家具，以及经营过程中周转使用的包装容器等。

4. 物料用品

物料用品指除原材料、燃料、低值易耗品以外的经营管理用品。其主要包括：①旅游用品，指为客人备用的物品，如茶叶、小食品、纪念品等；②日常用品，指企业经营管理备用的日常用品，包括清洁用品、纸制品、塑料制品、瓷器、玻璃器皿、银器等；③办公用品，指为客人备用的各种纸张、笔墨、文具等；④布草用品，指各种床单、被罩、台布、窗帘、毛巾、浴巾等针棉织品和统一制作的制服，针棉织品也可列入低值易耗品；⑤包装容器，指各种桶、箱、坛、袋等包装物品；⑥其他物品，指除上述物品以外的各种零星物料。

5. 库存商品

库存商品主要是指旅游企业商品部、餐饮部门对外直接转手出售的各种商品。

三、存货的日常管理

旅游企业对存货进行日常管理，要做好以下方面的工作。

(一)建立健全存货的收发核算制度

旅游企业在存货上占用的资金较大，要加强对存货的管理与控制，首先要对存货进行正确的核算和计价。因为存货计价正确与否，直接关系到资产负债表和损益表有效程度的高低。

旅游企业存货的收发核算制度主要包括个别计价法、加权平均法等。无论旅游企业选择哪种方式计价，一经确定，就不得随意变动。

(二)完善存货的定期盘点制度

旅游企业存货品种较多，有些还是易腐变质产品，为保证存货核算的准确性，减少存货霉烂变质、过期失效的现象发生，加速资金周转，对存货要建立定期盘点制度。盘点方法既可以以账面数字核对实物，也可以以实盘数核对账目，前者对账内品种不易漏掉，但对账外品种容易漏盘；后者盘点比较全面彻底，但在与账面核对时较为麻烦。通过盘点将结果反映在存货盘点表上，如表 9-4 所示。

表 9-4　存货盘点表　　　　日期　　年　月　日

品种及规格	计量单位	单价	账面数		实际盘点数		盘盈		盘亏	
			数量	金额	数量	金额	数量	金额	数量	金额

存货盘点表一式两联，按规定由有关人员审核签章后，交给仓库保管员一联，作为调账凭证，另一联由财务部门作为对账、转账的凭证。

在存货盘点中，对盘盈、盘亏和毁损变质的存货要及时查明原因，填写盘盈、盘亏报告单，说明原因，提出处理意见，报请主管审批后，转给财务部凭此转账。对盘盈的存货可冲减管理费用;对盘亏和毁损的存货在扣减过失人及保险公司赔款和残料价值之后,可计入管理费用;对由于非常原因造成的毁损部分,在扣减保险公司赔款和残料价值之后,可计入营业外支出。

旅游企业通过定期盘点,应保证账卡、账物相符。要将定期盘点制度纳入到岗位责任制中,与对各岗位的业绩考核和物质利益挂钩,以促进保管人员加强管理,减少损耗,提高存货管理效益。

(三)完善低值易耗品摊销办法

由于低值易耗品同时具有固定资产和流动资产的性质,所以它在核算和管理上具有它自身的特点。低值易耗品的摊销是指将其价值分批转移,主要有三种方法:①一次摊销法,即领用时将其全部价值计入当月的有关费用中;②使用期限摊销法,即根据其原价和预计使用期限求得每月平均分摊额,按月摊入有关费用中;③五五摊销法,即在领用时摊销其价值的50%,报废时摊销剩余的50%。三种方法各有其优缺点,旅游企业应根据不同低值易耗品的具体特点选用适当的方法进行摊销,以客观地反映产品成本。

任务二　存货储存的原因及有关成本

案例导入

历史上,戴尔电脑公司曾经历了一次大的挫折。当时戴尔电脑公司的业务发展速度极快,而他们必须购买零部件,所有的零部件中存储器又是最重要的。当时戴尔电脑公司所犯的一个致命的错误是,采购了过量的存储器,而这时,存储器的价格一路下滑,一跌再跌,而且,更让戴尔公司尴尬的是,存储器的容量几乎在一夜之间由256K提升到1M,这样,戴尔电脑公司不得不以很低的价格摆脱存货,这大大降低了他们公司的收益。

后来,迈克尔·戴尔回忆起这段经历时说:"存货的问题对我们而言,绝对是一次重大的反思,迫使我们调整脚步,并且重新发现存货管理的价值和重要性,而这些教训成为我们今日成功的一大基石。我们从这次的教训中学到,库存流通不仅是制胜的策略,更是必要的措施,它有助于抵抗原料的快速贬值,而且现金需求量少,风险较低。"

一、存货储存的原因

旅游企业进行存货储存的原因一般有以下两个方面:

(1)保证旅游企业经营或销售的需要。若旅游企业一旦经营或销售所需存货短缺,就造成损失,我们称为短缺成本。为了避免或减少出现存货短缺事故,企业必须要储存一定量的存货从而保证企业经营和销售需要。

(2)出自价格的考虑。零购存货的价格往往较高,而整批购买在价格上常有优惠,但必须考虑各种存货成本与存货效益之间的权衡,达到两者最佳结合。

二、存货储存的成本

存货决策牵涉到一些存货成本问题,现将有关存货成本介绍如下。

1. 订货成本

订货成本指为订货而发生的各种成本,包括采购人员的工资、采购部门的一般经费(如办公费、水电费、折旧费等)和采购业务费(如差旅费、邮电费、检验费等)。

2. 购置成本

购置成本指由买价和运杂费构成的成本。其总额取决于采购数量和单位成本。

3. 储存成本

储存成本指因储存存货而发生的各种成本,包括支付给储运公司的仓储费,存货占用资金应计的利息、保险费、损耗费,企业自设仓库的一切费用等。

4. 缺货成本

缺货成本指由于存货供应中断而给旅游企业造成的损失。它包括因缺货而造成的经营活动的中断或销售机会的丧失所带来的利润的减少,因无法满足旅客正常需要所带来的商誉损失等。缺货成本具有很大的不确定性,其数量大小也难以准确估计,但在经营中它却时刻困扰着管理者,尤其在餐饮原材料库存方面表现更突出。为此必须密切注意旅客消费需求的动态变化,提高对存货水平预测的能力,以降低缺货成本。

存货总成本公式为:

存货总成本=订货成本+购置成本+储存成本+缺货成本

任务三 存货控制方法

一、ABC 分析法

ABC 分析法是意大利经济学家巴雷特于 19 世纪首创的,用于分析人口与收入之间关系的一种方法。20 世纪 20 年代后,它被广泛用于存货管理、成本管理和生产管理中,是一种现代化管理方法。

所谓 ABC 分析法,就是将各种存货按需要额(领用量乘以单位成本)的大小划分为 A、B、C 三类(或更多类),以区分主次,在此基础上,对不同类别的存货,按照不同类别的要求,采用不同的方法进行计划和控制的一种方法。划分类别时,一般将需要额占 70%左右,而品种只占 15%左右的存货,划分为 A 类;将需要额和品种数占 20%左右的存货,划分为 B 类;将需要额占 10%以下,而品种数却占 65%左右的存货,划分为 C 类。见表 9-5。

表 9-5 某企业各种存货分类表

类别	品种数	占全部存货品种数的百分比(%)	存货金额(万元)	占总存货额的百分比(%)
A	150	15	56	70
B	350	35	16	20
C	500	50	8	10
全部存货	1 000	100	80	100

从上面这张分析表可以看出,A 类存货虽占总品种的 15%,但其存货额却占总存货额的 70%,算是量少而价高的最重要的存货项目。相反,C 类存货品种数占总品种的 50%,而其存货额只占总存货额的 10%,属于量多而价低的存货项目。B 类则介于两者之间。

为了对上述三类存货进行有效的控制,必须根据它们的具体情况分清主次,抓好了 A 类存货的控制，实际上就等于控制了存货的大部分成本。

对于 A 类存货，首先计算出它的经济订货量和订货点，千方百计地减少每次的订货量，适当增加全年的订货次数，使日常存货量达到最优水平。其次，要应用永续盘存卡片，及时登记每次订货、收入、发出和结余的数据。当实际库存达到订货点时，需立即发出请购信号，通知有关部门订购。同时，还要经常对存货的动态进行严格监督，以便及时发现问题。对于 B 类存货的控制，也要事先为每个项目计算经济订货量和订货点，平时也要登记永续盘存记录，与 A 类不同的就是无需经常逐项进行对比分析、严格监督，只要定期进行检查即可。

对于 C 类存货的控制，由于他们为数众多，而单位价值低，因此不必像 A、B 类那样逐项计算经济订货量与订货点，可以斟酌增大每项订货量，减少全年订货次数。这类存货即使存货量较大，也不会对存货成本造成很大影响。至于对 C 类存货的日常控制，可以采用定期盘存的方法。

二、经济批量法

经济批量法是指能使企业在存货上所花费的总成本最低的每次订货量。

在一般情况下(即不考虑享有价格折扣和缺货成本)，与经济订货量相关联的存货总费用是由年订货费用和年储存费用两部分组成的(见图 9-2)。

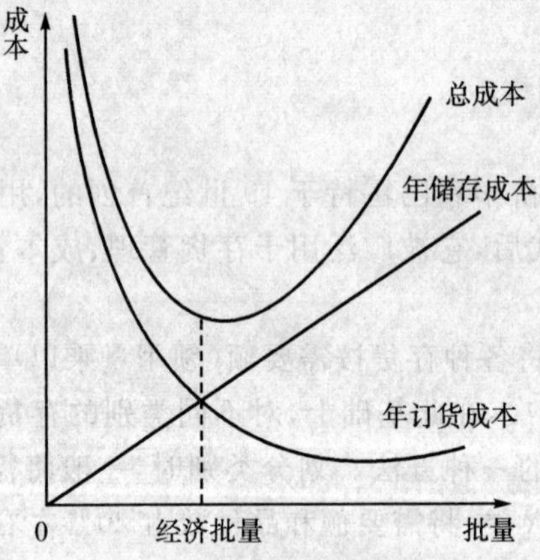

图 9-2　存货经济订货量图

令：存货总费用为 A；全年订货量为 H；每次订货量为 Q；单位商品储存费用为 C。

如果用公式表示则：

平均储存量 $=\frac{Q+0}{2}=\frac{Q}{2}$(其中 0 为最低储备量即零储备量)

平均储存量的储存费用 $=\frac{Q\times C}{2}$

全年订货次数 $=\frac{H}{Q}$

全年订货费用 $=\frac{H\times S}{Q}$

$$A=\frac{H\times S}{Q}+\frac{Q\times C}{2}$$

令 A 对 Q 的一阶导数为零，则有：

$$\frac{dA}{dQ}=\frac{HS}{Q^2}+\frac{C}{2}=0$$

$$Q^2=\frac{2HS}{C}$$

$$Q=\sqrt{\frac{2HS}{C}}$$

$$经济订货量(最佳订货量)=\sqrt{\frac{2\times 全年订货量\times 每次订货费用}{单位商品储存费用}}$$

实践与体验

某旅游企业有客房200间，计划年出租率80%，每间客房每天配备小香皂2块，每次订货费用为120元，年平均储存费用为0.25元/块，求最佳订货量和年度采购次数。

$$Q=\sqrt{\frac{2HS}{C}}$$

$$=\sqrt{\frac{2\times 200\times 80\%\times 360\times 2\times 120}{0.25}}$$

$$=10\ 516(块)$$

$$全年订货次数=\frac{H}{Q}=\frac{115\ 200}{10\ 516}\approx 11(次)$$

经计算求得该例中经济订货量为每次10 516块，一年需采购11次。

三、订货点法

订货点是指某项物资在一定日期必须进行订货，即存货量达到此点就要订货。

通常情况下，旅游企业提出订货时尚有一部分存货未用，以便在发出订货单至货物抵达这段时间内继续使用，这部分未用存货数量的多少取决于每日耗用量的大小及订货时间的长短。每当存货降至这一点时，就需要重新订货，以满足经营活动的顺利进行。然而旅游企业经营的波动性会造成旺季对库存物资消耗量大增，如果没有一定的保险储备量，势必造成旺季脱销的局面，使旅游企业蒙受信誉和营业收入方面的损失。因此，在确定订货点时，要加上一定的保险储备量，以防存货供应的中断。订货点量可以用下列公式表示：

订货点量＝平均每日耗用量×订货时间＋保险储备量

实践与体验

某旅游企业餐厅的食用油，全年耗用量为30万公斤，订货时间为5天，最低存货量(保险储备)为1 000公斤，则订货点量为：

订货点量＝(300 000/365)×5＋1 000＝5 110(公斤)

即食用油库存降到5 110公斤时，就需要进行采购，以保证餐厅业务经营活动的正常进行。

四、挂签制度法

挂签制度，是一种较传统的存货控制制度，它基本上是给库存商品或物资的每一项目均挂上一张带有编号的标签，当存货售出或消耗时，将标签取下，记入"永续盘存卡"上，以便控制，为了保证不致发生缺货，必须事先在卡片上注明最低储存量(即保险储存量)，一旦实际库存余额达到这个水平，就立即提出订购申请。这种用标签控制存货的方法称为挂签制度。

实训课业

时代电脑公司是1980年成立的，它主要生产小型及微型处理电脑，其市场目标主要定位于小规模公司和个人。该公司生产的产品质量优良，价格合理，在市场上颇受欢迎，销路很好，因此该公司也迅速发展起来，由起初只有几十万资金的公司发展为拥有上亿元资产的公司。但是到了20世纪90年代末期，该公司有些问题开始呈现出来：该公司过去为了扩大销售，占领市场，一直采用比较宽松的信用政策，客户拖欠的款项越来越大，时间越来越长，严重影响了资金的周转循环，公司不得不依靠长期负债及短期负债筹集资金。最近，主要贷款人开始不同意进一步扩大债务，所以公司经理非常忧虑。假如现在该公司请你作财务顾问，协助他们改善财务问题。

财务人员将有关资料整理如下：

(1)公司的销售条件为"2/10，N/90"，约半数的顾客享受折扣，但有许多未享受折扣的顾客延期付款，平均收账期约为60天。2001年的坏账损失为500万元，信贷部门的成本(分析及收账费用)为50万元。

(2)如果改变信用条件为"2/10，N/30"，那么很可能引起下列变化：

①销售额由原来的1亿元降为9 000万元；②坏账损失减少为90万元；③信贷部门成本减少至40万元；④享受折扣的顾客由50%增加到70%(假定为享受折扣的顾客也能在信用期内付款)；⑤由于销售规模下降，公司存货资金占用将减少1 000万元；⑥公司销售的变动成本率为60%；⑦资金成本率为10%。

作为财务顾问，请分析以下几个问题，为2009年公司采用的信用政策提出意见：

(1)改善公司目前的财务状况，公司应采取什么措施？

(2)改变信用政策后，预期相关资金变动额为多少？

(3)改变信用政策后，预期利润变动额为多少？

(4)该公司2009年是否应该改变其信用政策？

项目十

旅游企业成本费用

项目阐释

成本费用管理是旅游企业经营管理的重要环节，旅游企业经营的最终目的是实现利润最大化，而成本费用的耗费多寡又极大影响着利润目标的实现，因此加强成本费用控制一直是旅游企业管理的中心工作。经过本项目学习，同学们将加深对旅游企业成本费用管理控制重要性的认识，特别是结合案例分析以及相关的理论知识学习，会对今后的工作带来帮助。

能力目标

◇ 了解旅游企业各项成本、费用基本理论知识。

◇ 掌握旅游企业成本费用失控的因素分析。

◇ 掌握如何控制旅游企业成本费用。

项目分解

模块一 旅游企业成本费用的概念及分类

模块二 旅游企业成本费用失控因素分析

模块三 旅游企业成木费用控制

模块一 旅游企业成本费用的概念及分类

工作任务

任务一 旅游企业成本的含义及分类
任务二 旅游企业费用的含义及分类

案例导入

2010年5月,某饭店召开了一次经营分析会,参加的人员是饭店部门经理。在财务分析中,财务经理一连串地分析了成本、费用的变化情况以及与预算比较和上年同期比较,哪些费用增长幅度较大,哪些成本变化较快。财务经理用了半个小时的分析,部门经理还是没有搞清楚,尤其是一些专业名词"销售费用、管理费用、财务费用、营业成本"等,部门经理听了以后觉得一头雾水,不知到底哪些是费用,哪些是成本,以及如何辨别和控制这些费用和成本。

任务一 旅游企业成本的含义及分类

成本,是指企业为生产产品、提供劳务而发生的各种耗费,是生产费用对象化形成的。旅游企业的营业成本是指经营过程中所发生的各项直接支出,就是主营业务的经营成本,包括直接材料、代收代付费用、商品进价成本和其他直接费用4项。

一、直接材料

直接材料对于不同的企业具有不同内容。饭店经营过程中的直接材料耗费包括耗用的食品、饮料等原材料、辅助材料以及调料的成本;浴池的直接材料耗费是指经营中作为主要支出的燃料;洗染、修理等企业直接材料耗费则是直接耗用的原材料、辅料等。

二、代收代付费用

旅行社已将代收代付费用计入营业收入总额,但属于代收代付的有关费用是直接用于旅游者的,应作为企业的直接支出,计入营业成本。这部分内容较多,具体包括:

(1)为旅游者支付的房费、夜房费、房差费、退房费。

(2)为旅游者支付的餐费、风味餐费、餐费损失费、游览途中饮料费等。

(3)为旅游者支付的市内和市郊车船费、超公里费、游江费、游湖费等。

(4)旅游者观看文艺节目、参加娱乐活动而支付给文化或其他部门的费用。

(5)旅游者托收和搬运行李而支付给交通部门或其他部门的费用。

(6)旅游者参观工厂、学校等支付的费用。

(7)支付给交通部门的订票手续费、包车费、退票损失费等。

(8)旅游者参观风景旅游点所支付的费用。

(9)为海外旅游者代办签证所支付的费用。

(10)借调聘用翻译导游人员的劳务报酬。

(11)按规定上缴旅游主管部门的宣传费。

(12)为旅游者支付的人身保险费用。

(13)为旅游者支付的机场费用。

(14)客房所产生的提供客人宽带上网、电话通讯、传真复印等服务成本。

三、商品进价成本

商品的进价成本根据商品来源不同可分为国内购进商品进价成本和国外购进商品进价成本。国内购进商品进价成本是指其进货原价。国外购进商品进价成本一般包括两部分:

(1)国外购进商品进价,即以到岸价(成本加运费、保险费)作为计价原价。

(2)进口商品在进口环节缴纳的税金。如果进口商品是委托外贸部门代理进口的,其进价成本还应包括支付给外贸部门的手续费。

四、其他直接费用

其他直接费用是指除以上三种支出外的其他直接支出,如企业出售无形资产、出售除商品以外的存货的实际成本。

任务二 旅游企业费用的含义及分类

费用,是指企业为销售商品、提供劳务等日常活动所发生的经济利益的流出。旅游企业的费用按照经济用途主要是期间费用,包括销售费用、管理费用、财务费用。

一、销售费用

销售费用是用来核算企业销售商品和材料、提供劳务的过程中发生的各种费用,包括保险费、包装费、展览费和广告费、商品维修费、预计产品质量保证损失、运输费、装卸费等,以及为销售本企业商品而专设的销售机构(含销售网点、售后服务网点等)的职工薪酬、业务费、折旧费等经营费用。企业发生的与专设销售机构相关的固定资产修理费用等后续支出,也在本科目核算。

饭店经营项目比较多,为了加强业务管理,饭店也设置不同职能部门,销售费用也由此分解落实到相关职能部门。如:房务部(有些饭店是分开的,设前厅部、客房部)、餐饮部、康乐部、商场部、销售部、工程部等营业部门,还有总经理办公室、人保部(有的饭店是分开的,设人事部、保安部)、财务部等综合管理部门。

(1)房务部的销售费用,包括鲜花费、运输费、燃料费、水电费、邮电费、差旅费、洗涤费、清洁卫生费、低值易耗品摊销、物料消耗、客用品、佣金、职工工资(含奖金、津贴和补贴)、职工福利费、工作餐费、服装费以及其他。

(2)餐饮部的销售费用,包括鲜花费、煤气费、运输费、燃料费、水电费、邮电费、差旅费、洗涤费、清洁卫生费、低值易耗品摊销、物料消耗、客用品、产品推广费、职工工资(含奖金、津贴和补贴)、职工福利费、工作餐费、服装费以及其他。

(3)康乐部的销售费用,包括燃料费、水电费、邮电费、差旅费、洗涤费、清洁卫生费、低值易耗品摊销、物料消耗、客用品、器具保养费、职工工资(含奖金、津贴和补贴)、职工福利费、工作餐费、服装费以及其他。

(4)商场部的销售费用,包括运输费、装卸费、包装费、燃料费、水电费、邮电费、差旅费、洗涤费、清洁卫生费、低值易耗品摊销、物料消耗、客用品、职工工资(含奖金、津贴和补贴)、职工福利费、工作餐费、服装费以及其他。

(5)工程部的销售费用,包括运输费、燃料费、水电费、邮电费、差旅费、洗涤费、清洁卫生费、低值易耗品摊销、物料消耗、配品配件、保养费、职工工资(含奖金、津贴和补贴)、职工福利费、工作餐费、服装费以及其他。

二、管理费用

管理费用是指企业行政管理部门为了组织和管理生产经营活动所发生的费用。具体项目包括:行政企业在筹建期间内发生的开办费、董事会和行政管理部门在企业的经营管理中发生的或者由企业统一负担的公司经费(包括行政管理部门职工工资及福利费、物料消耗、低值易耗品摊销、办公费和差旅费等)、工会经费、董事会费(包括董事会成员津贴、会议费和差旅费等)、聘请中介机构费、咨询费(含顾问费)、诉讼费、业务招待费、房产税、车船使用税、土地使用税、印花税、技术转让费、矿产资源补偿费、研究费用、排污费等。在一个规模比较大的企业,销售费用和管理费用划分起来比较容易。但如果企业的规模比较小,则人员划分比较困难,经常会出现销售费用、管理费用相互交叉的现象。

三、财务费用

财务费用是指企业为筹集生产经营所需资金等而发生的费用。具体包括:

(1)利息支出。它是指支付的短期借款利息、长期借款利息(在固定资产工程竣工决算并验收使用后发生的)、应付票据利息、票据贴现利息、应付债券利息、长期应付引进国外设备款利息等利息支出减去银行存款等的利息收入后的净额。

(2)汇兑损失。它是指企业因向银行结售或购入外汇而产生的银行买入、卖出价与记账所采用汇率之间的差额,以及各会计期末,各种外币账户的外币期末余额,按照期末规定汇率折合的记账人民币金额与原账面人民币金额之间的差额等。

(3)相关手续费。它是指企业发行债券所需支付的手续费(需资本化的手续费除外)、开出汇票的银行手续费、调剂外汇手续费等,但不包括发行股票所支付的有关机构的手续费。

(4)其他财务费用。它是指不属于以上三个项目的其他财务费用,如融资租入固定资产发生的融资租赁费用等。

模块二 旅游企业成本费用失控因素分析

工作任务

任务一 成本费用失控的内在因素
任务二 成本费用失控的外在因素

本模块主要以饭店为例，介绍旅游企业成本费用失控的因素。

饭店业的成本费用主要是指在提供各种劳务服务和菜肴制作等环节方面的各项支出。所谓提供劳务服务是指从客人接受预订开始，饭店派车到机场迎接客人，到达饭店办理入住手续，送客人进房，客房配备各类用品，满足客人上网、洗衣、健身、娱乐、用餐、梳洗、会客等各种需求，直到客人离店为止，周而复始循环进行。这过程中所提供的物品和服务，即是成本费用的耗费。应该讲饭店各个岗位之间都有相应的流程与制度，但在实际操作中，往往会有意与无意发生偏差。造成成本费用失控的原因可以分为内在因素和外在因素。

案例链接

一家四星级的商务饭店，客房部酒水成本一度居高不下，每月都要超出店方规定的2～3个百分点，特别是5月份，饭店实行酒水检查放宽政策后，每月酒水成本更是高得惊人。所谓放宽政策，就是为了减少客人在前台结账等候时间，以询问客人方式了解酒水消费情况，即以客人述说使用情况为依据。有的时候，楼层服务员在客人走后又报客人有酒水消费情况，一旦出现差异，就由大堂经理负责签单处理。应该说差异是有限的，因为大多数客人都是可信赖的，这是一家四星级商务型饭店，入住客人大多数是商务客人，也有一定层次，客人很少为了一两个酒水不报而丢了面子。况且这家饭店价格合理，地理位置优越，吸引了70%的回头客，大多数客人还要回来住，很少为了这点小事而下次再找麻烦。然而有一段时间，酒水差异越来越大，连客房酒水也出现了差异，不断有客人投诉，反映酒水费用不对。客房部经理经过认真调查，发现有偷拿酒水问题，在一次对楼层的检查当中，在管道井内及服务间天花板上，均发现未被饮用的酒水，而且数量惊人。客房部经理开始寻找答案，要着手解决酒水成本控制问题。

任务一 成本费用失控的内在因素

案例导入

在一个青黄不接的初夏，一只在农家仓库里觅食的老鼠意外掉进了一个盛得半满的米缸里。这飞来的口福使老鼠喜出望外，它先是警惕地环顾了一下四周，确定没有危险之后，接下来便是一通疯吃猛吃，吃完倒头便睡。

老鼠就这样在米岗里吃了睡，睡了再吃。日子不知不觉地在丰衣足食的悠闲中过去了。有时，老鼠也曾为是否要跳出缸去进行过思想斗争与痛苦的抉择，但终究未能摆脱白花花的大米的诱惑。直到有一天它发现米缸见了底，才觉得以米缸现在的高度自己就是想跳出去，也没有这个能力了。

一、对于老鼠而言，这米缸就是一块试金石。如果它想全部据为己有，其代价就是自己的生命。因此，管理学家把老鼠能跳出缸外的高度称之为"生命的高度"，而这高度就掌握在老鼠自己的手里，它多留念一天，多贪吃一寸，就离死亡更进一步。

二、在现实生活中，多数人都能够做到在明显有危险的地方止步，但清醒地认识潜在的危机并及时跨越"生命的高度"，就没那么容易了。

三、"成本"，任何一个人都心知肚明，但实施起来毕竟要投入时间、人力、财力，并且经常和经营相矛盾，也便成了"说起来重要，干起来次要，忙起来不要"。

旅游企业经过改革开放三十多年洗礼，特别是 20 世纪 80 年代中期外资饭店管理集团纷纷进入，使人们对怎样做好对客服务有了深刻促动，尤其是逐步加深了对外方管理公司一整套严谨周密的工作流程、岗位责任制以及管理制度的认识。正是外资饭店管理公司的到来，极大地促进了我国饭店业的变革，饭店不但在硬件上加大投入，个性化正成为饭店发展的趋势，而且软件方面也正在不断改善，员工职业素质逐步提高。但目前饭店发展还存在不平衡，沿海城市好于内陆城市、大城市好于中小城市、外资饭店好于中资饭店、高星级饭店好于低星级饭店。造成成本费用失控的内在因素，主要是制度、管理方面的原因。具体表现在以下方面。

一、缺少制度

制度建设是企业赖以生存的根本要件。如果说一个小型餐厅或旅店，老板只要坐镇收银处，指挥着属下可进行工作；但是如果是有一定规模的民营餐厅或饭店，仍沿用上述方法，除非本身营业比较清淡，否则，他定会前场、后场疲于奔命。因为各项物品采购要听他的命令，厨房用具短缺、材料断档要等他指令，员工服务不规范要看他的眼色，勤杂工一会儿忙这、一会儿忙那，要听他使唤，大家既怕冒进，又怕被说偷懒。所以当老板有事外出，或生病不能到现场，那混乱场景就会像似炸了锅，员工工作迷失了方向。其中存在的问题主要反映在以下几个方面：

(1)企业的"一言堂"。现在的一些民营企业靠着勤奋和机遇，淘到了经营业务的第一桶金，大多数人选择扩大店面，寻求更大发展。人也多了，店也大了，但老板仍按其老规矩办事，顾此失彼的事时有发生，朝令夕改使员工无所适从。由于缺少统一的制度，员工只要迎合老板，无理也变得有理。个人意志代替企业制度，长此以往企业必定人心涣散，损耗浪费严重，员工产生消极怠工现象。我们不是不需要强权领导，而是"一言堂"的管理往往考虑问题不全面，解决某一问题进而引发另一问题。强权有时甚至是武断的代名词。

(2)囫囵吞枣，照搬照抄。现在有些企业管理者缺乏深入、踏实的工作作风，而是盲目照搬他人的经验和做法，这犹如穿他人的鞋不合脚一样。对别人的成功经验理应抱着虚心学习的态度，但学习也要讲究一个方法，要结合自身实际取人之长补己之短，而不是简单地全盘照抄照搬。每个企业都有其所长，也有其所短，企业之所以成功，应是长期培育、不断完善的结果，另外成功也有其天时地利人和等诸多因素。如果我们只是依葫画瓢的话，成功则是偶遇，失败将是必然。

(3)企业盲目连锁扩张,制度设计跟不上发展。在我们的周围有许多快速发展而倒闭的连锁企业。现在经济型连锁酒店扩张势头很猛,就像前一段时期大型超市挨着开,没过两年关的关,停的停。还有各种带"羊"字的火锅连锁店,一排排开、一排排关。企业要发展,管理要跟上,而管理中的人,更为重要,企业制订的制度要让新人了解、熟悉;新的制度需要管理人员去整理、去健全。在条件未成熟的情况下盲目推进,往往事与愿违,功亏一篑。因此,持续发展既要看准时机,也要卧薪尝胆,做好人才储备工作。

制度建设,企业经营是这样,成本费用管理更是如此。上述案例表明,企业没规矩不成方圆,企业发展欲速则不达,企业成功往往眷顾有准备的人,这些耳熟、常被人提起的俗语告诉我们一个真谛,企业应通过制度去管理人、通过制度去约束人、通过制度去凝聚人,做到在制度面前人人平等。

二、缺少监控

企业因经营需要而设置不同岗位,再因岗位特性去招聘合适的员工。企业围绕生产经营设计岗位,既相对独立又相互联系,既互为配合又互相制衡。例如,在营业收入管理方面,饭店设收银员、夜间审核、营业审核、总出纳、信贷部经理,不同的岗位,不同的职责,可谓一环扣一环来保证营业收入的日清月结,完整无误。同样在成本费用管理方面,饭店通过使用部门提出申请,采购部门市场询价,成本核算部门进行核价,仓库部门验收保管,财务总监按需审批,最后总经理核准实施。整个过程职责分明,保证饭店经营有序进行。

但在企业实际工作中,环节有时因人为因素,执行中会有偏差。例如:厨师长经常参与水产、冻品以及大宗物品采购;总工程师常常有意无意地参与材料配件供应商的确定;公关策划主管有时自行指定供应商;等。部门参与采购的优点在于:增加物品采供渠道;避免物品在等级、规格方面差错;便于急事急办。部门参与采购的缺点主要有:缺少有效监督,因为物品既是部门提出申购而确定供应商,之后又是部门在验收;容易滋生弊端,如果自律性较差的话,以次充好,混淆规格的事情就容易发生。

三、缺少核算

饭店成本费用管理是由其营业特质所决定的,不论是客房还是餐饮,平时都是按需领用物品,到月末盘点已领用未使用的物品来计算当月实际成本费用。由于入住饭店的客人情况各不相同,所以放在客房的各种梳洗用品和赠饮品使用也不尽相同,有些客人使用比较少,客房用品添置也就少些;有的客人则不然,不但会用,离店时还把未用的物品带走,这样客房用品添置相应就多些。客人使用的不确定性,使得客房部门怕断档,在物品领用上,主观方面也就想多备一些,因而当期成本费用就容易发生偏差。譬如:

(1)月末部门各类用品存货多寡将影响当期销售费用的高与低;

(2)部门定期盘点核数是否遗漏,关系到当月成本费用的准确核算;

(3)部门管理上的严格与疏失,如员工私拿客房用品自己在用,影响当月房务费用虽小,但对饭店的危害严重;

(4)月末客房、餐饮、健身、康乐的核数盘点看似一件很平常的工作,但往往部门的重视程度不够的。

四、缺少分析

成本费用分析是指对财务报表中的成本费用实际数与预算数或去年同期实际数进行比较、分析、评价，以揭示企业经营的成本状况。目前定期成本费用分析是饭店管理的软肋，原因是：第一，部门或个人利益不愿作分析；第二，工作不深入无法作分析。具体表现在：

(1)营业部门没有经营耗费分析的意识，认为每天工作都比较忙，没空去作分析；

(2)定期成本费用分析要收集大量信息数据，而部门分析工作是个别管理人员兼职来做，由于兼职人员缺少数字概念，核算的报表经常出错，工作热情比较缺乏；

(3)为掩盖管理上的疏失，营业部门往往会找各种借口不愿作分析；

(4)财务部成本人员缺少有关专业知识，只能就数据进行分析，对成本费用超支的原因讲不清、道不明。

五、缺少责任

1. 人员流动方面

饭店行业有别于其他行业，流动性比较大，特别是外资饭店。而企业财务成本管理是一个连续性很强的工作，员工流动越大，对企业影响越深。目前饭店对员工流动性较大已逐步适应，人事部门也在按规定进行人员交流。另外，员工在新旧交接方面做得还很不够，例如要走的人等不及一个月的时间(许多企业都这样规定，辞职的人在提出申请被批准日的一个月办理完移交手续后才生效，否则要赔偿相应的工资)，急着到新单位报道。而原单位对突如其来的离职，感到措手不及，因为企业招聘员工需要一个时间过程。

2. 部门配合方面

现在企业内耗方面问题比较多，工作中部门间工作推诿，相互扯皮，能推则推，找寻各种理由为自己失职减少责任。

六、缺少考核

成本费用执行情况的考核是财务乃至企业管理的重要环节，通过绩效考核做到有奖有罚、赏罚分明，目的是为了更好地调动员工工作积极性。这些道理大家都明白，但在企业实际工作中的确很难操作。例如，燃料油节约与浪费是由诸多因素构成的：主观上的因素，如部门空调开启与关闭、局部开启与全部开启、制冷温度高与低以及同时期企业经营是否有变化等；客观上的因素，如油价的上升与下降、经营场所的增大与缩小等。

企业的考核，在销售方面相对要容易些，有关部门在作好统计时，销售人员本身自己也有记录，几次来回，差异越来越少。而成本费用方面的考核，不仅涉及到人，而且关系到部门利益。所以成本管理涉及面比较广。还有缺少有效数据来实行考核以及数据来源的准确度。现在许多企业也陆续建立各项统计资料，但要达到考核标准还存在一定距离，即数据的有效性及说服力还有待改进与完善。

任务二　成本费用失控的外在因素

近年来，随着经济不断发展，饭店外部环境也在发生深刻的变化。计划经济被市场经济所取代，首先体现在市场货源越来越充沛，无论是饭店装潢用品，如墙纸、地毯、家具、洁具等，还是餐饮各类副食品，如海鲜产品、进口牛、羊肉、调味品等。其次体现在市场供货来源越来越广，过去许多进口副食品大多是通过广东省的进货渠道，现在许多省市特别是沿海地区许多贸易公司、合资大型超市如麦德龙、家乐福等，都在经营各种进口副食品和用品。第三体现在物品市场供应的价格波动越来越大，原先我们是在计划经济体制下，物品价格一般几年不变，而现在实行的是市场经济，公司经营受利益的驱动，如美国进口或澳大利亚进口的奶制品，货源集中时价格往下跌，反之市场缺货时，价格一直往上涨。正是这些价格的变化，增加了饭店成本费用管理与控制的难度，也是成本费用失控的外在因素。第四体现在批量进货给饭店带来越来越多实惠，相比合资饭店创办初期，优质物品供给比较贫乏，除了自己直接办理进口外，物品挑选余地小，价格也比较贵。而现在不但物品供应充足，同样的物品因购买的数量不同，也可享受不同的折扣率。这些变化如不作深入了解，根本无法知道它真正的实际价格。具体表现在以下几方面。

一、物品品质

饭店用品涉及方方面面：从牙膏、牙刷等沐浴洗涤用品，到毛巾、被套等床上用品；茶包、咖啡等各式饮料；饭店设施介绍宣传资料、便笺、铅笔等文具用品；电视、冰箱、电脑等电器产品；蔬菜、禽蛋等食品原料；酱油、味精等不同调料；玻璃、瓷器、不锈钢等餐厅器皿；口布、桌布、毛巾等布草用品。所有物品品质决定着成本费用的波动。

1. 按照饭店星级标准，配备相适应物品等级

现在一些饭店在物品配置方面，往往会产生两个极端：一是开业时饭店各项用品配置都比较好，之后由于饭店营业清淡，为了压缩成本费用，使用物品等级一下子降很多，饭店从此走向恶性循环，物品越差客人层次越低，房价越低饭店利润越低甚至出现亏损。二是饭店盲目攀比，即不考虑本地区实际情况，一味追求进口或一线知名品牌的洁具、卫浴用品和电器物品，使得房务费用以及修理费用上升，饭店毛利减少。饭店物品一切以适合为出发点，这里的适合，就是根据一定的费用标准来安排相应的物品。饭店客用品配备，如以绝对额来定，在30元/间～65元/间；如以费用比率来定，为客房营业额的4%～13%。饭店客用品单位费用，星级越高费用比例越低。客房物品的随意变动，不利于成本费用管理，也不利于饭店的销售。

2. 按照饭店收货规定，保证物品的数量与品质

饭店的许多物品使用量比较大，如各类毛巾、客用品(8小件)、印刷品、冻品、肉类、酒水饮料等，这些物品的供给一般是采取一次定购、分批进货。如何保证供应商每批提供的物品质量和数量，是饭店成本费用控制的重要环节，因为造成用品失控既有客观上的因素，也有主观上的因素。客观因素如冻品、肉类、客用品会受到原料的影响，如泰国产的41～50规格虾仁，冰冻前条虾质地好坏、颗粒大小、折率高低等，在饭店仓库收货时，往往无法用肉眼来验证，而只能在虾仁化冻后才可看得出，主观上的因素，如客用品一下了进货很多，而仓库人员一般实行按规定比率的抽检数量来确定整批客用品的数量、质量，这当中缩小比率的验收以及按规定标准进行验收后的合理损耗等，都将对成本费用产生影响。

3. 按照标准成本费用，合理搭配不同原料辅料

饭店的产品设计一般会满足不同层次客人消费的需要，如在客房方面：分标准房、豪华房、

行政房以及套房等;在餐厅方面:分豪华包房、普通包房以及大包房、小包房等。因此在物品配置上要有所区别。不同产品使用不同的材料,这样既可满足客人的需求,也兼顾了饭店的利益。最主要是杜绝生产制作过程中的大材小用的现象,如以客人点的扬州炒饭中的虾仁来讲,它一般用 71～90 规格即可,但个别厨师贪图方便把 41～50 规格开刀在用;另外还有,如客人点的宋嫂鱼羹这道菜,原料是黄鱼,可是 125 克与 300 克的黄鱼价格相差很大。我们这里所要求的是,在保证菜肴质量的前提下,合理使用各种原材料,菜肴产品不随意提高成本,也不短斤少两。但餐饮在实际操作中,厨师对认识的客人增加分量,而缺失部分在其他客人中补回。再有厨房的"飞菜"不在此列,即未开账单而送给客人的菜,那性质就完全不同,属偷盗行为。

二、价格杠杆

物品的价格是成本控制的首道环节,即采购成本费用。市场经济是以供需来调节,当市场物品比较充沛,价格会随之下降;反之价格会随之上扬。这对成本费用影响很大。饭店物品价格杠杆主要体现在以下一些方面:

1. 价格的时间差

饭店的许多物品在价格方面存在一定的时间差,特别是餐厅副食品。这个时间差异又分为两类:一是副食品供应受季节的影响;二是副食品供应受农贸市场开市、落市的影响。

(1)副食品供应受季节的影响。副食品当中蔬菜、瓜果、海产品等多受到季节影响,如基尾虾夏、秋季货源充足,价格偏低;反之冬季存活率低,货就比较少,价格也就高。大闸蟹每年 9 月份开始,特别碰到刮大风,价格一路往上涨;相比如果 9 月份天气冷不下来,蟹的价格也就上不去。许多时令蔬菜,如米苋、蕹菜、小红萝卜等刚上市的时候要十几元/公斤,之后一段时间价格就逐步下滑。水果也是一样。另外,所讲的季节影响,是涉及夏季的台风、连续暴雨等突发气候现象对副食品的影响,使得各类菜价成倍上升。

(2)副食品供应受农贸市场开市、落市的影响。农贸市场副食品供应一般集中在每天的上午与下午两个时间段,一些固定摊贩和流动菜农,都会按固定时间在农贸市场出售他们的副食品。农贸市场的一般规律是开市价格高于落市价格,即每天早晨 5 点钟、下午 2 点钟的副食品价格要高于上午 10 点钟、下午 5 点钟。另外每周五起副食品价格开始上升,每周一开始价格逐步下降。所以每天副食品的价格会有波动,每周副食品的价格也会不一样,因此确定价格要掌握饭店所了解的采购时间。其次,对饭店来讲,副食品价格是每 10 天一定,即每旬报价,所以市场询价对副食品报价影响很大。

2. 价格的等级差

海鲜、肉类、水果相同产品不同等级对成本费用波动影响很大,就像前面所说的海虾仁,假设 71～90 规格,单价 30 元/公斤,那 31～40 规格,单价则就 84 元/公斤;还有火腿上方价格与下方价格就相差很大;再如西冷牛肉假设进口为 138 元/公斤,国产西冷牛肉则为 38 元/公斤。另外同样的副食品价格也有很大区别,如猪的蹄髈分前蹄与后蹄,大排分雌排与雄排;蔬菜中的韭菜分宽叶与窄叶,草头分大叶与小叶,米苋分红米苋与白米苋;西瓜看外表就能分辨生与熟、皮厚与皮薄、有籽与无籽;等等。如果我们不了解这些物品的特性,也就不能很好地掌控餐饮的成本。

3. 价格的数量差

现在物品采购可谓千差万别,农贸市场、生产厂家、大型超市都会碰到这样的事情,即当你去询探物品价格时，供应商往往第一句就是问你要买多少，而你的回答将极大影响物品的价格。首先一步到位的询价，折扣相对比较少，假如，你要采购1 000个10寸热菜盘子，先问1个的价格，再问12个的价格、120个的价格直至1 000个的价格与开始一下子报1 000个的价格，前者一定低于后者的价格。这主要是心理因素起着很大作用，前者给人印象是你想买，主要是价格问题，随着你层层加码，他也心动也想做成这笔买卖交易；而后者给人的印象，你是在随便问问，不一定会买。采购同样一批物品，因人不同而价格也就不同。采购数量越大相应价格折扣率也就越大，当然提高采购员采购的技巧，对饭店采购成本费用的降低也会很大帮助。

4．价格的渠道差

饭店物品的采购要拿到最低价格，过去饭店采购员一般都会直接找到生产厂商，寻求厂方给予出厂价格。但现在这一招越来越不灵验。因为现在许多生产厂商都是根据对方采购数量来核定不同价格，而单体饭店物品采购数量有限，很难取得较高折扣率，相比饭店集团的统一采购以及大型超市采购有着其数量上的优势，迫使生产厂商作出更大让步，达成此项采购交易。因此当我们无法与超市进行竞争时，如果同样采购数量转向超市去竞标时，超市相对会很重视这笔商品交易，它们也不会轻易放弃，一定会给予更多折扣率来促成此项买卖。如果采购部门能根据饭店年度采购计划主动与大型超市沟通，并建立良好工作联系，采购成本费用就会控制得更好。另外应提前知道超市在其不同时期所推广的物品，然后进行采购，这样虽然同一物品单价账面波动较大，但饭店的收益由此也会越来越大。

成本费用失控会发生在饭店经营的各个环节，采购过程如此，餐饮制作、客房服务、仓库保管、产品销售、人工成本、设备维修等过程均如此。饭店只有不断完善制度、加强监管，实行必要的奖罚等措施，才能克服、减少失控带来的损失。

模块三　旅游企业成本费用控制

工作任务

任务一　成本费用控制原则、方法和途径
任务二　餐饮成本费用控制实务

企业经营的目的，就是不断提高劳动生产率，使企业利润最大化。而利润的形成，一是不断拓展销售渠道，扩大产品销售量；二是通过新材料、新工艺的使用不断降低产品成本、销售费用，即减少活劳动消耗、减少物质消耗，以收抵支使盈余增加。因此，生产经营的过程就是成本管理的过程。通过对成本费用的预测、控制、分析等一系列的管理，饭店才会创造更大的效益。

案例分析

2009 年 8 月 8 日，星龙湾大酒店在鲜花的簇拥和鞭炮的喧嚣中正式对外营业了。这是一家集团公司投资成立的涉外星级酒店，该酒店不仅拥有装潢豪华、设施一流的套房和标准客房，下设的老宁波餐厅更是特色经营传统宁波菜和海派家常菜肴，为中外客商提供各式专业和体贴的服务。由于集团公司资金雄厚、实力强大，因此在开业当天，不仅社会各界知名人士到场剪彩庆祝，更吸引了大批新闻媒体竞相采访报道。一时之间，星龙湾大酒店门前人头攒动，星光熠熠。

最让星龙人感到骄傲和夸耀的是酒店大堂里的一盏绚丽夺目、熠熠生辉的水晶灯。这盏水晶灯是公司王副总经理亲自组织货源，最终从奥地利某珠宝公司高价购回的，货款总价高达 120 万美元。这样的超级豪华水晶灯不仅在全国罕见，即使国外，也只有在少数几家五星级大酒店里能见到。开业当天，来往宾客无不对这盏豪华的水晶灯赞不绝口，称羡不已。尤其是经过媒体报导，更成为当天的头条新闻，星龙湾大酒店在这一天也像那盏水晶灯一样，一举成名，当天客房入住率就达到了 80%以上。

王副总经理也因此受到了公司领导的高度赞扬，一连几天，王总的脸上都洋溢着快乐而满足的笑容。然而，好景不长。两个月后，这盏高规格高价值的水晶灯就出了状况。首先是失去了原来的光泽，变得灰蒙蒙的，即使用清洁布使劲擦拭都不复往日光彩。其次，部分金属灯杆都出现了锈斑，还有一些灯珠破裂甚至脱落。人们看到这破了相的水晶灯，议论纷纷，这就是破费数百万美元换回的高档水晶灯吗？鉴于情况严重，公司领导责令王总经理在限期内对此事作出合理解释，并停止了他的一切职务。

事件真相很快就水落石出，原来这盏价值近千万元人民币的水晶灯根本不是从奥地利某珠宝公司购得的，而是通过南方某地的 W 公司代理购入的赝品水晶灯。王副总经理在交易过程中贪污受贿、中饱私囊。虽然出事之后，王副总经理不出意外地得到了法律的严惩，然而星龙湾大酒店不仅因此遭受了数千万元的巨额损失，更为严重的是酒店名誉蒙受重创，成为同行的笑柄。这对于一个新开业的公司而言，不啻是个致命的打击。

星龙湾大酒店的悲剧应如何防范？

任务一　成本费用控制原则、方法和途径

一、成本费用控制原则

成本费用控制是指在生产经营活动过程中，对影响成本的各种因素强化管理，使各项费用耗费严格控制在既定的预算范围内，同时揭示并及时反馈生产经营中的成本费用超支现象。在企业的成长过程中，最重要的问题就是成本的问题，成本的控制决定企业财务的有效管理，决定企业管理的成效。那么，如何做好成本控制呢？它的原则主要有以下几点。

1. 经济原则

经济原则，也就是说，实行成本控制所花费的费用不能超过因没有成本控制所损失的费用。经济原则决定了企业在制定成本控制中的例外管理（对一般的日常支出的控制从简，对例外情况要加注意）、重点管理（应把成本管理的重心放在重要的事项中，不必去计较那些很小的费用和无关大局的事项），同时也要注意成本控制的灵活性（由于市场变化的复杂性和不确定性，应对成本控制采取有效的可变性）。经济原则要求成本控制起到降低成本、纠正偏差的作用。

2. 因地制宜原则

本原则意即成本控制没有一律性，要求企业在制定成本控制中要根据企业目前所处的阶段、企业的不同部门采取不同的控制方法，提出不同的要求。应注意企业目前所处的阶段期和主要任务目标，同时还要注意企业各个部门的任务和特点。

3. 全员参与原则

人是企业的核心力量，人的活动就会发生费用。所以成本控制要求员工具有控制成本的愿望和成本意识，养成习惯，关心结果，具有合作精神，在工作中能同心协力，正确理解和使用信息，改进工作，降低成本。采取的方法有：要客观、准确地制订适用的成本标准，告知员工成本控制的重要性，告知员工企业目前的情况和困难，让员工参与标准成本的制订，采取适当的激励措施，并保证方法的执行制订严格有效的成本控制运程，冷静对待成本超支和过失。

4. 领导的推动原则

这是成本控制能否执行的关键因素。

二、成本费用控制方法

成本费用控制以一定的控制标准，对产品成本形成和费用发生的整个生产经营过程进行引导、监督和修正，使实际成本和费用的耗费符合既定成本目标和费用预算的要求，即将成本费用支出限制在规定的标准范围内。成本费用控制在饭店经营过程中就是怎样做好事前控制、事中控制、事后控制。

1. 事前控制

所谓事前控制，在餐饮方面就是做好副食品每旬核报价，即由成本核算员、厨师、采购等人员每10天通过饭店周边菜市场、较大的集贸市场以及大型超市价格比较，制定每期副食品报价，经餐饮、财务总监审批。对大宗物品，如冻品、肉禽类、客用品、清洁品等的采购采用工程招投标方式，货比三家注重性价比，通过签订合同，封存小样，锁定价格。在保证物品品质的前提下，控制预算期内各项成本费用的支出。

以上是从微观方面讲述事前控制。而从宏观方面来讲，事先控制就是做好成本费用预测，参与饭店经营决策，制订成本费用预算。

2. 事中控制

所谓事中控制，就饭店整体而言，就是严格按照部门月、季、年各项成本费用预算，控制实际支出。在餐饮方面，做好每日成本估算表，认真核算市场采购、仓库领料，关注收支的配比，做好厨房每旬贵重食品盘点、每月全面食品盘点，杜绝各种漏洞，降低各类食品的损耗率。目前能源费用是仅次于工资的最大支出，饭店在保证营业需要的前提下，对非营业场所照明、空调进行适当调整，特别近年饭店对空调温度设置有所规定，如夏天室内温度不得低于25度；冬天不得高于22度。这些举措不仅是为了减少费用的支出，更是为达到降低能耗，早日实现节能型城市目标承担自己应尽的社会责任。

以上是从经营成本费用方面所作的论述，通过运用成本费用计算的数据进行分析研究，把偏离目标的差异及时地反馈给有关职能部门，以便采取纠正措施。另外还要从成本费用开支的时间、用途、作用上进行控制，区分轻重缓急，既要防止机械地执行制度规定，忽略经营活动的具体情况，又要严格费用开支的审批手续。事中成本费用控制，一般仅限于一时一事的单项成本费用开支。

3. 事后控制

饭店经营虽然事前制定目标，但在日常经营中难免会碰到各式各样的情况，而且许多突发事件都是不以人的意志为转移。事后控制就是对实际成本费用与预算成本费用的差异进行分析，查找差异形成的原因，确定责任的归属，并制定整改措施加以预防，不断完善制度，使成本费用支出回归预算范围。例如某饭店2009年圣诞节销售，由于定价过高，原先预定的300份套餐实际只销售了220份，销售完成率73%。为此厨房的备菜因人员的减少，食品损耗增加，使得原先核定48%的计划食品成本率一下子升至59%。再如2009年9月累计能源单位费用达8.21元，比累计预算平均单位费用6.68元，绝对数增加1.53元，相对数上升10.22%，据分析，用电量、用油量分别比预算下降2.3%、4.1%。用水量大幅度上升是费用增加的主要原因，经进一步调查得知，是由于游泳池水受空调管道灰尘大面积污染，池水重换使得水费增加。

上述成本费用的变动既有主观方面的因素，又有客观方面的因素。通过事后控制，分析原因，找寻对策，降低差异对预算的负面影响程度，最主要是怎样加强销售策略制订，加强设施设备例行保养，来保证成本费用的超支现象。

三、成本费用控制途径

1. 努力实现既定的成本费用

现代企业管理制度，就是要求企业着眼于未来，要参与市场竞争，其中的核心，就是做好长远规划，落实年度预算。通过制订各项成本费用预算目标，各部门成本费用控制有了交集点，然后通过群策群力使目标成为现实。

2. 建立健全成本费用的全面管理

成本费用管理涉及饭店的各个层面，如采购成本、仓储成本、生产成本、销售成本等环节，这些环节既相对独立，又唇齿相依。饭店在成本管理方面，营业部门多存在相类似的情况：

(1)重生产过程中成本消耗，轻销售环节上的成本支出；

(2)关注材料采购价格，忽视仓库储存损耗；

(3)只关心销售业绩，不关心成本费用；

(4)为了发放奖金只作销售数据统计，而敷衍部门成本单耗台账统计；

(5)材料申购贪大求全，不管实际使用和占用仓储。

为了落实全面成本费用管理，部门必须以大局为重，摒弃小我和部门小团体利益，实行经营的全饭店、全过程、全员管理，完善各项制度，加强内控流程，使成本费用管理贯穿饭店整个经营过程，从而确保降低成本费用目标的实现。

3. 强化日常生产经营的监督控制

成本费用的内部控制，一是监控岗位操作流程，规范各级管理人员工作职责。例如，营业部门申购或领用物品，在保证营业的前提下，要兼顾预算的许可度。二是相关部门既要配合又要实施监督。例如，仓库在审核营业部门物品申购时，一看库存是否有替代品，二看物品申购量是否合理。

4. 通过财务管理，杜绝各种漏洞

饭店经营经常会受到各种因素影响，这里除了市场大环境变化外，再有就是一些人为的干扰。现在的饭店在管理方面不缺乏制度，而缺少的是制度执行力。例如，定期厨房、餐厅盘点，是财务正确核算每期餐厅、厨房成本的重要环节，但在实际工作中餐饮部往往配合不够。如果财务人员不予坚持的话，它的后遗症是餐饮成本核算数据不实，由餐饮任意调节成本，财务部最终将会完全丧失对餐饮的管理。长此以往，吃、拿风气必定严重腐蚀各级管理人员。所以财务管理必须持续和加强对餐厅、厨房、客房、商务中心、会务、健身、娱乐等部门定期盘点，层层落实，及时发现问题，及时采取措施，防微杜渐，保证饭店正常的营运秩序。

任务二　餐饮成本费用控制实务

一、做好成本费用预算工作

饭店每年都要对餐饮下年度的经营情况编制预算，而预算的编制也是对未来餐饮发展和客源情况进行初步估计，怎样获取应有的市场份额，怎样面对竞争对手的挑战，要有一个缜密的对策。而与之匹配的成本预算也是一项重要的销售策略。例如，制订的餐饮销售是走高档路线，还是走薄利多销的中、低档路线。这里一切都要以本地市场需求为首要考量，以饭店现有资源为重要条件。经过调查研究，听取各方不同意见，以及参照饭店历史资料，最后制订出相应的下一年度成本费用预算指标。餐饮预算则是餐饮日常经营控制的重要手段，如表10－1显示的是某饭店2010年餐饮成本预算估算情况。

表 10－1　2010 年餐饮成本预算估算表　　单位:万元

项目	餐饮合计	西餐厅	大堂吧	中餐厅
2010 年预算成本额	275.1	107.9	15.3	151.9
2009 年实际成本额	336.7	125.6	17.5	193.6
2009 年预算成本额	277.6	113.5	27.6	121.5
2010 年预算综合单位成本	32.84	30.82	24.98	35.64
2009 年实际综合单位成本	32.25	32.69	22.86	35.60
2010 年预算与 2009 年实际综合单位成本相比	0.59	－1.87	2.12	0.04
2010 年预算食品单位成本	37.70	35.00	35.00	40.00
2009 年实际食品单位成本	36.02	33.58	33.90	37.47
2010 年预算与 2009 年实际食品单位成本相比	1.68	1.42	1.1	2.53
2010 年预算饮料单位成本	27.32	25.00	25.00	32.00
2009 年实际饮料单位成本	22.65	18.28	19.22	26.46
2010 年预算与 2009 年实际饮料单位成本相比	4.67	6.72	5.78	5.54

二、建立健全物品采购、验收操作流程

部门物品采购的计划性，是成本费用管理的一项重要环节。营业部门在物品申购前，首先要查询仓库是否有类似的存货，其次确定合理的采购量，以避免盲目采购，造成物品积压。物品采购的计划性，还体现在按需采购、均衡采购方面，避免毛利的大起大落。如：①国外进口的物品必须提前两至三个月提出申请；②国内大宗品牌的物品或印刷品必须提前两周提出申请；③一般物品必须提前三至四天提出申请；④厨房的食品必须隔天提出申请；⑤特殊情况特殊处理。

饭店物品采购单一般分为物品采购申请单、副食品市场采购申请单、仓库补货申请单。物品采购申请单，一般是指第一次采购及贵重物品的每次采购；副食品市场采购申请单，是指厨房每天的副食品采购（价格按批准的副食品旬价）；仓库补货申请单，是指常规使用各种物品在最低库存量时，仓库按需进行补货。部门填写的采购申请单应清楚注明品名、规格、等级、产地、数量等。使用部门可以向采购部推荐供应商，在条件相同的情况下，采购部可优先考虑，但最终决定权在采购部。物品采购必须按规定程序进行，待采购申请批准后方可落实采购。图 10－1 所示为物品采购验收操作程序。

三、加强餐饮定期物品盘点

厨房副食品的正确计量长期以来一直制约着餐饮的管理。其中厨房配菜环节，实际工作中无法做到上磅计量，而是靠经验来目测，即大致一样即可。主料是这样，辅料、调料更做不到计量，特别是调料一直是沿用“少许”来称呼。因此相同的一个菜肴，因时间、地点、人员等不同而用料就不一样，哪怕同一个人，尚不讲隔天，就是不同锅，口味也会不一样。因此长期以来，餐饮行业副食品成本核算都是采用“倒轧账”形式。如饭店比较注重内部管理和控制，损耗、漏洞相对要少很多，反之厨房因管理上的疏失，除了贪吃以外，还友情送菜，甚至下班后把贵重物

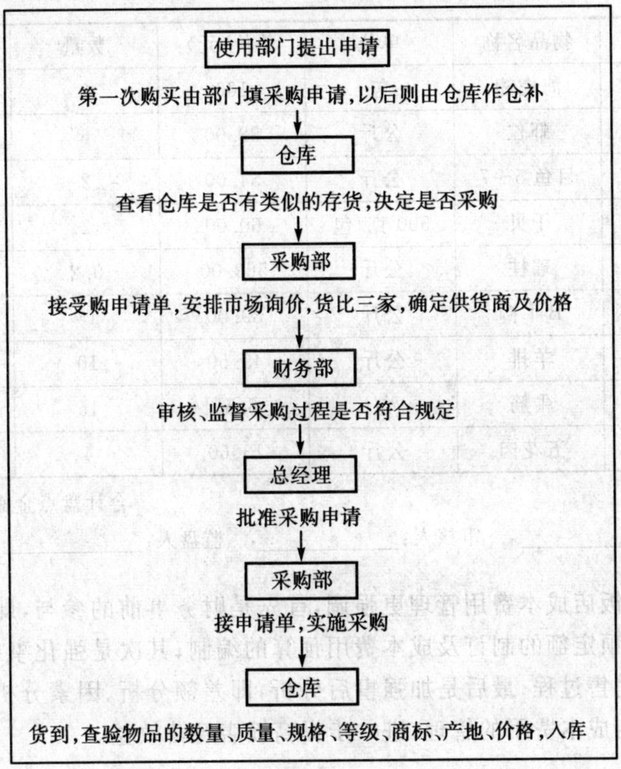

图 10－1　物品采购验收操作程序图

品私拿出去。因此规定每半个月进行一次厨房盘点，特别是对贵重食品如鱼翅、鲍鱼、干贝、燕窝、参等重点加强盘点。这样既能及时发现厨房存在的问题，杜绝浪费，更能做好应有的成本调节工作，该收则收，该放则放，一切按制度去协调，使当期厨房成本计算相对正确、合理些。如表 10－2 所示为某饭店××月中厨房盘点表。

表 10－2　××月中厨房盘点表

物品编号	物品名称	单位	单价(元)	数量	金额(元)
CE001	风车生粉	公斤	9.50	10	95.00
CE103	糯米粉	斤/包	1.40	7	9.80
CE105	精面	900 克/包	2.90	400	1 160.00
OL003	精制油	公斤	8.25	60	495.00
SS002	鸡精	听	68.00	2	136
SS070	生抽王	瓶	15.00	1	15
SS073	白砂糖	公斤	4.60	40	184.00
LW001	黄酒	瓶	3.10	10	31.00
SS168	XO 酱	瓶	25.00	3	75.00
FS026	辽参	斤	2 300.00	0.20	460

续表 10-2

物品编号	物品名称	单位	单价(元)	数量	金额(元)
FS040	海虎翅	包	160	3	480.00
FS002	虾仁	公斤	88.00	6	528.00
FS006	目鱼 5～7	公斤	54.00	2	108.00
FS042	干贝	500 克/包	60.00	2	120.00
FS032	瑶柱	公斤	560.00	0.2	112.00
FM114	B 牛柳	公斤	39.00	15	585.00
FM112	羊排	公斤	49.50	10	495.00
FM022	牛筋	包	8.50	15	127.50
FM002	五花肉	公斤	13.60	4	54.40

合计盘点金额:5 270.70 元

盘点人:________， 审核人:________， 监盘人:________

综上所述，现代饭店成本费用管理更强调，首先是财务事前的参与，即参与饭店规划目标的制订、参与饭店各项定额的制订及成本费用预算的编制；其次是强化事中的监督控制，即采购过程、生产过程、销售过程；最后是加强事后分析，即差额分析、因素分析等，寻找原因，采取措施。通过加强饭店成本费用的管理，进一步提高饭店经营效益。

探究园地

1. 成本费用内在失控的主要原因是什么？
2. 为什么说制度建设可以降低成本费用的失控？
3. 部门参与物品采购是利大于弊，还是弊大于利？
4. 为什么熟悉物品特性是为了掌控成本费用的需要？
5. 副食品采购的询价为何说与时间有着密切关系？

项目十一

旅游企业财务预算管理

项目阐释

预算管理是旅游企业经营的重要组成部分，是旅游企业经营战略的细化，通过它来强化旅游企业经营的控制管理，进一步理清部门的工作权限和责任。在学习本项目后，会加深对旅游企业预算管理重要性的认识，特别是案例分析以及相关的理论知识，会给学习者今后的工作带来一些帮助。

能力目标

◇ 了解财务预算的形成：不是凭主观意象，而是以数据为依据编制而成。

◇ 掌握财务预算编制的基本方法、内容和相关知识点。

◇ 运用所学的财务预算理论知识，全面、科学、系统地指导旅游企业的各项管理工作。

项目分解

模块一 全面预算管理概述

模块二 旅游企业预算编制方法

模块三 旅游企业预算的经济指标及编制实务

模块一　全面预算管理概述

工作任务

任务一　全面预算的概念及意义
任务二　全面预算管理的内容

案例导入

财务预算的质疑

某饭店在布置预算的工作会议上，公司总裁要求财务总监和在场的财务人员运用财务报表的勾稽关系，结合上一年度的实际经营数据，出具一整套预算表格，最终的交付成果是"财务三张表"。在那位老总的心目中，就是通过"科学定量方法"得出饭店的全面预算体系。财务人员在得到总裁的指示后，如期完成了工作，却在预算审批会议上受到其他经营部门的质疑，认为没有反映饭店与部门的工作重点，仅仅追求财务数据上的严密性，根本不切合实际。迫于压力，财务部门不得不就事论事对某些数据作了调整，各个部门依旧各行其是，那一整套表面上逻辑严密的预算表格最终还是束之高阁，无人问津。

任务一　全面预算的概念及意义

一、全面预算的概念

1. 预算的概念

预算是一种系统的方法，用来分配企业的财务、实物及人力等资源，以实现企业既定的战略目标。企业可以通过预算来监控战略目标的实施进度，有助于控制开支，并预测企业的现金流量与利润。

2. 全面预算的含义

全面预算反映的是企业未来某一特定期间(一般不超过一年或一个经营周期的全部生产、经营活动的财务计划)，它以实现企业的目标利润(企业一定期间内利润的预计额，是企业奋斗的目标，根据目标利润制定作业指标，如销售量、生产量、成本、资金筹集额等)为目的，以销售预测为起点，进而对生产、成本及现金收支等进行预测，并编制预计损益表、预计现金流量表和预计资产负债表，反映企业在未来期间的财务状况和经营成果。

二、全面预算管理的意义

全面预算管理对现代企业的意义可概括如下。

1. 提升战略管理能力

战略目标通过全面预算加以固化与量化，预算的执行与企业战略目标的实现成为同一过程；对预算的有效监控，将确保最大限度地实现企业战略目标。通过预算监控可以发现未能预知的机遇和挑战，这些信息通过预算汇报体系反映到决策机构，可以帮助企业动态地调整战略规划，提升企业战略管理的应变能力。

2. 有效监控与考核

预算可以向集团企业和子公司双方提供合理业绩指标的全面信息，同时预算执行结果是业绩考核的重要依据。将预算与执行情况进行对比和分析，可以为企业考核、奖励、激励员工提供依据，从而为经营者提供有效的监控手段。

3. 高效使用企业资源

预算计划过程和预算指标数据直接体现了(集团公司)各子公司和各部门使用资源的效率以及对各种资源的需求，因此是调度与分配企业资源的起点。通过全面预算的编制和平衡，可以协调企业资源，使企业达到资源最优化配置，避免资源浪费和低效使用，并通过预算的分析调整达到利润最大化。

4. 有效管理经营风险

全面预算可以初步揭示企业下一年度的经营情况，使可能的问题提前暴露。参照预算结果，公司高级管理层可以发现潜在的风险所在，并预先采取相应的防范措施，从而达到规避与化解风险的目的。

5. 收入提升及成本节约

全面预算管理和考核、奖惩制度共同作用，可以激励并约束相关主体追求尽量高的收入增长和尽量低的成本费用。编制全面预算过程中相关人员要对企业环境变化作出理性分析，从而保证企业的收入增长和成本节约计划切实可行。预算执行的监控过程关注收入和成本这两个关键指标的实现和变化趋势，这迫使预算执行主体对市场变化和成本节约造成的影响作出迅速有效的反应，提升企业的应变能力。

任务二 全面预算管理的内容

全面预算是按照先销售预算、经营预算，后报表预算的流程进行，并按照公司各部门承担经济业务的类型及其责任权限，编制不同形式的财务预算。根据全面预算管理内容，图 11－1 列示了销售预算、经营预算、报表预算之间的关系。

一、销售预算

销售预算是指预算期内企业销售各种产品可能实现的销售量、销售单价、销售收入的预算以及企业的长期销售预算。

二、经营预算

经营预算是企业在销售预算的基础上编制的企业日常经营管理的财务预算。

(1)生产预算是企业在预算期内所要达到的生产规模及其产品结构的预算，主要是在销售

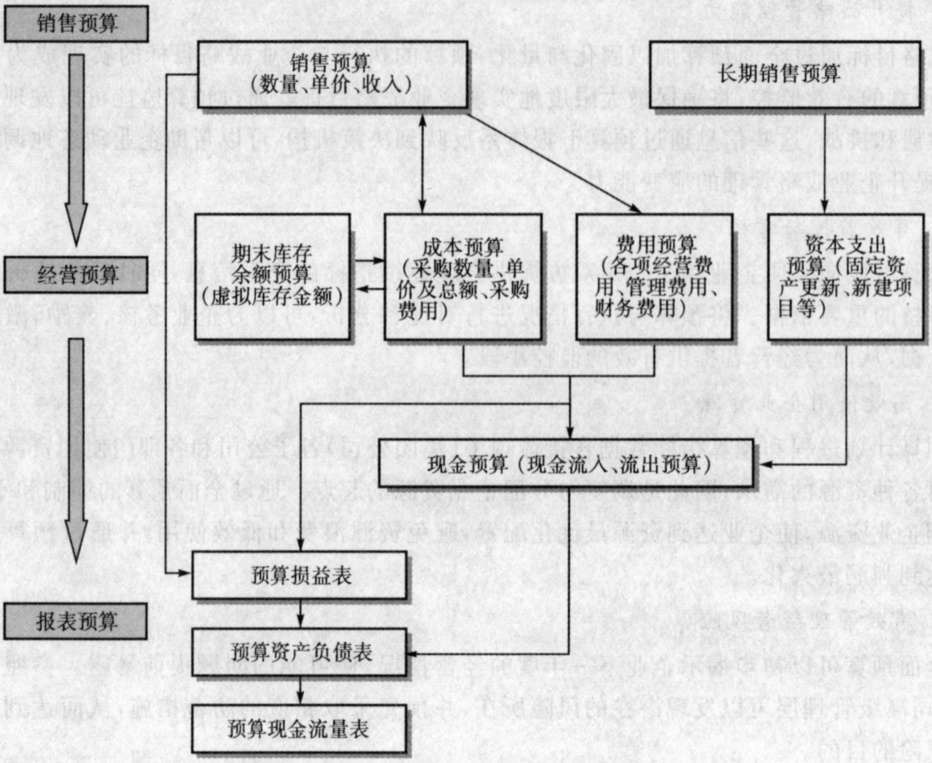

图 11－1　销售预算、经营预算、报表预算关系图

预算的基础上，依据各种产品的生产能力、各项材料及人工的消耗定额及其物价水平和期末存货状况等所作的预算。

（2）期末产品存货余额预算是企业在预算期内根据期初库存、日常销售数量预算与产品成本单价预算及虚拟期末库存量而作出的期末库存金额预算。

（3）产品成本预算是企业根据日常销售预算与期末产品库存预算而作出的有关采购数量、单价、总额及采购费用的采购预算，生产产品所需的生产成本、单位成本和销售成本的预算，直接材料、直接人工、制造费用等产品成本项目的预算，等。

（4）费用预算是企业根据经营、销售情况对各项经营费用、管理费用、财务费用所作的预算。

（5）资本支出预算是根据企业长期销售情况所作的固定资产更新、改建预算。

（6）现金预算是企业的销售经营的全面预算，是企业根据日常经营预算与资本支出预算所作的现金流入、流出的预算，进而企业可作出筹资方面的预算。

三、报表预算

报表预算主要以预算资产负债表、预算损益表、预算现金流量表形式反映。

（1）预算资产负债表是按照资产负债表的内容和格式编制的综合反映预算执行单位期末财务状况的预算报表，一般根据预算期初实际的资产负债表和销售预算、经营预算、资本支出预算、筹资预算等有关资料分析编制。

(2)预算损益表是按照损益表的内容和格式编制的反映企业在预算期内利润目标的预算报表,一般根据销售、生产预算、产品成本预算、费用预算、其他专项预算等有关资料分析编制。

(3)预算现金流量表是按照现金流量表的内容与格式编制的反映企业在预算期内现金流量状况目标的预算报表,一般根据销售预算、经营预算形成的现金流入、流出预算与预算资产负债表、预算损益表等分析编制。

模块二 旅游企业预算编制方法

工作任务

任务一 旅游企业预算编制程序

任务二 预算执行与监督控制

任务三 预算差异分析与调整

任务一 旅游企业预算编制程序

企业编制预算一般应按照“上下结合，分级编制，逐级汇总”的程序进行，如图 11-2 所示。

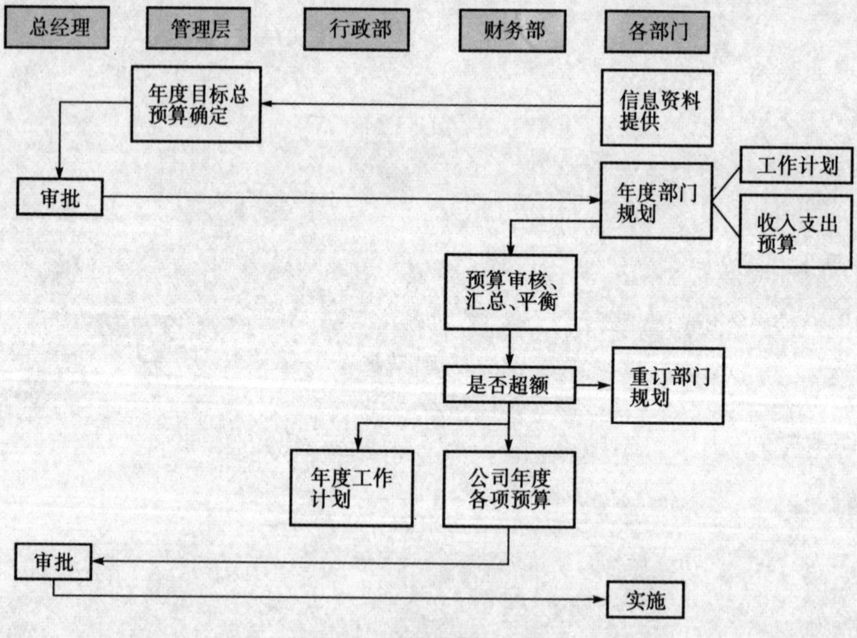

图 11-2 企业预算编制程序

一、下达目标

企业董事会或经理办公会根据企业发展战略和预算期经济形势的初步预测，在决策的基础上提出下一年度企业财务预算目标，包括销售目标、成本费用目标、利润目标和现金流量目标，并确定财务预算编制的政策，由预算管理层下达各部门。

二、编制上报

各部门按照预算管理层下达的财务预算目标和政策，结合自身特点以及预测的执行条件，提出详细的本部门财务预算方案上报企业财务管理部门。

三、审查平衡

企业财务管理部门对各部门上报的财务预算方案进行审查、汇总，提出综合平衡的建议。在审查、平衡过程中，预算管理层应当进行充分协调，对发现的问题提出初步调整意见，并反馈给各有关部门予以修正。

四、审议批准

企业财务管理部门在各部门修正调整的基础上，编制出企业财务预算方案，报预算管理层讨论。对于不符合企业发展战略或者财务预算目标的事项，企业预算管理层应当责成有关部门进一步修订、调整。在讨论、调整的基础上，企业财务管理部门正式编制企业年度财务预算草案，提交董事会或总经理办公会审议批准。

五、下达执行

企业财务管理部门把董事会或总经理办公会审议批准的年度总预算分解成一系列指标体系，由财务预算管理层逐级下达各部门执行。

任务二　预算执行与监督控制

一、全面预算执行

在预算编制中要注意各预算执行部门之间的权责关系，注意权责的划分、分解。预算管理体系中权责不明，会直接影响到预算的执行和控制。旅游企业预算一旦获准执行，就意味着各部门主管对该预算承担直接责任，也是对最高管理当局的承诺，并且一般情况下不会改变，除非碰到不可抗拒的某种特殊原因需要修改或重新审批，或者在制定该预算时面临的环境已经有了巨大的变化，现有的预算不再适用。

集团财务预算一经批复下达，各部门就必须认真组织实施，将财务预算指标层层分解，从横向和纵向落实到各部门、各环节和各岗位，形成全方位的财务预算执行责任体系，如图11-3所示。

部门和分部门是旅游企业预算管理的运行基础。首先，要把旅游企业的目标分解成各个部门的目标，再将各个部门的目标分解为各分部门的目标，最后将分部门的目标细化到各个岗位的具体工作中。可见分部门是对旅游企业目标的保证，是旅游企业预算执行的重要环节。其次，要把旅游企业预算指标分解到每一天、每个岗位，从而形成一个以岗位和分部门预算为保障机制的旅游企业预算责任体系。再则，旅游企业还必须为适应预算管理体系的要求，对传统低效或无效的操作流程和制度进行全面整合，要完善以面向顾客需要和流程导向为特征的高效组织，销售、营业部门对市场的反应愈加灵敏、准确，部门的增值能力会更强。通过岗位规

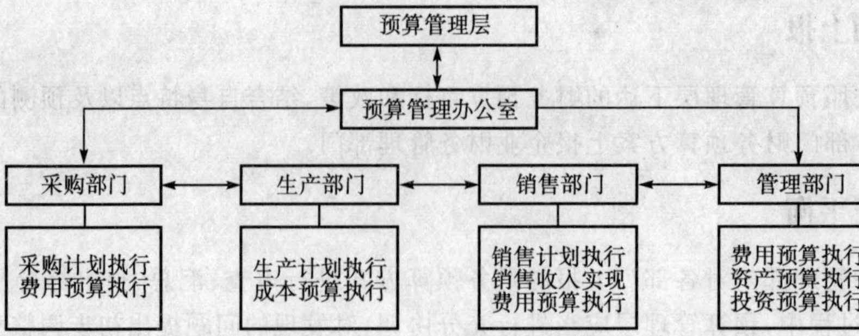

图 11－3　全面预算执行图

范，将各种专业行为在岗位层次上进行整合，使旅游企业全员劳动效率更优化。战略与执行就好比理论与实践的关系：理论给予实践方向性指导，而实践可以用来检验和修正理论。一个基业长青的旅游企业一定是一个战略与执行相长的旅游企业，因为其通过不断磨合，使旅游企业各项制度、流程日益健全。在一个以法治而不是人治的大环境下，旅游企业执行的效率是最高的。

二、全面预算控制反馈

现代旅游企业治理的根本，就是一种据以对其进行管理和控制的体系。旅游企业治理明确规定了企业各个参与者的责任和权利分布，诸如董事会、经理层、股东和其他利益相关者，并且清楚地说明了决策旅游企业事务时所应遵循的规则和程序。同时，它还提供了一种结构，使之用以设置旅游企业目标，也提供了达到这些目标和监控运营的手段。现代旅游企业治理的核心，就是协调各利益相关者的权责利关系。从旅游企业的立场出发，这种权责利关系应涵盖两大方面：一是旅游企业与股东的权责利关系，包括其中权力机构、决策机构、执行机构和监督机构的界定和权责的明确；二是旅游企业内部各管理阶层之间的权责利关系，包括旅游企业内部各部门及各相关成员的权责界定和明晰。两者存在互动关系。

旅游企业预算正是这样一种将各方利益相关者的权责利进行具体化、可度量化的第三层次的“法律”文书。它以委托代理理论和信息经济学原理为基础，重点构建了旅游企业组织内部分级管理体系。它通过分权、授权，对旅游企业内部的所有事项进行权利划分，形成了从股东会、董事会、监事会、总经理室、部门经理到分部门管理者的权责管理体系。通过旅游企业预算管理，可以规范各个利益主体对旅游企业具体的约定投入、约定效果及相应的约定利益；通过对预算过程的监控，可真实反馈各个利益主体的实际投入及其对旅游企业的影响；最终，再通过预算执行结果考评，检查契约的履行情况并实施相应的奖惩，从而使旅游企业在既定的治理结构内细化治理。

全面预算管理是关于权责利的制度，因而其有效性还取决于权责是否清晰并且对等。有效的旅游企业预算管理体系必须根据各预算责任主体的具体活动内容，明确规定其应承担的经济责任，使旅游企业上下形成一个从上到下、人人有责的多层责任网络。经济责任的承担还需有相应的权利相支撑。应该根据各级预算责任主体的生产经营活动的范围和特点，给予它们明确的权利。只有将责权利有机地结合起来，旅游企业预算管理才有生命力。实践证明，任何好的方案，如果缺乏有效的控制，都很难达到预期的目的。因此，对预算管理而言，应采取有力的控制手段和保障措施，才能保障旅游企业预算的顺利实施。

每月月初，财务部门根据预算和预算执行进度给各部门下达财务指标，指导业务部门制定本月业务计划。月份期间，财务部门根据下达的财务指标对各级业务部门的日常业务进行监督和审核，保障预算目标的实现。月末，财务部门根据考核依据对本月的预算实现情况进行评价调整，及时反馈给总经理或管理层，指导下一月度的预算计划。图 11－4 列示了全面预算控制反馈机制。

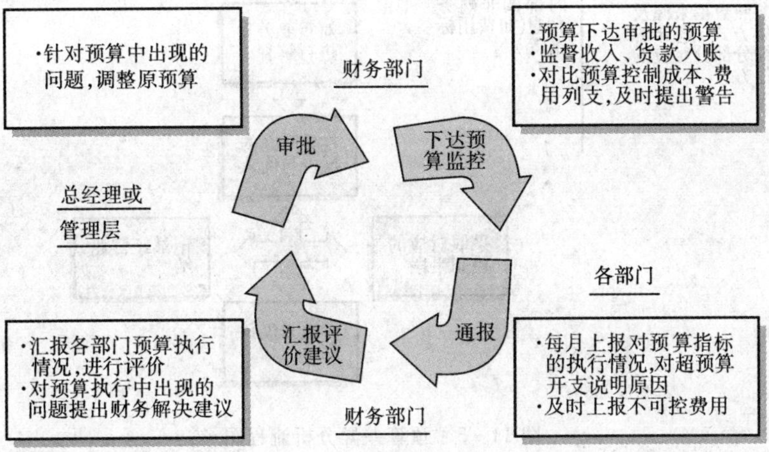

图 11－4　全面预算控制反馈图

任务三　预算差异分析与调整

一、预算执行情况分析

预算管理层、办公室及财务管理部门对预算的执行情况按月度、季度进行分析，着重分析利润预算、资本性支出预算、现金流量预算的完成情况，对当期实际发生数与预算数之间存在的差异，不论是有利还是不利，都要认真分析其成因，而且要写明拟采取的改进措施。预算分析的重点是差异的原因及应采取的措施。图 11－5 列示了预算差异分析流程。

二、预算调整与修正

1. 调整经营活动，采取相应的预算控制方式

结合公司为消除不利差异所作的调整，由预算部门对初始编定的后续月度预算进行调整，以保证在完成年度预算的目标下，月度预算能够及时反映经营活动的变化，以便于实施控制与考核。调整后的预算报预算管理层审批，涉及年度预算目标的项目，报董事会审批。

2. 调整后续月度/季度的经营预算

由内部可控因素引起的不利预算差异，应由对应的责任部门调整其经营活动，采取措施消除差异产生的原因，并尽可能在后续月度内消化已形成的预算差异，相应地，预算控制部门对上述责任部门及经营活动要加强预算控制力度。

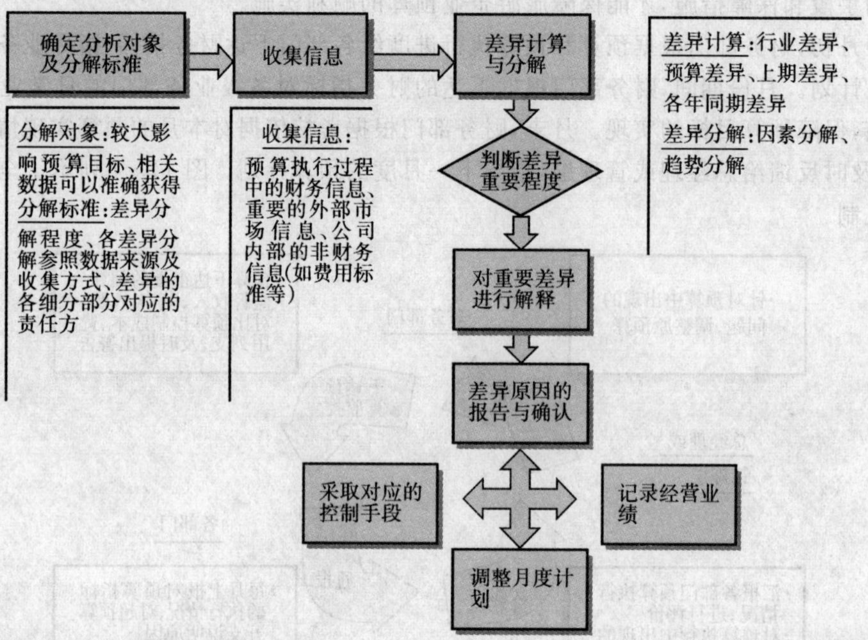

图 11-5　预算差异分析流程图

3. 记录责任部门的经营业绩

已形成的差异将根据其成因的性质记入对应责任部门的业绩，同时，后续月度的考核指标也要随月度预算的调整进行相应修正，以利于责任部门消除不利差异。

模块三　旅游企业预算的经济指标及编制实务

工作任务

任务一　旅游企业预算的经济指标
任务二　旅游企业预算的编制实务

任务一　旅游企业预算的经济指标

一、营业收入类指标

(一)客房销售预算指标

1. 可供出租实际客房数

可供出租客房数＝饭店客房数－饭店非营业客房数

可供出租实际客房数＝饭店实际可供出租客房数×实际工作天数

可供出租实际客房数是房务计算各项经济指标的基础资料。

2. 实际出租客房数

实际出租客房数＝可供出租客房数×客房出租率

实际出租客房数是客房出租的基数。

3. 客房出租率

客房出租率＝实际出租客房数÷可供出租客房数×100%

客房出租率是衡量客房销售情况的一项重要经济指标，也是衡量饭店市场占有的强度指标。

4. 客房平均房价

客房平均房价＝客房销售收入÷实际出租客房数

客房平均房价是客房预算的另一重要经济指标，它是综合反映饭店所处于的星级水平，以及饭店设施、设备豪华程度的指标。

5. 客房销售额

客房销售额＝可供出租客房数×客房出租率×客房平均房价

客房销售额俗称客房收入，是指饭店通过客房出租所取得的实际收入，是饭店最重要的销售指标。

6. 服务费收入

服务费收入＝客房销售额×规定比率

服务费收入是星级饭店独有的收入项目，也是国际饭店业的一项收入来源。目前国家明文规定：三星级饭店服务费标准为10%，四、五星级饭店服务费标准为15%。

(二)餐饮销售预算指标

1. 可供就餐餐厅座位数

可供就餐餐厅座位数＝餐厅座位数×餐厅营业时段数×实际营业天数

餐厅营业时段数是指餐厅每天可营业几个时段，如餐厅的早市(早饭时段)、中市(中午饭时段)、晚市(晚饭时段)。可供就餐餐厅座位数是餐饮计算各项经济指标的基础资料。

2. 实际餐厅座位数

实际餐厅座位数＝可供就餐餐厅座位数×餐厅座位周转率

实际餐厅座位数是餐饮销售的基数。

3. 餐厅座位周转率

餐厅座位周转率＝实际就餐餐厅座位数÷可供就餐餐厅座位数×100%

餐厅座位周转率是餐饮销售的一个重要经济指标，也是考核饭店餐饮市场占有的强度指标。餐厅座位周转率，俗称“翻台率”，即指餐厅一张桌子服务了几档顾客。

4. 人均消费额

人均消费额＝餐饮销售额÷实际就餐餐厅座位数

人均消费额是餐饮销售预算的一项重要经济指标，它主要反映本地餐饮的消费水平，以及当地物价指数。

5. 餐饮销售额

餐饮销售额＝可供就餐餐厅座位数×餐厅座位周转率×人均消费额

餐饮销售额是餐饮通过菜肴、酒水等产品的出售所取得的实际收入。它综合了餐厅座位周转、人均消费额、餐饮销售额，是饭店主要销售指标。

6. 服务费收入

服务费收入＝餐饮销售额×规定比率

服务费收入是星级饭店规定的收入项目，也是高星级饭店业的一项收入来源。目前国家物价局明文规定：三星级饭店餐饮服务费标准为10%，四、五星级饭店餐饮服务费标准为15%。餐饮服务费收入标准与客房服务费收入相同。

(三)会务销售预算指标

1. 可供出租会议室数

可供出租会议室数＝会议室数×实际营业天数

可供出租会议室数是计算会务各项经济指标的基础资料。

2. 实际出租会议室数

实际出租会议室数＝可供出租会议室数×会议室出租率

实际使用会议室数是会务销售的基数。

3. 会议室出租率

会议室出租率＝实际出租会议室数÷可供出租会议室数×100%

会议室出租率是会务销售的一项主要经济指标，是反映饭店会务市场占有的强度指标。

4. 平均会议收入

平均会议收入＝会议销售收入÷实际使用会议室数

平均会议收入是会务销售预算的一项主要经济指标。它是反映商务公司的会议消费水平。

5. 会议销售额

会议销售额＝可供出租会议室数×会议室出租率×平均会议收入

会议销售是饭店销售收入的组成部分。

(四)康乐销售预算指标

康乐销售额＝成本费用＋毛利

康乐部门在饭店属于配套服务项目，这些营业项目可以像餐饮、会务一样按项目逐一计算出租率或利用率，因为这样便于以后进行销售指标完成情况分析。但现在一些饭店在做娱乐预算时，一般是首先确定年度销售指标，然后再把年度目标指标按季节分解到每个月。

(五)其他销售预算指标

其他销售额＝客房销售房夜数×项目测算比例×平均价格

其他销售业务主要是指饭店客房销售的延伸，是为入住饭店的客人提供各种配套服务。其他销售是饭店销售的一个组成部分。

二、成本费用类指标

(一)餐饮食品成本预算指标

餐饮食品成本率＝餐饮食品成本额÷餐饮食品销售额×100％

餐饮食品成本率是餐饮成本费用的一项重要经济指标，是餐饮为实现食品销售而发生的成本支出比例。反映一个部门产品成本水平高与低，不是生产这种产品的总支出，而是这种产品的单位成本。

(二)餐饮饮料成本预算指标

餐饮饮料成本率＝餐饮饮料成本额÷餐饮饮料销售额×100％

餐饮饮料成本率是餐饮成本费用的一项主要经济指标，是餐饮为实现饮料销售而发生的成本支出比例。

(三)工资总额预算指标

营收工资总额率＝工资总额÷饭店销售总额×100％

营收工资总额率是根据饭店业同星级员工工资总额水平线来参照或确定本饭店员工的工资总额支出比例。

(四)房务营业费用预算指标

营收房务费用率＝房务费用总额÷客房销售额×100％

营收房务费用率是前厅部、客房部为实现客房销售而发生的各项费用支出比例。

(五)餐饮营业费用预算指标

营收餐饮费用率＝餐饮费用总额÷餐饮销售额×100％

营收餐饮费用率是各厨房、餐厅为实现餐饮销售而发生的各项费用支出比例。

(六)康乐成本费用预算指标

营收康乐成本费用率＝康乐费用总额÷康乐销售额×100％

康乐销售成本费用总额＝∑康乐各项成本费用额

营收康乐成本费用率是各健身、娱乐项目为实现康乐销售而发生的成本费用支出比例。

(七)其他成本费用预算指标

营收其他成本费用率＝其他成本费用总额÷其他销售额×100％

其他销售成本费用总额＝∑其他各项成本费用额

营收其他成本费用率是饭店各类配套服务项目，是为实现其他销售而发生的成本费用支出比例。

(八)维修保养费用预算指标

营收维修保养费用率＝维修保养费用总额(日常维修费用＋设备维护保养费用)÷饭店销售总额×100％

营收维修保养费用率是指为了保证饭店营业销售正常运行，而对各项设施设备进行维护保养所发生的费用支出比例。

(九)能源费用预算指标

营收能源费用率＝能源费用总额(水、电、煤或油)÷饭店销售总额×100％

营收能源费用率是指为了保证饭店营业销售正常运行，所耗费水、电、煤或油的能源支出比例。

(十)销售费用预算指标

营收销售公关费用率＝销售公关费用总额÷饭店销售总额×100％

营收销售公关费用率是指在市场调研、产品推广、营销策划、广告宣传等日常经营活动过程中的各项费用支出比例。

(十一)管理费用预算指标

营收管理费用率＝管理费用总额÷饭店销售总额×100％

营收管理费用率是指饭店行政管理部门为组织和管理生产经营活动而发生的费用支出比例。

三、资金类指标

(一)存货资金预算指标

存货周转率＝(销售成本/平均库存资金)×100％

平均库存资金＝(期初库存＋期末库存)/2

存货周转天数＝360/存货周转率

＝(平均存货×360)/销售成本

存货周转率是反映饭店在生产经营过程中储备供营业的一切商品物资周转快慢的资金比例指标。

(二)应收账款回笼预算指标

应收账款周转率=(销售总额/平均应收账款)×100%

平均应收账款=(期初应收账款余额+期末收账款余额)/2

应收账款周转天数=360/应收账款周转率

应收账款周转率是饭店已实现销售而形成的尚未收回被购买者或接受劳务者所占用资金的比例。

以上主要是饭店损益方面的经济指标,也是饭店日常接触最多的预算指标。另外在资产偿债、获利、发展等方面也有许多经济指标:流动比率、速动比率、资产负债率、现金流动负债比率、产权比率、资产净收益、盈余现金保障倍数、已获利息倍数等,因在本书其他项目都有具体描述,这里不作讲解。

任务二　旅游企业预算的编制实务

旅游企业预算编制一般有自上而下法,即根据旅游企业管理决策层长期规划所定目标,下达每年的销售量和将要达到的利润。另一种是自下而上法,即根据销售、房务、餐饮、人事、工程、财务等部门的预测编制预算。这两种预算编制方法在执行中各有利弊,自下而上的做法相对比较保守,预算的交集点较散;自上而下的做法交集点集中,而部门主动性缺乏。如果事先沟通交流比较充分的话,两种做法兼顾则是最好的。在确定如何编制经营预算后,接下来就是预算编制实务工作。经营预算编制主要分为三大类:收入类、支出类、资金类。

一、如何编制销售收入类预算

销售收入预算是整个旅游企业预算中最为关键的部分,也是最不确定的部分。不同的性质、不同的星级,这种不确定性程度是不同的。但是无论如何,必须对收入进行尽可能准确的预测,制定出不同方案,报旅游企业管理决策层,最终选择其中一套最可行的预测方案作为旅游企业的预算。销售收入预算指标主要包括旅行社接待的人数、旅游景点接待人数和平均消费、客房出租率、平均房价、餐饮座位周转率、人均消费、会议室利用率等。下面按饭店的各个销售收入项目来编制预算。

(一)客房收入预算计算

表 11-1 为××饭店 2010 年客房销售预算情况。客房销售预算表主要包括以下一些内容:可供出租客房数、实际出租客房数、综合客房出租率、客房平均房价、客房销售额、服务费收入。下面就上述六项指标内容进行说明。

1. 可供出租客房数计算

在编制预算时,首先要确定可供出租客房数,即最主要就是扣除非营业客房数——一般饭店是高级管理人员或外籍管理人员所用的客房数。非营业用房需经饭店管理决策层核准,而日常经营中总经理签字批准的招待用房不在此类。而看似简单的事情,许多饭店往往会发生偏差。如你问不同的部门饭店有多少间客房,有人报 360 间,有人会报 358 间等。因此,剔除管理决策层核准的中外高级管理人员用房数,就是饭店每天可供出租客房数。

饭店计算实际可供出租客房数,一般多是按月、季、年来统计的。饭店作为服务行业,实行

表 11－1　××饭店 2010 年客房销售预算表

项目	1月	2月	3月	4月	5月	6月	7月	8月	9月	10月	11月	12月	合计
可出租房数(间)	7 967	7 196	7 967	7 710	7 967	7 710	7 967	7 967	7 710	7 967	7 710	7 967	93 805
实际出租房数(间)	4 823	4 296	6 088	6 118	6 348	6 108	5 662	5 406	5 847	6 450	6 257	5 422	68 825
客房出租率(%)	60.54	59.70	76.42	79.35	79.68	79.22	71.07	67.85	75.84	80.96	81.15	68.06	73.32
客房平均房价(元)	633.49	648.84	709.83	711.45	713.75	743.23	679.18	678.68	742.93	713.74	713.31	709.87	699.86
可出租行政套房数(间)	341	308	341	330	341	330	341	341	330	341	330	341	4 015
行政套房出租数(间)	45	29	31	53	80	40	30	29	53	80	64	56	590
套房实际出租率(%)	13.20	9.42	9.09	16.06	23.46	12.12	8.80	8.50	16.06	23.46	19.39	16.42	14.67
行政套房平均房价(元)	860	900	920	960	1 000	1 100	1 000	1 000	1 100	1 000	1 000	1 000	986.67
行政套房收入(元)	38 700	26 100	28 520	50 880	80 000	44 000	30 000	29 000	58 300	80 000	64 000	56 000	585 500
可出租行政房数(间)	4 495	4 060	4 495	4 350	4 495	4 350	4 495	4 495	4 350	4 495	4 350	4 495	52 925
行政房出租数(间)	2 454	2 011	3 559	3 595	3 767	3 694	3 237	3 062	3 457	3 831	3 737	3 050	39 454
行政房出租率(%)	54.59	49.53	79.18	82.64	83.80	84.92	72.01	68.12	79.47	85.23	85.91	67.85	74.43
平均房价(元)	680	700	750	750	750	780	720	720	780	750	750	750	740.00
行政房收入(元)	1 668 720	1 407 700	2 669 250	2 696 250	2 825 250	2 881 320	2 330 640	2 204 640	2 696 460	2 873 250	2 802 750	2 287 500	29 343 730
可出租高级房数(间)	3 131	2 828	3 131	3 030	3 131	3 030	3 131	3 131	3 030	3 131	3 030	3 131	36 865
高级房出租数(间)	2 324	2 256	2 498	2 470	2 501	2 374	2 395	2 315	2 337	2 539	2 456	2 316	28 781
高级房实际出租率(%)	74.23	79.77	79.78	81.52	79.88	78.35	76.49	73.94	77.13	81.09	81.06	73.97	78.10
平均房价(元)	580	600	650	650	650	680	620	620	680	650	650	650	640.00
高级房收入(元)	1 347 920	1 353 600	1 623 700	1 605 500	1 625 650	1 614 320	1 484 900	1 435 300	1 589 160	1 650 350	1 596 400	1 505 400	15 330 400
客房收入(元)	3 055 340	2 787 400	4 321 470	4 352 630	4 530 900	4 539 640	3 845 540	3 668 940	4 343 920	4 603 600	4 463 150	3 848 900	48 361 430
加:15%服务费(元)	305 534	278 740	432 147	435 263	453 090	453 964	384 554	366 894	434 392	460 360	446 315	384 890	4 836 143
客房收入合计(元)	3 360 874	3 066 140	4 753 617	4 787 893	4 983 990	4 993 604	4 230 094	4 035 834	4 778 312	5 063 960	4 909 465	4 233 790	53 197 573

的是全年无休，即其他行业员工实行每周五天工作制，但饭店是每天 24 小时，全年 365 天开门迎客。如饭店实际可供出租客房数 360 间，1 月份以 31 天工作日计算，360 间客房乘以 31 天，全月可供出租客房数则是 11 160 间，360 间客房乘以 365 天，全年可供出租客房数则是 131 400间。

2. 实际出租客房数计算

由于可供出租客房数的确立，销售部门再根据市场调研预测每月客房出租率，于是月、季、年的实际出租客房数也就计算出来了。饭店出租客房数随着旅游市场淡旺季起伏而发生变化：旺季时出租率高，实际出租客房数也就多；反之，淡季时出租率低，实际出租客房数也就少。

3. 综合客房出租率计算

综合客房出租率是客房销售预算的一项重要经济指标，也是衡量饭店市场占有的强度指标。通过出租率指标的对比可以反映饭店客房的销售情况，同时也直接反映销售部人员销售业绩的好与坏。饭店测算客房销售收入时，一般都是先预估每月出租率来计算每月应销售的客房间数。

4. 综合客房平均房价计算

综合客房平均房价是客房预算的另一重要经济指标。它是反映饭店所处于的星级水平，以及饭店设施、设备豪华程度的指标。客房平均房价因地区不一会有不同，如万豪饭店集团，同样五星级饭店沿海地区价格一定高于内地；本地繁华地段一定高于偏僻地段；中心城市一定高于城镇郊县。当然国际品牌饭店集团，内部对不同档次饭店冠于不一样的名称。平均房价是综合反映饭店的软硬件水平，另外就饭店客房而言，不同档次的客房价格也不一样。一般讲套房价格高于行政房价格；行政房价格高于豪华房价格；豪华房价格高于标准房价格。

5. 客房销售额计算

客房销售额是客房通过出租销售所取得的实际收入，它综合了客房出租、客房平均价格。客房销售额是饭店最重要的销售指标，而且星级越高，客房销售额占饭店总收入的比重越大。饭店客房出租销售主要来自于销售部门；小部分是前厅接待的散客，随着旅游企业网上预订的普及，前厅的散客部分日渐萎缩；另外极小部分是饭店管理人员促销，相对讲这部分房价要略低于商务公司合同价。

6. 服务费收入计算

服务费收入计算比较简单，就是根据国家有关规定来操作。目前三星级饭店服务费标准为 10%，四、五星级饭店服务费标准为 15%。

(二)餐饮收入预算计算

表 11 - 2 为××饭店 2010 年餐饮销售预算表。餐饮销售预算表主要包括以下一些内容：可供就餐餐厅座位数、实际就餐餐厅座位数、餐厅座位周转率、人均消费额(包括食品和饮料)、餐厅销售额(包括食品和饮料)、服务费收入。下面就此六项指标内容进行具体说明。

1. 可供就餐餐厅座位数计算

可供就餐餐厅座位数是指餐厅座位数乘以餐厅营业时段数。如西餐厅共有 180 个座位，它的营业时段分为三个时段，分别为：早餐(am7：00—am10：30)，午餐(am11：30—pm2：30)，晚餐(pm6：00—pm9：30)。西餐厅的每天可供就餐座位数为 540 个，1 月份以 31 天工作日计算，540 个座位乘以 31 天，全月可供就餐座位数则为 16 740 个；西餐厅 540 个座位乘以 365

表 11-2 ××饭店 2010 年餐饮销售预算表

项目	1月	2月	3月	4月	5月	6月	7月	8月	9月	10月	11月	12月	合计
餐饮可就餐座位数	14 756	13 624	14 756	14 280	14 756	14 280	14 756	14 756	14 280	14 756	14 280	14 756	174 036
餐饮实际就餐座位数	9 718	8 893	12 305	11 730	12 563	11 930	12 648	12 270	12 859	12 244	12 720	12 739	142 619
座位周转率(%)	65.86	65.27	83.39	82.14	85.14	83.54	85.71	83.15	90.05	82.98	89.08	86.33	81.89
平均座位食品额(元)	113.28	90.66	98.83	103.47	89.73	96.35	92.54	97.62	101.03	93.98	95.77	109.32	98.46
食品收入(元)	1 100 812	806 200	1 216 102	1 213 720	1 127 338	1 149 412	1 170 430	1 197 744	1 299 204	1 150 664	1 218 228	1 392 638	14 042 492
平均座位饮料额(元)	31.23	27.59	26.47	27.73	25.33	28.28	28.61	28.00	29.86	26.92	30.08	27.01	28.09
饮料收入(元)	303 465	245 371	325 699	325 325	318 263	337 331	361 865	343 549	383 939	329 618	382 676	344 111	4 001 212
客房送餐收入(元)	7 000	7 000	7 000	7 000	7 000	7 000	7 000	7 000	7 000	7 000	7 000	7 000	84 000
平均餐饮收入(元)	144.50	118.25	125.30	131.21	115.07	124.62	121.15	125.61	130.89	120.90	125.86	136.33	126.63
西餐厅可就餐座位数	5 580	5 040	5 580	5 400	5 580	5 400	5 580	5 580	5 400	5 580	5 400	5 580	65 700
西餐厅实际就餐座位数	4 092	4 032	5 394	5 040	6 324	5 400	5 952	5 580	6 120	5 952	5 940	5 952	65 778
座位周转率(%)	73.33	80.00	96.67	93.33	113.33	100.00	106.67	100.00	113.33	106.67	110.00	106.67	108.34
平均座位食品额(元)	86.00	62.00	64.00	63.00	64.00	62.00	63.00	62.00	64.00	62.00	63.00	82.00	66.41
食品收入(元)	351 912	249 984	345 216	317 520	404 736	334 800	374 976	340 380	385 560	369 024	374 220	488 064	4 336 392
平均座位饮料额(元)	26.00	25.00	28.00	30.00	25.00	28.00	30.00	24.00	28.00	26.00	27.00	28.00	27.08
饮料收入(元)	106 392	100 800	151 032	151 200	158 100	151 200	178 560	133 920	171 360	154 752	160 380	166 656	1 677 970
客房送餐收入(元)	7 000	7 000	7 000	7 000	7 000	7 000	7 000	7 000	7 000	7 000	7 000	7 000	84 000
平均餐饮收入(元)	92.11	67.70	69.69	67.96	68.74	66.81	68.04	64.58	68.72	67.04	68.05	87.88	71.44
大堂吧可就餐座位数	3 720	3 480	3 720	3 600	3 720	3 600	3 720	3 720	3 600	3 720	3 600	3 720	43 920
大堂吧实际就餐座位数	1 571	1 629	2 111	2 000	2 057	2 052	2 059	1 944	1 944	2 000	2 143	2 059	23 569
座位周转率(%)	42.23	46.81	56.75	55.56	55.30	57.00	55.35	52.26	54.00	53.76	59.53	55.35	53.66
平均座位食品额(元)	25	24	26	26	26	26	26	26	26	26	26	26	309
食品收入(元)	39 275	39 096	54 886	52 000	53 482	53 352	53 534	50 544	50 544	52 000	55 718	53 534	607 965

续表 11－2

项目	1月	2月	3月	4月	5月	6月	7月	8月	9月	10月	11月	12月	合计
平均座位饮料额(元)	35.01	35.60	36.00	36.00	35.00	34.60	34.00	36.52	36.52	35.00	35.00	34.00	35.26
饮料收入(元)	55 000	58 000	76 000	72 000	72 000	71 000	70 000	71 000	71 000	70 000	75 000	70 000	831 000
平均餐饮收入(元)	60.01	59.60	62.00	62.00	61.00	60.60	60.00	62.52	62.52	61.00	61.00	60.00	61.05
中餐厅可就餐座位数	5 456	5 104	5 456	5 280	5 456	5 280	5 456	5 456	5 280	5 456	5 280	5 456	64 416
中餐厅实际就餐座位数	4 055	3 232	4 800	4 690	4 182	4 478	4 637	4 746	4 795	4 292	4 637	4 728	53 272
座位周转率(%)	74.32	63.32	87.98	88.83	76.65	84.81	84.99	86.99	90.81	78.67	87.82	86.66	82.70
平均座位食品额(元)	175.00	160.00	170.00	180.00	160.00	170.00	160.00	170.00	180.00	170.00	170.00	180.00	170.42
食品收入(元)	709 625	517 120	816 000	844 200	669 120	761 260	741 920	806 820	863 100	729 640	788 290	851 040	8 247 180
平均座位饮料额(元)	35.04	26.79	20.56	21.78	21.08	25.71	24.43	29.21	29.53	24.43	31.77	22.73	26.09
饮料收入(元)	142 073	86 571	98 667	102 125	88 163	115 131	113 305	138 629	141 579	104 866	147 296	107 455	1 385 860
平均餐饮收入(元)	210.04	186.79	190.56	201.78	181.08	195.71	184.43	199.21	209.53	194.43	201.77	202.73	196.80
西餐厅食品(元)	351 912	249 984	345 216	317 520	404 736	334 800	374 976	340 380	385 560	369 024	374 220	488 064	3 818 358
客房服务收入(元)	7 000	7 000	7 000	7 000	7 000	7 000	7 000	7 000	7 000	7 000	7 000	7 000	84 000
西饼屋食品(元)	39 275	39 096	54 886	52 000	53 482	53 352	53 534	50 544	50 544	52 000	55 718	53 534	607 965
中餐厅食品(元)	360 532	98 560	172 846	189 235	272 800	144 883	166 954	195 543	208 243	256 650	171 864	341 000	2 579 110
食品收入合计(元)	709 625	517 120	816 000	844 200	669 120	761 260	741 920	806 820	863 100	729 640	788 290	851 040	9 098 135
西餐厅饮料(元)	106 392	100 800	151 032	151 200	158 100	151 200	178 560	133 920	171 360	154 752	160 380	166 656	1 784 352
大堂吧饮料(元)	55 000	58 000	76 000	72 000	72 000	71 000	70 000	71 000	71 000	70 000	75 000	70 000	831 000
中餐厅饮料(元)	72 000	33 000	37 000	36 800	46 000	38 000	40 000	51 000	53 000	56 000	52 000	62 000	576 800
饮料收入合计(元)	233 392	191 800	264 032	260 000	276 100	260 200	288 560	255 920	295 360	280 752	287 380	298 656	3 192 152
餐饮收入合计(元)	943 017	708 920	1 080 032	1 104 200	945 220	1 021 460	1 030 480	1 062 740	1 158 460	1 010 392	1 075 670	1 149 696	12 290 287
加:15%服务费(元)	52 297	28 195	40 220	38 931	50 030	37 375	41 406	41 170	45 663	47 390	42 695	60 254	525 626
餐饮收入总计(元)	995 314	737 115	1 120 252	1 143 131	995 250	1 058 835	1 071 886	1 103 910	1 204 123	1 057 782	1 118 365	1 209 950	12 815 913

天，全年可供就餐座位数则为197 100个。其他餐厅也以此同样计算。

2. 实际餐厅座位数计算

实际就餐餐厅座位数如何订得合理，往往取决于餐厅座位周转率，同时还要考虑其他相关因素。如果说，岁末年初是中餐的旺季，西餐厅的早餐则与客房出租紧密相关。还有在南方地区，碰到节假日饭店的早茶人气特别旺。这些在编制餐饮预算时需要认真加以考虑。

3. 餐厅座位周转率计算

餐厅座位周转率是餐饮销售的一个重要指标，是考核饭店餐饮市场占有的强度指标。餐厅座位周转率另一种通俗称呼则为"翻台率"，即餐厅一张桌子服务几档顾客。餐厅座位周转率是饭店餐饮销售的晴雨表，它反映的是饭店餐饮产品受市场的接受程度。

4. 人均消费额计算

人均消费是餐饮预算的一项重要指标。饭店餐饮消费高于社会餐厅已是不争的事实，因为餐饮菜肴售价是产品成本费用加毛利所组成，饭店不论在硬件方面，如餐厅设施、设备相对比较豪华，各式器皿用具也是价格不菲；还是在软件方面，如员工招聘录用要求比较高，既有外在形体，又有内在语言要求，这些都加大了饭店的产品成本费用。人均消费确定，一般会参照本地消费水平和相应物价指数，以及饭店自己产品的定位，比如产品的派系京、鲁、粤、淮扬、本帮等。

5. 餐厅销售额计算

餐饮销售额是餐饮通过菜肴、酒水等产品出售所取得的实际收入，它综合餐厅座位周转、人均消费额，是饭店主要的销售指标。

6. 服务费收入计算

饭店的餐饮都有服务费收入这项目，服务费收入标准与客房相同。

(三)会务收入预算计算

表11-3所示为××饭店2010年会务收入预算表的一部分。会务收入预算表主要包括以下一些内容：可供出租会议室数、实际出租会议室数、会议室出租率、平均会议收入、会议销售收入。

1. 可供出租会议室数计算

可供出租会议室数是指各会议室乘以营业天数。现在饭店也非常注重会议这项销售，把它作为饭店经济新的增长点，老饭店纷纷更新会议硬件设施，如大屏幕、多屏幕、同声翻译等，提供视频会议。根据客人不同需要，把会议室分成不同的规格，如20人、40人、60人、110人、300人等。另外把会议室分成董事会式、剧院式、课堂式。

可供出租会议室数计算，如饭店共有7个会议室，1月份以31天工作日计算，7个会议室乘以31天，全月可供出租会议室数217个。7个会议室乘以365天，全年可供出租会议室数2 555个。

2. 实际出租会议室数计算

实际出租会议室数是指可供出租会议室乘以会议室出租率。可供出租会议室数是相对固定不变的，而会议室出租率决定着实际使用会议室数。提高会议室出租率，不仅可带来可观会议销售收入，还会带动客房、餐饮销售收入的增加。

表 11－3　××饭店 2010 年会务销售预算表(部分资料)

项目	6 月	7 月	8 月	9 月	10 月	11 月	12 月	合计	占比(%)
可供出租会议室数(间)	217	217	217	210	217	210	217	2 525	
实际使用会议室数(间)	127	86	91	104	114	110	123	1 167	
会议室出租率(%)	58.57	39.43	41.86	49.71	52.71	52.14	56.57	46.20	
平均会议收入(元)	11 351	10 257	10 392	11 161	11 314	11 742	11 667	11 410.34	
会议销售收入(元)	1 442 740	877 610	943 950	1 165 200	1 294 250	1 285 800	1 432 200	13 311 530	100
多功能会议室(间)	31	31	31	30	31	30	31	365	
实际使用多功能会议(间)	12	10	11	11	12	11	12	125	
会议室出租率(%)	40	32	34	38	40	38	40	34	
会议室平均收入(元)	20 000	20 000	20 000	20 000	20 000	20 000	20 000	20 000.00	
多功能会议收入(元)	248 000	198 400	210 800	228 000	248 000	228 000	248 000	2 495 600	18.75
可供出租大会议室(间)	31	31	31	30	31	30	31	365	
实际使用大会议室(间)	19	13	14	16	17	17	19	185	
会议室出租率(%)	62	43	45	52	55	58	60	51	
会议室平均收入(元)	17 000	17 000	17 000	17 000	17 000	17 000	17 000	17 000.00	
大会议室收入(元)	326 740	226 610	237 150	265 200	289 850	295 800	316 200	3 139 730	23.59
可供出租中会议室(间)	62	62	62	60	62	60	62	700	
实际使用中会议室(间)	40	30	31	32	35	31	36	349	
会议室出租率(%)	64	48	50	54	56	52	58	50	
会议室平均收入(元)	14 000	14 000	14 000	14 000	14 000	14 000	14 000	14 000.00	
中会议室收入(元)	555 520	416 640	434 000	453 600	486 080	436 800	503 440	4 879 840	36.66
可供出租小会议室(间)	93	93	93	90	93	90	93	1 095	
实际使用小会议室(间)	56	33	35	45	50	50	56	509	
会议室出租率(%)	60	35	38	50	54	55	60	46	
会议室平均收入(元)	20 000	20 000	20 000	20 000	20 000	20 000	20 000	20 000.00	
小会议室收入(元)	1 116 000	651 000	706 800	900 000	1 004 400	990 000	1 116 000	10 171 800	76.41

3. 会议室出租率计算

会议室出租率是会务销售的一项主要指标，反映饭店会务市场占有的强度指标。饭店的会务为公司的会展、培训、信息发布等活动提供一个平台。随着经济越来越发展，以及城市开放度的不断提高，会务销售将越来越兴旺。

4. 平均会议收入计算

平均会议收入是会务销售预算的一项主要指标，它综合平均了饭店各个不同会议收入，包括设备的使用。

5. 会议销售额计算

近年来，会议销售占饭店整个销售额的比重日益上升。从地域分，既有本地会议，又有外埠会议，还有海外会议；从类别分，有各种培训、影视发布、产品推介、海外留学介绍、集团公司总结会、政府发布信息。饭店会议销售也由原先两头热中间冷，(即年初、年末会议比较集中，而4—10月份相对比较空闲)，逐步变为两头热中间不冷。会议销售是通过出租会议室、会议设备取得营业收入。会议销售是仅次于客房、餐饮销售的饭店的一项收入来源。

(四)康乐收入预算计算

康乐部门在饭店是属于配套服务项目。康乐项目通常集中在游泳、健身、美容、美发、桑拿、舞厅、KTV、沐浴、保健按摩、保龄球、网球、高尔夫球、棋牌等方面。这些营业项目可以像餐饮、会务一样按项目逐一计算出租率或利用率，因为这样便于以后进行销售完成情况的分析。但现在饭店在作娱乐预算时，一般是把年度目标指标分解到每个月，这是一种最常用的预算编制方法。表 11－4 所示为××饭店 2010 年会务收入预算表的一部分。

表 11－4　××饭店 2010 年康乐销售预算表(部分资料)

项目	6月收入(元)	7月收入(元)	8月收入(元)	9月收入(元)	10月收入(元)	11月收入(元)	12月收入(元)	收入合计(元)	占比(%)
桌球	3 000	3 000	3 000	3 000	3 000	3 000	3 000	36 000	0.49
跳操健身	25 000	25 000	25 000	25 000	25 000	25 000	25 000	300 000	4.11
泳具	2 000	3 000	3 000	2 000	1 500	1 500	1 200	23 400	0.32
会员卡	40 000	45 000	60 000	30 000	35 000	40 000	30 000	420 000	5.76
游泳门票	18 000	20 000	25 000	17 000	15 000	12 000	17 000	208 000	2.85
公寓会费	92 000	92 000	92 000	92 000	92 000	92 000	92 000	1 104 000	15.13
美容美发	5 000	5 000	5 000	5 000	5 000	5 000	5 000	60 000	0.82
按摩	60 000	60 000	60 000	60 000	60 000	60 000	60 000	720 000	9.87
桑拿	180 000	188 000	208 000	169 000	171 500	173 500	168 200	2 096 400	28.73
歌舞厅	180 000	170 000	180 000	200 000	220 000	210 000	250 000	2 330 000	31.93
合计	605 000	611 000	661 000	603 000	628 000	622 000	651 400	7 297 800	100

康乐销售预算编制相比于客房、餐饮要简单得多。首先，确定本饭店将要经营的娱乐项目，如跳操健身、美容美发、沐浴桑拿、保健按摩、舞厅、KTV。其次，计算每天或每月的成本费用支出和毛利水平来确定相应的销售额。测算时间越长，其准确性就越高。再次，合理确定毛

利率，娱乐项目一般都是一次性投入，平时各项支出额比较小。如果投资回收期短，则毛利率低；反之，毛利率高。康乐要做好日常设备维护保养，这样可延长设备使用寿命，也就是无形地在为饭店创造销售机会。

（五）其他销售预算计算

其他销售预算编制时：一是确定本饭店将要经营的服务项目，如预算表所列的电话、洗衣、小车、小冰箱、商务中心、上网、票务、传真、办公室出租、月饼等；二是根据确定客房销售房夜数，再根据不同收入项目的比例，计算各子项目收入。表 11－5 所示为××饭店 2010 年其他销售预算表的一部分。

表 11－5　××饭店 2009 年其他销售预算表（部分资料）

项目	6 月收入（元）	7 月收入（元）	8 月收入（元）	9 月收入（元）	10 月收入（元）	11 月收入（元）	12 月收入（元）	收入合计（元）	占比（%）
长途电话	47 000	46 000	46 000	47 000	41 000	47 000	47 000	544 000	6.52
旅客洗衣	46 770	47 141	45 545	48 677	48 215	48 215	45 870	551 604	6.61
车队运输	2 000	2 000	2 000	2 000	1 500	2 000	2 000	22 500	0.27
小冰箱	40 560	40 881	39 497	42 213	41 813	41 813	39 779	478 356	5.73
月饼	0	0	0	1 800 000	0	0	0	1 800 000	21.58
租金	295 000	295 000	295 000	295 000	295 000	295 000	295 000	3 540 000	42.44
停车	20 000	20 000	20 000	20 000	20 000	20 000	20 000	240 000	2.88
商务中心	7 500	7 500	7 500	7 500	7 500	7 500	7 500	90 000	1.08
传真	3 000	2 500	3 000	3 000	2 500	3 000	2 500	33 000	0.40
上网	5 000	4 500	5 000	5 000	4 500	5 000	4 500	57 500	0.69
票务	1 600	1 600	1 600	1 600	1 600	1 600	1 600	19 200	0.23
行政吧	44 000	45 000	42 000	50 000	47 000	46 000	42 000	518 000	6.21
办公出租	36 000	36 000	36 000	40 000	40 000	40 000	40 000	448 000	5.37
合计	548 430	548 122	543 141	2 361 990	550 628	557 128	547 749	8 342 160	100

1. 与客房有联系的其他销售

这类其他销售包括电话、洗衣、车队、小冰箱、上网、票务、行政吧、商务中心、商场等。首先，要确认客房销售房夜数（这些客房销售有现成数，可以借用）。因为只有当客人入住了你的饭店，才可能发生诸如洗衣、小冰箱、上网、商务中心等等的服务，所以客房销售房夜数是其他销售额实现的基础。其次，要确定测算比例。测算比例是指入住饭店客人使用其他服务的预计比例。测算比例现在与过去不同，就比如饭店的商场，20 世纪 90 年代初期我国商品供应还比较紧缺，许多高档的服装、毛衣、皮制品、烟酒、工艺品、化妆品等在许多商场无法买到，人们只好到饭店商场去购买。所以当时商场销售预算测算比例平均按 70％计算，即每 100 个客人当中，70 个人会购买消费。可现在市场货源充沛，商品可谓应有尽有。现在饭店商场不但平均消费降低，而且测算比例平均只有 30％，商场比较畅销品主要是香烟，特别是中华牌香烟，要占到商场总销售量的 80％，剩下的 20％主要是应急日用品。另外则是会议团队，在商场集中购买土特产物品。

测算比例一般是根据饭店历史情况来估算一个比例。高低星级饭店情况截然不同，星级越是高的饭店比例越高。现在公司出差，一般高层管理人员住五星级饭店，中层管理人员住四星级饭店，普通办事员住二或三星级饭店。由于各自出差标准不一，导致享受津贴有差异。饭店接待实际情况也充分反映，五星级饭店其他销售业务要达到90%以上，而三星级饭店销售业务连10%都不到。所以测算比例需根据饭店的实际情况来预测。第三，要确定平均价格。因为其他销售业务类别比较广，无法用综合价格来反映，而每个单项销售计价相对比较准确，当然某一项其他业务销售中也存在着差异较大现象，如商场一包中华牌香烟和一包饼干价格不同，对此可根据商场月度汇总销售报表加以区分，并通过系数来调节，确定其相应的平均价格。

2. 与客房没有关系的其他销售

这类其他销售包括月饼销售、停车场收费、办公室出租、承包租金等。其中办公室出租类似于会议室出租，不同的是根据不同城市、不同房价来确定每平方米收费标准，最后制订办公室出租价格，至于办公室出租率，若规模比较大，可参照客房销售，若规模比较小，则依照会议室销售。月饼销售、承包租金相对容易些，根据往年或市场计划来确定。而停车场收费一般按政府规定，计时或计天作为收费标准，再确定一个合理的比例。

二、如何编制成本费用类预算

成本费用预算是旅游企业预算中最为重要的部分，也是日常管理、控制最多的部分。成本费用预算涉及面比较广，不仅有对客营业方面，如门票、汽车、火车、飞机、轮船等服务，客房、前厅、厨房、餐厅、健身、娱乐、商务以及其他服务，而且还有后勤保障方面，如行政管理、销售公关、维修保养、能源消耗。可谓成本费用项目繁多，但我们在编制预算时，会对这些项目进行分类整理，分成固定费用和变动费用。

所谓固定费用是指在一定时间和一定产量的范围内，其发生总额不受产量增减变动的影响而相对固定的费用。如：在饭店营业方面，卫星电视收视费、摆花费、客房外墙清洁费、机场柜台租金、制服费等；在饭店管理方面，员工工资、办公费、服装费、折旧费、保险费、培训费等等。这些费用每月的支出水平基本相同，并可以通过历史费用资料加以验证。所以在作费用预算时，把年度费用平摊到12个月份。

所谓变动费用是指发生总额随着产量的增减变动而成正比例变动的费用。如成本费用预算指标中的餐饮食品成本率、餐饮饮料成本率、营收工资总额率、营收房务费用率、营收餐饮费用率、营收康乐成本费用率、营收其他成本费用率、营收维修保养费用率、营收能源费用率、营收销售公关费用率、营收管理费用率等。下面就上述变动成本费用指标内容进行说明。

1. 餐饮食品成本预算计算

餐饮食品成本率是餐饮成本费用的一项重要指标，是餐饮为实现食品销售而发生的成本支出。反映一个部门产品成本水平高与低，不是生产这种产品的总支出，而是这种产品的单位成本。单位成本低，表明原材料消耗降低，企业效益由此增加。而餐饮行业情况有所不同，餐饮成本率高并不代表效益不好，相反成本低并不意味着成本控制得好，因为餐饮制作不同于一般产品，由于它的原材料不确定，如客人要点一份龙虾的菜肴，它的原料约500元，加上其他辅料、调料，总的成本550元，这份菜肴售价就按最高的780元计算，其食品成本率高达70.5%；

另外客人还点了一份绿叶菜，它的原料约 2 元，加上其他辅料、调料，总的成本 2.50 元，这份菜肴售价按最高 18 元计算，其食品成本率是 13.9%。作为饭店的餐饮来讲，往往都选择了前者，但后者也是必不可少的搭配。所以餐饮食品成本率是综合各原料加权平均计算出来的，当然在编制预算时也会充分考虑饭店的历史成本资料。

2. 餐饮饮料成本预算计算

餐饮饮料成本率是餐饮成本费用的一项主要指标，是餐饮为实现饮料销售而发生的成本支出。饭店的餐饮销售，公司宴请要占到 70%以上，而现在宴请中饮料酒水比重在不断上升，特别是高档白酒、进口葡萄酒成为宴请中的首选。因此，要根据市场变化，适当调高饮料成本率指标。

3. 职工工资总额预算计算

营收工资总额率是根据饭店业同星级员工工资总额水平线，来确定本饭店员工的各项工资福利支出总称。例如：2009 年上海外资四星级饭店营收工资总额率为 24%，如饭店全年营业销售额 7 000 万元，那全年工资总额则是 1 680 万元。然后依照平均每月的客房出租率、餐饮座位周转率、会议室利用率等有关销售指标，人力资源部与各营业部门核定部门人员编制、相应的员工工资级别。最后计算出各部门工资总额预算。

4. 房务营业费用预算计算

营收房务费用率是前厅部、客房部为实现客房销售而发生的各项费用支出总称。在编制房务费用预算时，要做好有关费用项目标准的确定，如客用品项目，包括客房 8 小件、圆珠笔、小便笺用品、红、绿茶、咖啡等，费用合计为 65 元/间。四、五星级饭店客人使用的用品，比较高档，价格相对要高许多，如客房沐浴用品方面，多用中外合资品牌的洗发液、沐浴露、护肤液等，价格为 2.70 元/小瓶；香皂 1.45 元/块；剃须刀 5 元/把；另外客房用的被子是大鹅绒被等。饭店客房用品档次不断在升级，费用标准要每年核定一次，使实际费用支出与预算标准比较接近。

客房用品费用率＝预算实际客房出租数×65 元/间

其他客房费用项目也依此类推。这些都随着营业销售增减而增减。饭店可以用 Excel 函数公式自动生成各项费用，运用公式的好处就是客房销售预算多次的修改，费用都会随之相应调整。至于一些客房固定费用，如机场柜台租金、花草摆放、卫星电视收视、制服等，根据年度费用或合同金额分摊到 12 个月份，因为它不受营业销售的影响。

5. 餐饮营业费用预算计算

营收餐饮费用率是各厨房、餐厅为实现餐饮销售而发生的各项费用支出总称。在编制餐饮费用预算同样要做好有关费用项目标准的确定，特别是各项器皿，如玻璃器皿、瓷器用品、不锈钢用具的费用测定。变动费用可以按餐饮座位周转数来计算，如煤气费、布草洗涤费、客用品、清洁用品等，费用计算与客房相同。固定费用则根据年度费用或合同金额分摊到 12 个月份。

6. 康乐成本费用预算计算

营收康乐成本费用率是各健身、娱乐项目为实现康乐销售而发生的成本费用支出总称。预算编制的方法相同于餐饮的计算。

7. 其他成本费用预算计算

营收其他成本费用率是各配套服务类项目的支出比例总称。由于其他销售项目比较广，因此在编制成本费用预算时，需逐一进行计算，如客衣洗涤费、宽带上网、接机交通费、小冰箱、月饼成本等。有的成本率只有10%，如接机交通费；有的成本率达80%，如宽带上网等。其他项目的成本费用一般都是按其营业销售成本费用率来确定。

8. 设备维修保养费用预算计算

营收维修保养费用率是指为了保证饭店营业销售额的正常运行，而对各项设施、设备维护保养所发生的费用支出比例总称。在编制预算时，费用可分成两部分。

(1)日常维修材料及配件费用。维修费用是指工程维修人员对饭店设施日常维修所耗用的材料、备品配件支出，如弱电、泥木、给排水等方面的维护修理。在编制费用预算时，一般先确定一个营收维修材料、配件费用总额，再根据饭店销售总额来计算各月费用率，最后依照销售收入来计算每月日常维修材料及配件费用。

(2)设备维护保养费用。设备维护保养费用是饭店在购买大型设备时与供应商签订维护保养合同所发生的费用。如饭店前、后电脑操作管理系统设备，电话总机设备，电梯运行系统，消防灭火系统设备，空调设备系统，安全保卫监视系统，收银管理系统等。这些合同一般一年一签，个别三年一签。合同付款时间有季度、半年和一年。维修保养合同根据年度费用分摊到12个月份。

9. 能源费用预算计算

营收能源费用率是指为旅游企业营业需要所提供水、电、空调等的费用支出比例总称。能源费用预算，首先是要做好各能源项目消耗量的预测，如一年当中，夏季是用电、用水高峰，而同时期燃料油消耗则最少；反之冬季燃料油消耗居高不下，水、电耗用则比较少。其次是合理预估各能源的价格。近年来能源价格一直往上涨，上涨幅度很大，因此在作预算时要适当预留些空间。表11-6所示为××饭店2010年能源消耗预算表。

10. 销售公关费用预算计算

营收销售公关费用率是旅游企业在销售商品过程中所发生的费用支出比例总称。营收销售公关费用率(包括工资总额)外资饭店一般为4%～5%，饭店因其规模大小会有所不同。但广告费、业务宣传费国家统一标准，如根据税法的相关规定，企业自己操作发生的促销费用只能作为业务宣传费在企业所得税前列支。而通过广告公司宣传，则可以按广告费在企业所得税前扣除。但这两项费用税前扣除的规定比例是不同的，广告费支出在每一纳税年度不超过销售(营业)收入2%的，可据实扣除，超过部分可无限期向以后纳税年度结转；而业务宣传费每一纳税年度在不超过销售(营业)收入5‰范围内的，可据实扣除。

旅游企业销售公关预算编制：首先根据国家有关规定；其次根据旅游企业的实际情况，来确定合理营收销售公关费用率，再依照客房优先的原则，逐项确定国内、外广告宣传费用，旅游企业宣传册，销售推广客户奖励，宣传制作材料费用，订房中心，旅行社佣金。

11. 管理费用预算计算

营收管理费用率是指为组织和管理企业生产经营的费用支出比例总称。管理费用预算的编制，一般首先确定营收管理费用率，再按日常管理需要逐项计算各有关费用项目。

表 11-6 ××饭店 2010 年能源消耗预算表

项目	1月	2月	3月	4月	5月	6月	7月	8月	9月	10月	11月	12月	合计	占比(%)
电费(元)	163 000	150 000	128 400	125 300	122 400	142 600	218 600	285 200	272 300	261 700	197 800	153 700	2 221 000	67
燃料油(元)	150 000	120 000	84 000	56 000	30 000	36 000	30 000	30 000	30 000	30 000	66 000	130 000	792 000	24
水费(元)	22 500	22 500	21 430	21 430	24 630	26 760	27 820	28 890	31 020	26 760	23 560	23 560	300 860	9
能源费合计(元)	335 500	292 500	233 830	202 730	177 030	205 360	276 420	344 090	333 320	318 460	287 360	307 260	3 313 860	100
用电量(千瓦)	239 700	220 600	188 800	184 300	180 000	209 700	321 500	419 400	400 400	384 900	290 900	226 000	3 266 200	
用油量(吨)	75	60	42	28	15	18	15	15	15	15	33	65	396	
用水量(立方米)	9 000	9 000	8 500	8 500	10 000	11 000	11 500	12 000	13 000	11 000	9 500	9 500	122 500	

12. 财务费用预算计算

营收财务费用率是指企业为筹集生产经营所需资金的费用支出比例总称。财务费用预算编制一是根据旅游企业的资金安排来预测利息收支；二是针对旅游企业经营业务来预测银行各项支出；三是根据旅游企业市场销售计划中海外商务公司客源情况来预测外币汇兑损益，逐项计算各有关费用项目。

三、如何编制资金类预算

以上是支出类成本费用预算，下面是资金类预算。

资金预算是旅游企业预算的一个重要组成部分。由于旅游企业要以发展求生存，销售增长是所有旅游企业都无法回避的问题。而销售增长时旅游企业往往需要补充资金，这主要是因为销售增长常常会引起存货和应收账款等资产的增加。销售额增长越多，资金的需求就越多。资金预算涉及面很广，包括筹资、投资。这些内容在其他项目会进行论述，本项目只是对日常流动资金预算，如存货周转率、应收账款周转率等与旅游企业日常经营密切联系的项目作一些说明。

(一)存货周转资金预算计算

存货周转率是旅游企业流动资产中所占比重最大的项目之一。它包括食品、酒水、办公及印刷品、瓷器、玻璃器皿、不锈钢器皿、客用品、清洁用品、工程配件等。旅游企业存货周转预算主要涉及两个方面：一个是合理控制库存量，这样既可减少资金占用，又可减少仓储费。饭店仓库物品真可谓琳琅满目，应有尽有。高星级饭店仓库一般有好几个，如布草类仓库，印刷品及办公用品仓库，食品饮料仓库，工程材料、配件仓库，低温冷库，常温冷库，危险品仓库等。由于现在市场商品供应充足，一个电话预订，商户就会按时送货上门，因此只要控制好物品最低存量，就可减少物品库存量，更可降低物品变质现象。物品库存量的减少自然会降低仓储的租金。另一个是物品价格，由于现在实行的是市场经济，物品价格取决于市场供需。当物品供大于求时，价格会疲软；物品供不应求时，价格会坚挺。同样一个物品会因采购数量、采购时间、供货地点等的不同，使得价格也不同。因此饭店一般都加强物品采购审批制度，采用货比三家的策略，以物品的性价比为首要考虑因素，努力降低采购成本。

(二)应收账款周转回笼预算计算

应收账款周转率是旅游企业流动资产的重要组成部分，同时也是旅游企业未来现金流入的重要来源。因此旅游企业在应收账款管理方面，通常会做好往来公司的信用评估，让一些信用等级比较低的公司暂停和终止挂账，改用当场结账。另外还通过行业信贷联席会议，把一些不守信用的公司上黑名单，让它们感到旅游企业不欢迎它们。

关于经营预算编制，重点是要确定主要经营指标。指标数据一定要合理，不要造成为完成考核指标而影响正常的生产、经营活动情况的产生。采取不同的预算编制策略和技巧，是提高预算的先进性、现实性的关键。经营预算是旅游企业管理的工具，预算是否准确、可靠，会直接影响预算管理的效果。预算不仅要全面，而且预算的编制应当具有先进性、现实性。预算只有同时具备先进性和现实性，才可能具有科学性。为使预算具有先进性和现实性，就必须进行详细的调查研究，细分预算对象，考虑各种内在和外在的影响因素，掌握足够的信息量，针对不同的业务内容和特点采取不同的编制方法。

实训课业

为民餐饮股份有限公司,2010 年度财务报表如下,要求做好 2011 年利润预测工作。

利润表

2010 年

项目	金额(万元)
营业收入	1 260
营业成本	1 008
毛利	252
经营与管理费用	
变动费用	63
固定费用	63
折旧	26
营业利润	100
利息支出	10
利润总额	90
所得税	27
税后利润	63

资产负债表

2010 年

项目	金额(万元)	项目	金额(万元)
货币资金	14	短期借款	200
应收账款	144	应付账款	246
存货	280	股本	500
固定资产原值	760	保留盈余	172
减:折旧	80		
固定资产净值	680		
资产总额	1 118	负债及所有者权益总计	1 118

补充财务数据信息:

(1)2011 年营业收入经董事会核准增长 20%;

(2)餐厅座位数由 2010 年的 380 个增加到 400 个;

(3)预计下一年度毛利率上升 5 个百分点;

(4)预计营收经营与管理变动费用率保持不变;

(5)预计经营与管理固定费用增加 20 万元;

(6)应收账款余额(按10年末余额计算),10年应收账款均可在下年收回;

(7)年末应付账款余额与当年进货金额的比率不变;

(8)购置厨房设备220万元,因此公司年折旧额达到30万元;

(9)期末存货余额假设不变;

(10)预计所得税为30万元。

练习题:

1.试根据以上财务数据资料完成2011年利润预算表、资产损益表的编制。

2.根据资料计算相关指标,选择几项指标,如餐厅座位周转率、人均消费、营收毛利率、固定资产收益率指标,也可以增加指标分析。

项目十二

旅游企业税收基础知识

项目阐释

本项目通过旅游企业经营管理过程中发生的涉及税收的相关案例分析，使学生掌握旅游企业经营过程中基本的税收政策和税法知识点，了解如何遵守税法和履行纳税义务。

能力目标

◇ 了解税收的概念、特征和意义及其相关法律责任。
◇ 掌握营业税、所得税等税法相关知识。
◇ 通过学习能够将本项目应用到实践中，并指导实践。

项目分解

模块一 税收概述
模块二 几种税的相关法律制度

模块一　税收概述

工作任务

任务一　税收的概念和特征
任务二　税收分类与税制要素

任务一　税收的概念和特征

一、税收的概念、意义和原则

(一)税收的概念

税收是指以国家为主体，为实现其公共职能而凭借其政治权力，按照法定标准，无偿取得财政收入的一种特定分配形式。它体现了国家与纳税人在征税、纳税的利益分配上的一种特殊关系，是一定社会制度下的一种特定分配关系。

税收是国家财政收入的一个重要组成部分，是一个具有特定含义的独立的经济概念，属于财政范畴。它是人类社会经济发展到一定历史阶段的产物，是随着国家的产生而产生的。社会剩余产品和国家的存在是税收产生的基本前提。

(二)税收的意义和原则

税收对保证完成财政收入，为经济建设积累资金，对宏观调控生产和消费，调节社会成员的收入水平，对推动国民经济协调发展等均具有重要的作用。在社会主义市场经济运行中，税收主要具有资源配置、收入再分配、稳定经济和维护国家政权四个方面的作用。

税收原则是税收制度制定、执行和实施的基本准则。在现代税收理论中，关于税收体系设计的最重要原则，一是效率原则，二是公平原则。

二、税收的特征

税收是国家为了行使其职能而向企业和个人收取税金以取得财政收入的一种方式。它与其他财政收入形式相比，具有强制性、无偿性和固定性三个特征。

(一)强制性

税收的征收主体是国家，国家征税是凭借政治权力，而国家在征税前总是通过制订强制性法律规范为主的税法，赋予征税机关征税权，对纳税人进行强制性征收(不管纳税人的纳税意愿如何)，故法律的强制力构成了税收的强制性。任何单位和个人都必须无条件依法履行纳税义务，不得违反，否则，将受到相应的法律制裁。税收的这一特性表明：税收不是自愿捐纳，与企业上缴利润以及其他平等自愿的分配方式有明显的区别。

(二)无偿性

这是国家向纳税人征税不以支付任何代价为前提。征税的过程，就是对纳税人所拥有的部分财产转移给国家所有，形成国家的财政收入。国家不再把这部分财产直接返还给原纳税人，也不支付任何形式的直接报酬。在此过程中，财产权的转移是单向的。正如列宁所说："所谓赋税，就是国家不付任何报酬而向居民取得东西。"无偿性是税收的关键性特征，它使税收明显区别于还本付息的国债等财政收入形式，也区别于工商、公安、交通等部门为用于社会服务而收取的各种形式的规费。无偿性决定了税收是筹建财政收入的主要手段。

(三)固定性

国家在征税时总是按照预先制订的税收法律进行征收，且税法对纳税人、固定性对象、税率、计税方法等基本课税要素均作了明确规定，税法在一段时期内相对稳定，这样，税法成为征税机关和纳税人纳税的共同标准。纳税人必须严格依法及时足额纳税，国家征税机关也只能按这种预定的标准征税，而不能随意不征、少征或多征。税收的固定性来源于课税要素的规范性、明确性和税法的稳定性。

税收的上述"三性"特征，是不同社会制度下的税收所共有的。税收的特征是税收本质属性的外在表现形式，是税收区别于其他事物或收入分配形式的主要标志，如规费、上缴利润、公债、摊派、罚没、利息等。

任务二　税收分类与税制要素

一、税收的分类

税收的分类是指按照一定的标准对不同税种进行归类。目前，我国对税收的分类，依据不同的标准，通常有以下几种主要分类方法。

(一)按课税对象的性质分类

(1)流转税类，包括增值税、消费税、营业税、关税。这是我国税制体系中的主体税种，其中又以增值税为主体税种。

(2)所得税类，包括企业所得税、外商投资企业和外国企业所得税、个人所得税。

(3)资源税类，包括资源税、城镇土地使用税、土地增值税、耕地占用税。

(4)财产税类，包括房产税、契税、城镇土地使用税、车船税。

(5)行为税类，包括车船使用税、城市维护建设税、车船使用牌照税、印花税、耕地占用税等。

(二)按管理和使用权限分类

按管理和使用权限，可分为中央税、地方税、中央地方共享税三种。

(三)按计税依据分类

按计税依据分类，可分为从价税和从量税。从价税是以课税对象的价格为计税依据，其应纳税额随商品价格的变化而变化，能充分体现合理负担的税收政策，因而大部分税种均采用这一计税方法。从量税是以课税对象的数量、重量、体积等作为计税依据，其课税数额只与课税对象数量相关而与价格无关。

(四)按税负能否转嫁分类

按税负能否转嫁分类，可分为直接税和间接税。直接税是指由纳税人直接负担，不易转嫁的税种，如所得税、财产税类等。间接税是指纳税人能将税负转嫁给他人负担的税种，一般情况下各种商品课税均属于间接税。

二、税制要素

税制要素也称课税要素，是国家征税必不可少的条件。只有在符合税制要素的情况下，国家才可以征税。我国税收制度主要由如下基本要素构成。

(一)征税人

征税人是指代表国家行使征税职权的各级税务机关和其他征收机关。因税种的不同，可能有不同的征税人。我国的单项税法中都有有关征税主体的规定，如增值税的征税主体是税务机关，关税的征税主体是海关。

(二)纳税义务人

纳税义务人简称“纳税人”，是指依法直接负有纳税义务的自然人、法人和其他组织。在各种具体的税法和条例中，纳税义务人都不尽相同，比如，在增值税法中，纳税义务人可分为一般纳税人和小规模纳税人，而在所得税法中，纳税义务人可分为居民和非居民纳税人。

与纳税人相联系的另一个概念是扣缴义务人。扣缴义务人是税法规定的，在其经营活动中负有代扣税款并向国库交纳义务的单位。扣缴义务人必须按照税法规定代扣税款，并在规定期限缴入国库。

(三)课税对象

课税对象又称征税对象，是纳税的主体。它是征税的直接对象，也称为标的。课税对象包括物或行为，按其性质不同，可以分为商品、所得和财产三大类。不同的课税对象又是区别不同税种的重要标志。我国现行的实体税收法规中，都分别规定了课税对象。

(四)税目

税目是税法中具体规定应当征税的项目，是课税对象的具体化。规定税目的目的有二：一是为了明确征税的具体范围；二是为了对不同的征税项目加以区分，从而制定高低不同的税率。

(五)税率

税率是指应征税额与计税金额(或数量单位)之间的比例，是计算税额的尺度。税率的高低直接体现国家的政策要求，直接关系到国家财政收入的多少和纳税人的负担程度，是税收法律制度中的核心要素。

税率有名义税率与实际税率之分。名义税率是指税法规定的税率，是应纳税额与课税对象的比例；实际税率是实际交纳税额与实际课税对象的比例。在实际征税中，由于计税依据等要素的变动和减免税等原因，名义税率与实际税率可能不一致。

我国现行税法规定的税率有：

1. 比例税率

比例税率是指对同一课税对象，不论其数额大小，均按同一个比例征税的税率。税率本身是应征税额与计税金额之间的比例。这里所说的比例税率是相对累进税率、定额税率而言。比例税率根据不同的情况又可划分为不同的征税比例，有行业比例税率、产品比例税率、地区差别比例税率、有免征额的比例税率、分档比例税率和幅度比例税率等。采用比例税率便于计算和征收缴纳，有利于提高效率，但不利于保证公平，大多用于商品流通领域。

2. 累进税率

累进税率是根据课税对象数额的大小，规定不同等级的税率。即课税对象数额越大，税率越高。累进税率又分为全额累进税率、超额累进税率和超率累进税率三种。

全额累进税率是按照课税对象金额的多少划分若干等级，并按其达到的等级的不同规定不同的税率。课税对象的金额达到哪一个等级，即全部按相应的税率征税。目前，我国的税收法律制度中已不采用这种税率。

超额累进税率是将课税对象的数额划分为不同的部分，按不同的部分规定不同的税率，对每个等级分别计算税额。超额累进税率实际上仅对高于低等级征税对象数量的部分来使用相应的高税率，税负较轻，有利于体现公平精神，应用也较为广泛。

超率累进税率是按课税对象的某种比例来划分不同的部分，并规定相应的税率。我国的土地增值税采用这种税率。

3. 定额税率

定额税率又称固定税率，是指按课税对象的一定单位直接规定固定的税额，而不采取百分比的形式。定额税率不受价格变动的影响，便于从量计征，因而多适用于从量税。

（六）计税依据

计税依据是指计算应纳税额的依据或标准，即根据什么来计算纳税人应缴纳的税额。一般有两种：一是从价计征；二是从量计征。从价计征，是以计税金额为计税依据，计税金额是指课税对象的数量乘以计税价格的数额。从量计征，是以课税对象的重量、体积、数量为计税依据。

（七）纳税环节

商品流转过程的各个环节，包括工业生产、农业生产、货物进出口、农产品采购或发运、商业批发、商业零售等各个环节在内，具体确定在哪个环节缴纳税款，该被确定的环节就是纳税环节。如现行的增值税实行多次课征制，从商品生产环节到商业零售环节，每一个环节都要就其增值额部分征税。

（八）纳税期限

纳税期限是指纳税人的纳税义务发生后依法缴纳税款的期限。规定纳税期限是为了及时保证国家财政收入的实现，也是税收强制性和固定性的体现。国家在税法中根据不同的情况规定不同的纳税期限，纳税人必须在规定的纳税期限内缴纳税款。

（九）减免税

减免税是指国家对某些纳税人和课税对象给予鼓励和照顾的一种特殊规定。制定这种特殊规定，一方面是为了鼓励和支持某些行业或项目的发展；另一方面是为了照顾某些纳税人的特殊困难。

（十）法律责任

法律责任是指对违反国家税法规定的行为人采取的处罚措施，一般包括违法行为和因违法而应承担的法律责任两部分内容。这里讲的违法行为是指违反税法规定的行为，包括作为和不作为。税法中的法律责任包括行政责任和刑事责任。纳税人和税务人员违反税法规定，都将依法承担法律责任。

案例分析

酒店承包的涉税思考

被告人：张某，男，30岁，辽宁省锦州市人，原系锦州市××大酒店经理，住锦州市某某区某某村。2008年11月14日被取保候审。

2007年12月1日，被告人张某（乙方）与锦州市××运输贸易总公司（甲方）签订了承包协议。协议规定甲方将××大酒店承包给乙方经营管理，乙方每年向甲方交纳管理费9万元。承包期从2008年1月1日起至2008年12月30日止。2008年1月8日，张某承包经营的××大酒店正式营业。

被告人张某从营业之日起至同年7月14日，既不办理税务登记，又不申请缓交纳税手续，欠缴定额营业税14 280元。经税务工作人员多次催缴，被告不予理睬。在税务机关于2008年6月14日向其下达期限纳税通知书后，被告人仍不缴纳。同年7月7日，驻税务机关检察室的检察人员向被告人调查其纳税情况时，被告人假报住址，称自己现住址为锦州市××区××小区39号楼6-29号。后经查实，被告人根本没有住在该处。为逃避纳税，被告人又于2008年7月14日夜私自将其存放在××大酒店的冰柜、床、行李等财产转移，并且到外地躲避长达4个月之久，致使税务机关无法追缴其欠缴的税款。案发后，被告人张某的认罪态度较好，向税务机关补缴了税款和罚款。辽宁省锦州市××区人民检察院以被告人张某犯抗税罪，向锦州市××区人民法院提起公诉。被告人张某辩称，未办理税务登记是甲方（锦州市××运输贸易总公司）的责任，且自己事后已补缴税款及罚款，应当得到从宽处理。其辩护人认为，被告人没有抗税的故意和行为，不构成抗税罪。

锦州市××区人民法院经公开审理认为，被告人张某作为纳税义务人，拒不缴纳税款，并且采取转移财产的手段，致使税务机关无法追缴欠缴的税款，数额达1万多元，其行为已构成逃避追缴欠税罪，应依法惩处。被告人辩称未办理税务登记是××大酒店发包方的责任，经查与事实不符，本院不予采纳。辩护人提出被告人的行为不构成抗税罪的意见能够成立，本院予以采纳。鉴于被告人在案发后认罪态度较好，积极补缴了所欠税款和罚款，可酌情从轻处罚。该院依照全国人民代表大会常务委员会《关于惩治偷税、抗税犯罪的补充规定》第二条和《中华人民共和国刑法》第六十七条、第六十八条的规定，于2009年3月21日作出刑事判决如下：

被告人张某犯逃避追缴欠税罪，判处有期徒刑一年，缓刑两年，并处罚金15 000元。

宣判后，被告人张某没有提出上诉，人民检察院也没有提出抗诉。

请分析：

1. 该案例给你什么启示？
2. 从该案例介绍的情况看，你能否推断该案例中的事例违反了税收哪些政策？
3. 你认为××大酒店承包者的最初决策是合理的吗？以后的转移资产是否合适？
4. 如果你是××大酒店承包者，你会采取何种措施？

模块二　几种税的相关法律制度

工作任务

任务一　营业税的相关法律制度
任务二　所得税的相关法律制度
任务三　财产行为税的相关法律制度

任务一　营业税的相关法律制度

一、营业税的特征

营业税是对在我国境内从事各种应税劳务、转让无形资产和销售不动产的单位和个人，就其取得的营业额征收的一种税。营业税是现行流转税中的一个主要税种，经过改革后的营业税与增值税、消费税互不交叉、相互配合，构成了一个新的流转税体系，在生产和流通领域发挥调节作用。

营业税具有以下特征：

(1)征收范围广。除货物的生产流通按规定征收增值税外，所有从事交通运输、建筑安装、娱乐业等服务的行业，都属于营业税的征收范围。较广的征收范围，使营业税具有普遍征收的特点，这为国家积累财政收入起了重要的作用。

(2)实行行业差别比例税率，税负较低。营业税一般按行业设置不同的税目、税率收缴，同一行业，同一税率，不同行业，不同税率。只对娱乐业实行5%～20%的幅度比例税率，而其他各行业均适用3%～5%的比例税率。

(3)税收收入稳定可靠。纳税人一旦取得营业收入，不论成本高低、盈亏与否，均按规定税率纳税，税额与营业额同步增长，因此具有收入稳定的特点，是目前地方财政收入的主要来源之一。

(4)充分考虑税收负担能力。为照顾无税负能力者，营业税规定有起征点，营业收入额未达到起征点的免于征税。

二、营业税的纳税人

凡在我国境内提供应税劳务、转让无形资产或者销售不动产的单位和个人，为营业税的纳税人。

所谓"提供应税劳务，转让无形资产或销售不动产"，是指有偿(即取得货币、货物或其他经济利益，下同)提供应税劳务、有偿转让无形资产或有偿转让不动产所有权的行为。"应税劳务”是指属于交通运输业、建筑业，金融保险业、邮电通信业、文化体育业、服务业税目征收范围的劳务，但不包括单位或个体经营者聘用的员工为本单位或雇主提供的应税劳务。

所谓“单位”包括独立核算的单位和非独立核算的单位，具体指国有企业、集体企业、私营企业、股份制企业、外商投资企业、其他企业和行政单位、事业单位、军事单位、社会团体及其他单位，“个人”是指个体工商业户和有经营行为的个人。

所谓“在我国境内提供应税劳务、转让无形资产或销售不动产”是指：①所提供的劳务发生在境内；②在境内载运旅客或货物出境；③在境内组织旅客出境旅游；④所转让的无形资产在境内使用；⑤所销售的不动产在境内；⑥境内保险机构提供的保险业务，不包括为出口货物提供的保险业务；⑦境外保险机构以在境内的物品为标所提供的保险劳务。

三、税目和税率

现行营业税共设置了 9 个税目：交通运输业、建筑业、金融保险业、邮电通信业、文化体育业、娱乐业、服务业、转让无形资产、销售不动产。

营业税按照行业、类别的不同分别采用不同的比例税率，具体如表 12－1 所示。

表 12－1　营业税税目税率表

税目	征收范围	税率
一、交通运输业	陆路运输、水路运输、航空运输、管道运输、装卸搬运	3%
二、建筑业	建筑、安装、修缮、装饰及其他工程作业	3%
三、金融保险业		5%
四、邮电通信业		3%
五、文化体育业		3%
六、娱乐业	歌厅、舞厅、卡拉 OK 歌舞厅、音乐茶座、台球、高尔夫球、保龄球、游艺	5%～20%
七、服务业	代理业、旅店业、饮食业、旅游业、仓储业、租赁业、广告业及其他服务业	5%
八、转让无形资产	转让土地使用权、专利权、非专利技术、商标权、著作权、商誉	5%
九、销售不动产	销售建筑物及其他土地附着物	5%

营业税税目、税率调整由国务院决定。

纳税人兼有不同税目应税行为的，应分别核算不同税目的营业额，未分别核算或不能分别核算营业额的，从高适用税率。

四、旅游企业应纳营业税额的计算

营业税的应纳税额按照营业额和规定的税率进行计算。其计算公式为：

应纳税额＝营业额×税率

旅游企业组团到境外旅游，在境外改由其他旅游企业接团，以全程旅游费减去付给接团企业旅游费后的余额为营业额；旅游企业组团在境内旅游，以收取的旅游费减去替旅游者支付的住宿费、餐费、交通费、门票费和其他代垫费用后的余额为营业额。

旅游企业营业税的适用税率为5%。

现行营业税法对纳税人个人取得的属于营业税征收范围的收入金额规定了起征点。纳税人营业额没有超过起征点的收入，免予征收营业税；达到或超过起征点的，则按营业额全额计算应纳税额。

(1)按期纳税的起征点为月营业额200～800元；

(2)按次纳税的起征点为每次(日)营业额50元。

各省、自治区、直辖市人民政府所属税务机关应当在规定的幅度范围内，根据实际情况确定本地区适用的起征点，并报国家税务总局备案。

案例分析

某宾馆做假账隐瞒收入偷税案

一、案情

(一)基本情况

某宾馆于2006年下半年成立，由S市某股份有限公司和H市某公司联营，主营旅游业，营业场所是租入的，租金每月约40 000元，共有52间客房和两间办公室，工作人员(含服务员、保安员等)40人。该宾馆2007年和2008年分别向主管税务机关申报营业收入600 309元和477 164元。2009年6月，市地税局稽查分局接到群众举报，称该宾馆于2007年至2008年采取做两套账、瞒报营业收入的手段进行偷税，同时向稽查分局提供了2007年和2008年盖有该宾馆印章的年度损益表和资产负债表各两份，以及两年的未盖印章的年终损益表和资产负债表各两份，并反映未盖章的是真实的报表，只限内部使用，盖章的是对外使用的报表。

(二)检查方法

稽查分局根据举报线索，派出稽查人员到该宾馆进行调查，对该宾馆的临时负责人、部门经理及会计做了询问笔录。在询问过程中，会计一口咬定是如实申报纳税。在对该宾馆对外的一套账进行核实，发现这套账反映的收入都如实申报纳税了。从举报人提供的线索中未能找到突破口。

从检查中发现，该宾馆取得收入时都有总服务台开出的交款清单和发票一同入账，向会计和财务询问(分开进行)了解到，该宾馆收到客人住房款后的操作程序：总台于每天下午把收到的款项交给财务，并开具交款清单给财务签收，财务每月25日同会计结一次账，会计据此做账。因此，税务稽查人员提出要核对总台的交款清单，想从中核实实际经营情况。会计说隔了两年多时间，原来的负责人和总台服务员已经更换，办公场所又小，那些清单没有地方放，已经找不到了。于是，税务稽查人员提出查看应每天报送派出所的住宿登记簿，结果该宾馆只提供了近两个月的登记情况，往前的已被毁掉，并分辩说派出所没有要求他们保管这些登记簿。税务稽查人员当场礼貌地要求该宾馆有关人员打开有关的柜、箱、抽屉，结果未发现上述需要的证据。至此，所有最直接的证据都无从查考。

税务稽查人员向税务机关领导汇报了案情的进展，经领导同意后，把举报人提供的内部报表各复印一份，出示给会计，并对会计做了询问笔录。会计开始不肯承认，当税务稽查人员提出要把报表提送司法机关验证时，该会计才不得不承认报表是她做的。但她又说，报表的数字是原负责人提供的，并不是实际数，又说报表也没有盖章，不知原负责人要来干什么。眼看案情有所突破，而对方又采取这种拖延、推诿的态度对待检查，于是税务稽查人员打算改从原负责人那里入手,但半个月过去了都找不到他,看来调查取证应采取新的对策了。

税务稽查人员对该宾馆2009年上半年的经营情况进行检查核对,发现与前两年同期相比有很大出入。在相同规模、竞争越来越激烈、经济环境越来越差的情况下,营业收入反而会突然上升,原因何在?经分析认为,很可能是今年开始使用定额发票的缘故(原来是手写发票,较易搞"大头小尾")。因此,该宾馆前两年偷税的可能性很大。于是,税务稽查人员再一次到该宾馆,找到负责人细致地进行有关税法宣传,以使他们清醒地认识到作为负责人和会计,对依法纳税负有不可推卸的义务,同时应承担一定的法律责任。经过努力,负责人的态度有所转变,表示"要对原负责人的一些账务进行清查核实",税务稽查人员给了她两天期限。期满,该宾馆提供了2007年、2008年的内部账簿,反映收入共有253 026元。

在取得证据的第二天,税务稽查人员呈报税务机关领导批准,进行了立案,作进一步的调查。该案的主要作案手段是:采用两套账,一套对外,一套对内。平时取得收入,顾客要求开发票的,就记入对外的一套账;顾客不要求开发票的,就记入对内的一套账。我们要求核对"内部账"的有关原始凭证,会计说原始凭证由原负责人保管,而原负责人又找不着,所以查看不了。为弄清案情,税务机关请市检察院地方税务检察室协助调查,终于证实了该宾馆的下述偷税事实:2007年、2008年共瞒报收入253 026元,偷逃营业税12 651.30元、城市维护建设税885.59元、教育费附加379.54元,合计13 536.89元,偷税额占应纳税额71 187.76元的19%,情节较为严重。

(三)处理情况

根据查明的事实、情节和查案的经过,税务稽查人员制作了稽查报告,提出处理意见:

根据《中华人民共和国营业税暂行条例》第一、二、四、五、九、十三条,《中华人民共和国城市维护建设税暂行条例》第二、三、四条,《国务院关于征收教育费附加的暂行规定》第二条和《中华人民共和国税收征收管理法》第二十条的规定,该宾馆隐瞒的营业收入253 026元应补缴营业税12 651.30元、城建税885.59元、教育费附加379.54元、滞纳金5 305.72元,合计19 222.15元。

根据《中华人民共和国税收征收管理法》第四十条第二款规定,该行为已构成偷税,税务机关决定对所偷税款处以罚款63 256.50元,向该宾馆下达了《税务行政处罚告知书》。该宾馆认为处罚过重,提出了听证的要求。税务机关根据《税务行政处罚听证程序实施办法(试行)》的规定,举行了听证会,双方对相关问题进行了激烈的辩论。听证会结束后,该宾馆负责人对税法及有关行政法规有了更深一层认识,主动到市地税局找领导承认错误,并表示今后要依法经营,决不再犯。案件审理组和领导根据事实和纳税人的认错态度,决定除追缴上述所偷税、费、滞纳金外,把处罚的倍数调整到3倍,即40 610.67元。至此,税务机关对该宾馆应追缴的税、费、滞纳金和应处的罚款分别下达了《税务处理决定书》,该宾馆从收到《税务处理决定书》之日起,按税务机关提出的期限,3日内对上述隐瞒的收入作出了相关的账户调整,10日内缴清了应缴的税金和罚款。

二、分析

(一)税法有待进一步完善

为了做到既使税务执法公开、便民,又使税务稽查机构在实际工作中减轻工作负担,降低税收成本,提高工作效率,应适当提高《税务行政处罚听证程序实施办法(试行)》第三条规定的符合听证条件的罚款数额起点。

(二)重证据是规范执法、提高执法水平的关键

在查处案件过程中,尤其是对进行税务处罚的案件,在询问、取证时,一定要严格按规定执行,签名、盖章、日期等绝对不能少。只有严格做到程序规范、证据确凿,才能保证税务执法立于不败之地。

请分析:

1.假账隐瞒收入偷税案例给你什么启示?

2.从该案例介绍的情况看,你能否推断该宾馆违反了哪些税收制度?

3.你认为该宾馆的采用两套账决策是合理的吗?

4.如果你是宾馆的高级管理人员,你会采取何种措施?

任务二　所得税的相关法律制度

一、企业所得税概述

企业所得税是对在我国境内的企业就其生产经营所得和其他所得征收的一种税。它是国家参与企业利润分配并调节其收益水平的一个关键性税种。现行企业的所得税法,是以 2008 年 3 月 16 日第十届全国人民代表大会第五次会议通过的税法为基本规范的。

(一)纳税人

企业所得税的纳税人是指在我国境内实行独立核算的企业或组织,具体包括国有企业、集体企业、私营企业、联营企业、股份制企业以及有生产、经营所得和其他所得的其他组织。上述独立经济核算的企业或组织必须同时具备下面三个条件:①在银行开设结算账户;②独立建立账簿、编制财务会计报表;③独立核算盈亏。

(二)征收对象

在中华人民共和国境内,企业和其他取得收入的组织(以下统称企业)为企业所得税的纳税人,依照企业所得税的规定缴纳企业所得税。个人独资企业、合伙企业不适用企业所得税。

(1)企业分为居民企业和非居民企业。企业所得税法所称居民企业,是指依法在中国境内成立,或者依照外国(地区)法律成立但实际管理机构在中国境内的企业。企业所得税法所称非居民企业,是指依照外国(地区)法律成立且实际管理机构不在中国境内,但在中国境内设立机构、场所的,或者在中国境内未设立机构、场所,但有来源于中国境内所得的企业。

(2)居民企业应当就其来源于中国境内、境外的所得缴纳企业所得税。非居民企业在中国境内设立机构、场所的,应当就其所设机构、场所取得的来源于中国境内的所得,以及发生在中国境外但与其所设机构、场所有实际联系的所得,缴纳企业所得税。

(3)非居民企业在中国境内未设立机构、场所的,或者虽设立机构、场所但取得的所得与其所设机构、场所没有实际联系的,应当就其来源于中国境内的所得缴纳企业所得税。

(三)税率

企业所得税实行比例税率,法定税率为 25%。非居民企业取得规定的所得,适用税率为 20%。

(四)应纳税所得额的确定

应纳税所得额是指纳税人每一纳税年度的收入总额减去准予扣除项目金额后的余额,其

计算公式为：

应纳税所得额＝收入总额－准予扣除项目金额

1. 收入总额的确定

企业每一纳税年度的收入总额，减除不征税收入、免税收入、各项扣除以及允许弥补的以前年度亏损后的余额，为应纳税所得额。企业以货币形式和非货币形式从各种来源取得的收入为收入总额。包括：①销售货物收入；②提供劳务收入；③转让财产收入；④股息、红利等权益性投资收益；⑤利息收入；⑥租金收入；⑦特许权使用费收入；⑧接受捐赠收入；⑨其他收入。但收入总额中的下列收入为不征税收入：①财政拨款；②依法收取并纳入财政管理的行政事业性收费、政府性基金；③国务院规定的其他不征税收入。

2. 准予扣除项目

在计算应税所得额时准予从收入额中扣除的项目，是指纳税人每一纳税年度发生的与取得应纳税收入有关的所有必要和正常的成本、费用、税金和损失。

3. 不得扣除项目

(1)资本性支出。

(2)无形资产受让、开发支出。

(3)违法经营的罚款、被没收财物的损失。

(4)各项税收的滞纳金、罚金和罚款。但纳税人逾期归还银行贷款，银行按规定加收的罚息，允许在税前扣除。

(5)自然灾害或者意外事故损失有赔偿的部分。

(6)超过国家规定允许扣除的公益、救济性捐赠，以及非公益、救济性捐赠。

(7)各种赞助支出，指各种非广告性质的赞助支出。

(8)其他项目。

二、个人所得税

(一)个人所得税的概念和纳税人

个人所得税是以个人(自然人)取得的各项应税所得为征税对象所征收的一种税。

个人所得税的纳税人是指在中国境内有住所，或者虽无住所但在境内居住满一年并从中国境内和境外取得所得的个人，以及在中国境内无住所又不居住或者无住所而在境内居住不满一年但从中国境内取得所得的个人，包括中国公民，个体工商户，外籍个人，香港、澳门、台湾同胞，等。

我国个人所得税实行支付所得的单位代扣代缴和个人申报纳税相结合的征收管理制度。税法规定，凡支付应纳税所得的单位或个人，都是个人所得税的扣缴义务人。扣缴义务人在向纳税人支付应纳税所得时，必须履行代扣代缴的义务。

(二)征税范围和税目

对于居民纳税人，应就来源于中国境内和境外的全部所得征税；对于非居民纳税人，则只就来源于中国境内所得部分征税，境外所得不属于我国《个人所得税法》征收的范围。

现行个人所得税共有11个应税项目：①工资、薪金所得；②个体工商户的生产、经营所得；③企业、事业单位的承包经营承租经营所得；④劳务报酬所得；⑤稿酬所得；⑥特许权使用费所得；⑦利息、股息、红利所得；⑧财产租赁所得；⑨财产转让所得；⑩偶然所得；⑪其他所得。

（三）税率

个人所得税分别按不同个人所得项目，规定了超额累进税率和比例税率两种形式。

（1）工资、薪金所得：适用5%～45%的九级超额累进税率（见表12－2）。

表12－2　工资、薪金所得适用税率表

级数	应纳税所得额	税率（%）	速算扣除数（元）
1	不超过500元的部分	5	0
2	超过500元至2 000元的部分	10	25
3	超过2 000元至5 000元的部分	15	125
4	超过5 000元至20 000元的部分	20	375
5	超过20 000元至40 000元的部分	25	1 375
6	超过40 000元至60 000元的部分	30	3 375
7	超过60 000元至80 000元的部分	35	6 375
8	超过80 000元至100 000元的部分	40	10 375
9	超过100 000元的部分	45	15 375

（2）个体工商户的生产经营所得和对企事业单位的承包、承租经营所得适用5%～35%的五级超额累进税率（见表12－3）。

表12－3　个体工商户的生产、经营所得和对企事业单位的承包、承租经营所得适用税率表

级数	应纳税所得额	税率（%）	速算扣除数（元）
1	不超过5 000元的部分	5	0
2	超过5 000元至10 000元的部分	10	250
3	超过10 000元至30 000元的部分	20	1 250
4	超过30 000元至50 000元的部分	30	4 250
5	超过50 000元的部分	35	6 750

（3）稿酬所得适用20%的比例税率，并按应纳税额减征30%。

（4）劳务所得适用20%的比例税率，对一次收入畸高的，可以实行加成征收，详见表12－4。

表12－4　劳务报酬所得适用税率表

级数	应纳税所得额	税率（%）	速算扣除数（元）
1	不超过20 000元的部分	20	0
2	超过20 000元～50 000元的部分	30	2 000
3	超过50 000元的部分	40	7 000

(5)特许权使用费所得、利息、股息、红利所得、财产租赁所得、财产转让所得、偶然所得和其他所得，适用20%的比例税率。

(四)个人所得税的核算

个人所得税的计税依据为个人取得的各项应税收入减去规定扣除项目或金额后的余额，即应纳税所得额。具体如下：

(1)工资、薪金所得，以每月收入额减除费用2 000元后的余额，为应纳税所得额。

(2)个体工商户的生产经营所得，以每一纳税年度的收入总额，减除成本、费用以及损失后的余额，为应纳税所得额。

(3)对企事业单位的承包、承租经营所得，以每一纳税年度的收入总额，减除必要的费用后的余额，为应纳税所得额。

(4)劳务报酬所得、稿酬所得、特许权使用费所得、财产租赁所得，每次收入不超过4 000元的，减除800元；4 000元以上的，减除20%的费用，其余为应纳税所得额。

(5)财产转让所得，以转让财产的收入额减除财产原值和合理的费用后的余额，为应纳税所得额。

(6)利息、股息、红利所得、偶然所得和其他所得，以每次收入额为应纳税所得额。

任务三　财产行为税的相关法律制度

一、房产税

房产税是以房产为征税对象，以房产的计税价值或房产租金收入为计税依据，向房产所有人或经管人征收的一种税。

(一)房产税的纳税人、征税对象和征税范围

房产税的纳税人是房屋的产权所有人，具体包括产权所有人、经营管理单位、承典人、房产代管人或者使用人。

房产税的征税对象是房产。

房产税的征税范围包括在城市、县城、建制镇、工矿区范围内的房产。

(二)计税依据和税率

房产税的计税依据是房产的计税价值或房产的租金收入。按照房产计税价值征税的，称为从价计征；按照租金收入征税的，称为从租计征。

从价计征，是指以房产的计税价值为计税依据，即依照房产原值一次扣除10%～30%后的余值计税。在确定计税余值时，房产原值的具体减除幅度，由省、自治区、直辖市人民政府确定。

从租计征，是指对纳税人出租的房产，以租金收入为计税依据。租金收入包括货币收入和实物收入。

房产税采用比例税率。从价计征的，税率为1.2%；从租计征的，税率为12%。

(三)房产税的计算和会计处理

从价计征房产税的计税公式为：

应纳税额＝房产原值×(1－扣除比例)×1.2%

从租计征房产税的计税公式为：

应纳税额＝租金收入×12%

二、车船使用税

车船使用税是指国家对行驶于境内公共道路的车辆和航行于境内河流、湖泊或海域的船舶，依法征收的一种税。

(一)纳税人和征税范围

车船使用税的纳税人为在中国境内拥有并使用车船的单位和个人。一般情况下，车船的拥有人和使用人同属一人。但在租赁关系下，拥有人和使用人不一致时，则应由租赁双方协商确定纳税人；租赁双方未商定的，由使用人纳税。

车船使用税的征税范围包括行驶于境内公共道路的车辆和航行于境内河流、湖泊或海域的船舶两大类。对不使用的车船或只在企业内部使用、不领取行驶执照、不上路行驶的车辆不征车船使用税。

(二)计税依据、税率和会计处理

车船使用税的计税依据，按车船的种类和性能，分别确定为辆、净吨位和载重吨位三种。

车船使用税实行有幅度的定额税率，根据车船的种类、性能、构造和使用情况，分别按辆、净吨位和载重吨位规定了不同的税额幅度。

三、印花税

印花税是对经济活动和经济交往中书立、使用、领受各种应税凭证而征收的一种税。

(一)印花税的征收范围

印花税的征收范围主要有五大类：

(1)经济合同，包括购销、加工承揽、建设工程承包、财产租赁、货物运输、仓储保管、借款、财产保险、技术等合同或具有合同性质的凭证。

(2)产权转移书据，包括财产所有权、版权、商标专用权、专利权、专用技术使用权等转移书据。

(3)营业账簿，包括单位和个人从事生产经营活动所设立的各种账册，即记载资金的账簿和其他账簿。

(4)权利、许可证照，包括房屋产权证、工商营业执照、专利证、土地使用证。

(5)财政部确定征收的其他凭证。

(二)印花税的税目、税率和计税依据

印花税共设置了13税目，采用比例税率和定额税率两种。

印花税分为从价计税和从量计税两种。其中：

实行从价计税的凭证，以凭证所载金额为计税依据。具体为：①各类经济合同，以合同上记载的金额、收入或费用为计税依据。②产权转移书据以书据中所载的金额为计税依据。③记载资金的账簿，以实收资本和资本公积这两项的合计金额为计税依据。

实行从量税的其他账簿和权利、许可证照，以凭证数量为计税依据。

(三)印花税的会计处理

适用比例税率的应税凭证:

应纳税额＝计税金额×适用税率

适用定额税率的应税凭证:

应纳税额＝定额税率(5元)×计税件数

四、契税

契税是以所有权发生转移变更的不动产为征收对象,向产权承受人征收的一种税。

(一)契税的征收范围、税率和计税依据

契税的征收对象为在我国境内发生权属转移的土地、房屋。具体包括:①国有土地使用权出让;②土地使用权的转让;③房屋买卖;④房屋赠与;⑤房屋交换。

有些特殊方式转移土地、房屋权属的,也视同土地使用权转让、房屋买卖或房屋赠与:①以土地、房屋权属作价投资、入股;②以土地、房屋权属抵债;③以获奖方式承受土地、房屋权属;④以预购方式或者预付集资建房款方式承受土地、房屋权属。

契税实行3%～5%的幅度税率。

契税的计税依据是在土地、房屋权属发生转移,当事人签订契约时的房产价值。

(二)契税的会计处理

契税应纳税额的计算公式为:

应纳税额＝计税依据×税率

案例分析

某某酒店偷税案尘埃落定

晶报讯(记者××)昨日,深圳市中级人民法院对"2010年全国十大涉税违法案之一"的深圳市某某酒店有限公司(以下简称某某酒店)偷税案作出终审判决:某某酒店被判处罚金1 705万元,该酒店7名直接负责的主管人员和其他直接责任人员因偷税罪分别被判刑并处以罚金。

位于龙华中心区的某某酒店是国家旅游局核准的四星级涉外酒店,2010年7月,市地税局发现该酒店存在偷税嫌疑,立案稽查后发现,该酒店在2007年到2010年6月间,未申报缴纳营业税、企业所得税、代扣代缴个人所得税、城市维护建设税等税费3 400多万元,其中在所得税查收中发现,虚增成本、费用的现象比较突出。市地税局依法做出税务处理决定,对某某酒店追缴各项税费3 400多万元,对所偷税款处以罚款1 705万元,加收滞纳金935万元并限期入库,补税、罚款、加收滞纳金合计6 000多万元。由于涉案金额较大,该案被国家税务总局列为2010年十大涉税违法案件之一,并移送司法机关处理。该年5月,盐田区法院审理后认为,此案张某某、张某某兄弟为主犯,其他人员为从犯。鉴于7名被告人有自首、积极筹措资金弥补国家损失等从轻情节,依法作出一审判决:董事长张某某被判有期徒刑2年6个月,缓刑4年,并处罚金20万元;该酒店实际投资人、经营者、总经理张某某被判有期徒刑3年,缓刑5年,并处罚金3 400多万元;历任的5名财务人员分别被判有期徒刑9个月至2年、缓刑1年至3年,并处罚金5 000元至5万元不等。同时判处某某酒店罚金1 700余万元。7被告被判缓刑及罚金。

一审判决后，检察机关认为此案偷税数额巨大，部分被告人不符合相关缓刑条件，遂提出抗诉。此案另一名被告同时也提出上诉。

昨日，深圳市中级法院对此案进行宣判。法院认为，本案偷税数额特别巨大，社会影响大，对7名被告适用缓刑，有惩戒力度不足之嫌。法院充分注意了惩罚问题，但也强调了案件的实际情况，强调了刑罚的教育和预防功能，本案偷逃税款3 400多万元，张某某在取保候审期间积极筹措资金补缴了相关款项达5 200多万元，加上原判判处张某某罚金3 400多万元，从这一层面上讲经济惩罚的力度是足够的。某某酒店作为一家拥有千余名员工的四星级酒店，为当地经济的发展和就业等方面发挥了一定的作用，从挽救企业、发展企业的角度考虑，对张某某、张某某适用缓刑更为有利，有利于某某酒店改过自新，正常经营。

市中院遂作出终审裁定：驳回抗诉、上诉，维持原判。在判决后，张某某等人在法庭外表示，某某酒店现在经营状况还不错，其他情况则不接受记者采访。据相关知情人士透露，某某酒店的经营去年因此案受到了很大打击，但是此事已经过去了，现在经营情况已经有所好转。

请分析：

1. 某某酒店案例给你什么启示？
2. 从该案例介绍的情况看，你能否推断该公司还有哪些不正当的手段？
3. 你认为某某酒店的偷税行为会带来哪些影响？
4. 如果你是某某酒店的高级管理人员，你会采取何种措施合理地避税？

实训课业

一、某股份有限公司下属集体性质的劳务服务公司，主要从事快餐店、酒家、旅行社等企业经营业务。税务机关在对其进行纳税检查时发现：服务公司在快餐店、酒家从2010年1月1日开业至同年10月检查止，共取得饮食服务收入1 086 807.20元未申报纳税。税务部门要求该劳务公司按照税法规定补税，劳务公司对上述收入是否属于应征营业税范围提出了不同的看法。服务公司认为，他们现在的快餐店、酒家属股份公司的食堂，经改造后由服务公司经营，主要服务对象是股份公司员工及外来办事人员，偶尔也有对外承办宴席的情况。因为酒店、快餐店属于内部食堂性质，价格比同类企业低20%左右。对于这种情况，服务公司认为不应该属于征收营业税的范围。试分析案例中谁是谁非？

案例分析：

服务公司是一个独立核算、自负盈亏的集体企业，快餐店、酒家属于公司经营项目之一，与企业内部食堂有着本质的区别。快餐店、酒家向股份公司提供的员工用餐及招待服务取得的收入，属于营业税“服务业”中的饮食收入，应当交纳营业税；至于价格高低，不能作为征收营业税的依据。所以，该企业应该就上述收入交纳营业税54 340.36元。

该案例虽然简单，但在实际工作中却非常普遍。随着市场经济的深入发展，各单位的后勤服务走向社会，为社会提供服务已十分普遍，那么在税收上到底该怎么征管，征税免税的政策应当怎样把握，已经成为税务机关必须研究和妥善解决的问题。以食堂为例，原则是对内服务不征营业税，对外经营则要征营业税，而对内对外的划分标准，应当看其主要服务对象。在一般情况下对内、对外是有区别的，如内部职工用餐票、餐卡，外来人员用现金，或者内外的价格区别等，如果说对内服务也对外经营，而且在收费标准、支付手段上没有任何区别，在财务上又不能分别核算，那么对这样的食堂则一律作为对外经营，对其取得的收入金额征收营业税。

单位食堂承包给个人经营，承包者既可以是本单位职工，也可以是外来人员，如果在经营过程中对内对外没有根本的区别标准，那么这种承包经营的食堂，则一律应视为对外经营，对其取得的全部收入征收营业税。为什么要这样掌握呢？因为机关、团体、企事业单位的食堂为内部员工服务不征收营业税，是因为考虑到单位办食堂具有福利性质，单位的食堂为本单位员工服务，算是福利费的一部分。既然承包给个人经营了，这样的食堂也就失去了任何福利的因素，承包者是以经营者的身份并且以经营的方式来承包的，也就是说作为经营者必须考虑利润的因素，发包单位也要求承包者上缴利润。这样一来，与一般的饮食业就没有什么区别了，那么税收就必缴不可了。

二、任双双是××制片厂的一个演员，2010年所有收入如下：

(1)制片厂全年发放工资40 000元，同时，任双双个人全年缴了10 000元“三费一金”，已按规定扣缴了个人所得税；

(2)5月取得外出演出收入50 000元，并按规定扣缴了个人所得税10 000元；

(3)给某酒厂拍摄一部广告，6月份取得收入200 000元，按规定扣缴个人所得税57 000元；

(4)参加外单位电视剧拍摄，8月一次性取得收入30 000元，并都按规定扣缴了个人所得税，共5 200元。

年度终了后，任双双该怎样进行申报？

答：

(一)年所得的计算

年所得＝年工资、薪金所得＋年劳务报酬所得－《办法》第七条规定可剔除的所得

其中：

(1)工资、薪金所得，按照未减除法定费用及附加减除费用的收入额计算。同时，按照《办法》第七条第三项的规定，个人所得税法实施条例第二十五条规定的按照国家规定单位为个人缴付和个人缴付的“三费一金”不包含在年所得之内，由于任双双缴付的“三费一金”是按照国家规定缴纳的，因此，在计算年所得时，这部分收入可全额剔除。

年工资、薪金所得＝40 000－10 000＝30 000(元)

(2)劳务报酬所得，按照未减除费用的收入额计算。

年劳务报酬所得＝50 000＋200 000＋30 000＝280 000(元)

综上：

2010年任双双的年所得＝30 000＋280 000＝310 000＞120 000(元)

因此，任双双应该按照《办法》的相关规定办理年所得12万元以上的纳税申报。

(二)申报资料

申报时，任双双应报送《个人所得税纳税申报表(适用于年所得12万元以上的纳税人申报)》(申报表的填写略)和身份证复印件等。

(三)申报地点：××制片厂所在地主管地税机关

按照《办法》第十条的规定，纳税人在中国境内有任职、受雇单位的，向任职、受雇单位所在地主管税务机关申报。

(四)申报方式

网上申报、邮寄申报，或直接到主管税务机关申报；也可委托有税务代理资质的中介机构或者他人代为办理纳税申报。

参考文献

[1] 韦德洪.财务管理基础理论与实务——财务管理理论与实务丛书[M].上海:立信会计出版社,2005.

[2] 黄艳艳.高等学校应用型特色规划教材经管系列——财务管理学基础[M].北京:清华大学出版社,2010.

[3] 傅元略.财务管理基础[M].厦门:厦门大学出版社,2008.

[4] 范霍恩,瓦霍维奇.财务管理基础:工商管理优秀教材译丛·金融学系列[M].刘曙光,等,译.13 版.北京:清华大学出版社,2009.

[5] 布洛克,赫特,丹尼尔森.财务管理基础[M].吴立范,董双全,等,译.北京:机械工业出版社,2010.

[6] 甲恒.实例解析财务管理基础知识[M].北京:经济科学出版社,2007.

[7] 张慧忠.公司财务管理基础[M].上海:上海财经大学出版社有限公司,2007.

[8] 许义生,张阳.财务管理基础理论与实务:21 世纪会计教材系列[M].广州:暨南大学出版社,2010.